老龄产业与服务丛书

社会工作视角下
城乡养老模式研究

杨超　秦力　主编

九州出版社
JIUZHOUPRESS

图书在版编目（CIP）数据

社会工作视角下城乡养老模式研究 / 杨超，秦力主编. -- 北京 : 九州出版社，2022.10
ISBN 978-7-5225-1308-9

Ⅰ. ①社… Ⅱ. ①杨… ②秦… Ⅲ. ①养老－社会保障制度－研究－中国 Ⅳ. ①D669.6

中国版本图书馆CIP数据核字(2022)第201103号

社会工作视角下城乡养老模式研究

作　　者	杨　超　秦　力 主编
责任编辑	赵恒丹
出版发行	九州出版社
地　　址	北京市西城区阜外大街甲 35 号 (100037)
发行电话	(010)68992190/3/5/6
网　　址	www.jiuzhoupress.com
电子信箱	jiuzhou@jiuzhoupress.com
印　　刷	香河县宏润印刷有限公司
开　　本	787 毫米 ×1092 毫米　16 开
印　　张	22
字　　数	250 千字
版　　次	2022 年 10 月第 1 版
印　　次	2022 年 10 月第 1 次印刷
书　　号	ISBN 978-7-5225-1308-9
定　　价	128.00 元

本书编委会名单

主　编：杨　超　秦　力

编　委：郭　星　孔　伟　李艳丽　王中强　李　景　刘长飞　翟秀海
宋　娟　王建珍　于明江　包海英　高广智　岳　强　温召玮

序

人口问题是全球最主要的社会问题之一，尤以老龄化议题为重。人口老龄化是世界人口发展的必然趋势，由于世界各国，特别是发展中国家的出生率和死亡率不断降低，人口老龄化的速度在加快。我国1999年进入老龄化社会，目前虽尚未完全进入老龄社会，但我国老龄化速度非常快。截至2020年底，我国60周岁以上人口2.6亿人，占总人口的18.7%。中国作为世界上人口最多的国家，老年人口数量也居世界首位。为积极应对老龄化趋势，我国不断加大养老政策供给，增加资金投入，创新养老方式，养老模式日益多样化。依托传统家庭养老、社区养老和机构养老模式，催生了各式各样的新型养老模式：基于新需求的养老模式，如医养结合、精神养老、老年公寓等；基于技术手段创新的养老模式，如智慧养老、“互联网+”等；基于民间自主创新的互助养老；等等。一个国家或者地区采取什么样的养老模式，究其根源，与以下两个因素密切相关：一是经济发展水平，尤其是老年人收入水平；二是建立在前者基础上的特殊养老需求。

我国的养老保险包含城镇职工基本养老保险和城乡居民养老保

险两大类。根据人社部公布的2018年人力资源和社会保障发展公报，全国享受城镇职工养老保险退休待遇的人数是11798万人，基金支出44645亿元，人均基本养老金待遇一年3.78万元，月均养老金3153元。2018年城乡居民养老保险基金支出2906亿元，相当于人均年待遇1828元，人均月待遇是152元。这是我国老年群体面临的最大实际，也是最大挑战。

由于我国长期以来的城乡二元结构体制，城乡收入差距明显。这在养老领域直接导致了农村老年群体物质保障不足，养老更多只能满足于“吃不愁、穿不愁”，其他的多样化养老需求，如医疗需求、精神需求等未被充分满足。整体来看，农村老年群体保障水平较低，经济来源主要依靠个人及其子女，养老体制机制建设相对滞后，养老服务体系发展缓慢，无法满足老人需求。相比农村，城市的发展状况要好得多。城市有相对完备的养老服务设施，老年人经济保障水平较高，城市老年群体的多样化需求逐渐被激发，高端养老需求不断涌现，养老模式的多样化、养老技术手段的创新也多来自城市。同时也存在着专业人员不足、重硬件轻软件等一系列问题。

《中共中央关于全面深化改革若干重大问题的决定》中提出，要“健全城乡发展一体化体制机制”。十九大提出，2035年基本实现现代化，2050年把我国建成富强民主文明和谐美丽的社会主义现代化强国。随着我国城乡一体化进程的持续推进，现代化建设步伐的不断加快，老年群体的经济收入水平会持续改善和提升，老年人口对养老的需求也会日趋多元化、优质化。在养老领域，我国会逐渐形成具有中国特色的养老制度和服务体系，向世界给出中国方案。在此背景下，我们聚焦于养老领域，特别重视对我国城乡新型养老模式的研究，探索城乡养老理论与实践的创新。

本书的编写和出版得益于临沂大学社会工作专业多年来的发展和积累，尤其是社会工作系下中韩合作办学专业（银发产业经营与管理专业）的设立，逐渐形成了以老年社会工作、银发产业为特色的研究和发展方向。近几年，学院师生紧紧围绕这一特色，形成了一系列的研究成果。本书是对多年成果的一次提炼和总结。在内容上，主要包括农村和城市上下两篇。具体探讨了家庭养老、社区养老、机构养老等养老模式在农村与城市的不同表现形式，农村与城市老人养老需求的差异以及不同的满足方式等。

养老行业的发展日新月异，养老实践也是层出不穷，加之作者水平有限，书中难免存在一些不足，对于很多创新性的养老模式仍需进一步的研究和探索，敬请广大读者批评指正。

最后，衷心感谢临沂大学社会工作系师生的大力支持。

杨超　秦力

二〇二一年六月一日

目 录

上 篇

下　篇

上　篇

第一章 农村养老现状

从问题视角到优势视角——社会工作介入农村养老问题分析

董焕

人口老龄化是指总人口中因年轻人口数量减少、年长人口数量增加而导致的老龄人口比例相应增长的动态。根据国际标准，如果60岁以上的人口占总人口比例达到10%，或65岁以上人口占总人口的比重达到7%，那么该国家或地区进入老龄化社会。2010年全国第六次人口普查数据显示，“60岁及以上人口为177 648 705人，占13.26%，其中65岁及以上人口为118 831 709人，占8.87%。同2000年第五次全国人口普查相比，60岁及以上人口的比重上升2.93个百分点，65岁及以上人口的比重上升1.91个百分点。”我国已步入老龄化社会，随着人口老龄化时代的到来，我国的养老问题引起了社会各界的广泛关注。我国是农业大国，与城市相比，农村在老年人口总数、老龄化水平和老年抚养比等三个重要指标上都明显高于城市，农村老龄化问题更加严峻。农村养老的方式有自我养老、家庭养老、机构养老和社区养老。自我养老适合低龄老人和中龄老人，高龄老人养老需要外界的支持援助。家庭养老是最基本、最主要的养老方式。在城镇化的过程中，农村家庭空巢化削弱了家庭养老的功能，农村老龄化问题更加严重。农村机构养老虽然有一定的发展，但是，部分农村老人认为去机构养老是没有面子的事情，对这种养老方式存在抵触心理。农村社区养老模式仍然处于刚刚起步的阶段，其发展起来还需要很长一段时间。老龄化时代我国农村养老主要存在以下问题：家庭赡养形式简单，家庭空巢化严重，社会化保障程度低，医疗困难、文化生活贫乏，生活质量低下。

一、社会工作问题视角介入农村养老问题的分析

（一）社会工作问题视角内涵

问题视角，也叫“缺陷视角”，即主要是以案主面临的问题为焦点，社会工作者通过自己所学的专业知识对案主所遇到的问题进行分析，然后界定问题，最后通过对问题性质的判断，制订出问题解决计划。社会工作服务模式中的任务中心模式、精神分析模式、危机干预模式等都反映了问题视角。问题视角主要有以下假设：1.贴上问题或病态的标签；2.悲观主义和怀疑主义倾向；3.案主问题的个人化，忽视环境；4.假定问题解决的关键在于疾病。

塞利贝（Saleebey）指出，病理观点的问题为：1.个人被赋予问题或病理标签；2.使用贬义的语言，而非提升案主的语言；3.专业人员与案主地位不对等，存在着距离、权利不平等、控制和操弄；4.问题取向的评量，鼓励个人归因而非生态的评量和归因；5.聚焦问题，忽略案主能够因应的能力；6.假设一个病名诊断，即可了解原因和解方。由此可见，问题模式的根源乃是对于身处困境或问题的个人归因和忽略正向的力量，如认为精神疾病的产生来自个人道德缺失的报应、家庭中关系的病态纠结等。

（二）社会工作问题视角起源与发展

20世纪初，玛丽·里士满在社会工作实务领域引进以疾病和问题为本的工作模式。在这种思维模式下，社工如同医生，案主则像病人，一般有疾病、有瑕疵、有问题。20世纪30年代，弗洛伊德的精神分析理论成为社会工作的主流理论，精神分析理论是典型的疾病视角。因此，早期的社会工作实

务认为，案主之所以成为案主，是因为他们是有问题的、病态的，社会工作者以高高在上的专家、权威者的身份对案主的问题进行专门的诊断和治疗。

（三）社会工作问题视角介入农村养老的弊端

传统问题视角过于关注农村老人的问题，忽视其优势。在问题视角下，农村老人会被贴上“废物”“累赘”和“老不死的”等标签，这些负面标签的蚕食效应会逐渐削弱、摧毁老人的自我效能感、自豪感和自尊感等内在的价值和优势。在农村养老这一领域，包含问题视角特征的不良社会文化风尚将引致如下弊端：

1.个人方面：问题视角摧残农村老人的身心健康

问题视角下，个别社会群体将老人污名化，将农村老年人视为为脆弱、落后的代名词。老年人将类似于这样的负面标签内化，由此而产生无力感、悲观感和孤独感，严重则易致使老人出现精神焦虑、抑郁甚至自杀等问题。部分农村老人精神萎靡不振，处于一种半个身子埋进土里的等死状态，觉得自己的生活无希望、生命无价值。生理和心理两个要素相辅相成、相互作用，消极的心理情境、精神状态对人的生理健康有害。

2.家庭方面：问题视角破坏传统的孝道

问题视角把农村老年人丑化为愚蠢落后、老朽无用、死气沉沉的恶劣形象。一些农村老人的子女戴着这样一副有色眼镜，视老人为包袱，将老人像球一样踢来踢去，并对老人进行物质上和精神上的双重虐待，严重侵犯了老人的赡养权利，中华民族传统孝文化遭到破坏。子女不赡养老人的案例频频见诸报端，2017年4月份山东发布20件“坑老”典型案例，临沂刘老太状告子女不赡养成为“坑老”的典型案例。

3.社会方面：问题视角夸大农村养老的压力

问题视角孤立地看待农村老人的问题，使老人与外环境处于割裂状态，忽略了宝贵的资源。社会上的中青年一代容易产生恐老情绪，这不简单是年轻人害怕自己将来会变老，而是害怕老人享用社会发展成果，自己成为老龄社会的牺牲品。其实，老年人自身拥有价值、资源、能力，只是没有挖掘出来并利用，他们依然可以与年轻人一同为社会创造各种各样的价值，正如曹操在《龟虽寿》中所言："老骥伏枥，志在千里。"问题视角忽略了个体和环境资源，从而在无形中放大农村养老压力。

以问题视角审视农村老年人，就会放大老人群体的弱点，忽视了老人的潜能、价值和优势。优势视角是在对问题视角的批判中构建起来的，是社会工作介入农村养老问题的一种全新视角和实践模式。从问题视角到优势视角，不仅是一种思维方式的转变，更是一种服务理念的蜕变。

二、社会工作优势视角理论与农村养老问题的契合性论析

（一）社会工作优势视角内涵

优势视角，也叫"能力视角"，该视角专注于个人的优势，淡化"问题"，但并不否认案主存在困难与痛苦。优势视角对人有两项基本假定：首先，有能力生活的人必然有能力使用与发展自己的潜能，并且可以取得资源；其次，人类行为大多取决于个人所拥有的资源。优势视角的核心在于挖掘个体的优势。所谓优势，包括个人的品德，如幽默感、机敏、严谨、细致、刚强和创造性等，也包括个体的技能，如修理车子、唱歌、绘画、理发等，还包括社区中的人际资源和自然环境。优势涵盖的内容十分广泛，正如丹尼斯指出的那样："几乎所有的事情在某种特定条件下都可以视为一种优势。"优势分为个体的优势和环境的优势两大类。

1.个体的优势

优势视角认为每个人的本身就拥有各种各样的优势，优势没有显现出来只是因为暂时被问题掩盖，就像乌云暂时遮蔽阳光。社会工作者应当帮助案主挖掘这些优势和能力。热望、能力和自信是个体的三大优势。

热望即"想做什么"。人应该有目标地生活，热望就是个人想要达成某个目标的想法和愿望。有目标才会使人产生乐观昂扬的精神面貌和积极向上的动力，在目标实现的过程中，案主能在不知不觉中超越困境。农村老人心中也有愿望，例如他们希望自己身体健康、长命百岁，儿女工作顺利、孝顺懂事，这种美好的愿望就能够激发他们努力生活的积极性与克服困难、勇往

直前的动力。

能力即"能做什么"。每个人都具备一定的才能，才能可以包括天赋、聪敏、生活技巧等内容，这些能力可能已被表现，也可能未被发掘，有些能力是先赋性的，有些则是后天努力得到的。无论案主为何人，是瘾君子、酒瘾者、单身汉、残疾人、离婚者、施虐者、精神病患，还是贫弱老人，他们的能力俯拾皆是，这些能力应该得到尊重并用于解决问题。优势观点倡导有意识地着重选择人们生活中已拥有的，无论多寡。农村老人拥有的能力包括基本的自我照料能力、一定的劳动能力和参与社会活动的能力，这些能力的价值不可小觑，它们是帮助老人度过幸福晚年的法宝。

自信，即对于自己能力的信心程度。当个人制定了目标，并且有能力去实现目标，其能否付诸行动则要依靠其自信程度。因此，自信对于实现人生目标的重要性不言而喻。自信有两个层次，一是相信自己能够完成某个目标，二是对个人完成目标的能力的感知程度。处于弱势角色的农村老人，很可能因为自身原因和外界的负面评价而欠缺自信，倘若聚焦于他所面临的困难或存在的问题，只会进一步打击其自信心；反之，若能发掘其过去的正向经验，则可增强其自信，为后续行为奠定基础。再者，社会工作者应运用专业关系发挥修正农村老人人际互动经验的作用，通过发掘和反映其优势，并不断运用"我相信你可以做到"的语言，可提升农村老人的自信。

2.环境的优势

优势观点的第二项假定为：人类行为大多取决于个人所拥有的资源，这里的资源包含个人自身和环境资源，环境的优势表现在三个方面：资源、社会关系和机会。

资源可分为有形和无形两大类，前者包括交通工具、道路、公园、公共设施、图书馆、花园等，后者是指自己无法独立完成需要他人代劳之事，如别人提供的家政服务、法律服务等。优势观点强调发掘农村老人本身已具有的自然环境（非正式）资源，并增强其运用资源的能力。很多农村老人缺乏充分运用身边潜在资源的能力，使得很多问题积压在心头得不到解决。

个人所拥有的社会关系是一个无形的社会支持网络，个人的社会关系按照生活空间的远近可划分为三个层次：亲密伴侣、熟人网络、社区，社会支持网络提供物质支持、工具性支持、精神支持和信息支持。农村老年人的周围存在一个无形的社区支援网络，网络中蕴含的有形的物质支持和无形的精神支持能够满足老人的需求、化解其困境。

机会代表一种可能性，一个等待填入的空间。社区是机会的主要来源，有待根据个人的才能去发掘、开创和整合。一个塑料加工厂蕴含着机会，充足的时间中也隐藏着机会，对于身边的朋友关系网络亦如此。尽管许多农村老人受限于市场机会与个人人力资源，优势观点倡导社会工作者应建立一种心态，亦即认识到农村社区是资源的主要来源，有待于根据农村老人的想望与个人才能去发掘、去开创。

（二）社会工作优势视角起源与发展

优势视角源于塞里格曼的积极心理学，得益于20世纪70年代的“抗逆力”研究。20世纪80年代，美国堪萨斯大学社会福利学院教授Dennis Saleebey在《优势视角：社会工作实践的新模式》一书中首次提出“优势视角”的概念。之后，优势视角迅速发展起来。21世纪初，美国Charles Rapp教授发现了优势个案管理模式。台湾著名学者宋丽玉、施教裕将优势观点发扬光大。优势视角被广泛应用于各个领域，并取得了良好的效果。

（三）优势视角下的社会工作理念

1.赋权

赋权，也叫作增能，权能指的是一种能力，即可以掌控自己生活空间与发展的各种有利动力，而凡是会阻碍个人对自己生活空间行使决策或自我控制的机会就是缺乏权能。在增强权能的历程中，权能发生在三个层次上：一是个人的层次，包括个人感觉到自己有能力去影响或解决问题；二是人际的层次，指的是个人和他人合作促成问题解决的经验；三是环境的层次，指能够促进或降低“自助”努力的社会制度。大多数的农村老人处于弱权状态，对自己的命运有一种无可奈何的无力感。社会工作者应通过专业的知识与方法帮助老人去除负面标签，使老人远离陈旧落后的思维模式，使他们意识到自己的目标、能力和资源，激发他们的自信感、自尊感，帮助他们增强把控命运和生活的能力。

2.抗逆力

抗逆力，也称为心理弹性、韧性，是一种面对磨难而抗争的能力，也可以理解为复原或自愈的能力，这种能力是与生俱来的。案主遭遇危机或者困难时，他们能像弹簧一般凭借心理弹性从人生的低谷中走出来，且人们在经历苦难后会伴随着成长。在这一理念下，社会工作者要相信农村老人具有战胜困难的能力，即抗逆力。老人通常会面临疾病缠身、遭子女遗弃或者亲人离世等一系列困境，社会工作者要帮助老人开发潜能，提升他们蔑视困难、克服困难并从困难中成长、获益的抗逆力。

“赋权、抗逆力是社会工作优势视角的核心概念，它们为社会工作实务提供了科学的方法论指导和行之有效的实践框架。”

（四）社会工作优势视角介入农村养老问题的契合性

社会工作优势视角下，农村老人周围的环境充满资源，老人和年轻人一样有目标、梦想、能力和机会。农村老人能够解决问题、超越困境，从而过上充实、有意义和有品质的生活。社会工作优势视角的理念、观点为解决农村养老问题提供了现实契合性。

1.个人方面：优势视角有助于老人重获生活信心

优势视角注重个人的梦想与希望，虽然老人的生理机能衰退、社会地位下降，但是他们和其他群体一样也有希望、机会和能量，例如希望孙辈健康成长，配偶身体健康抑或自身能够掌握一种技能。当老人通过自己的努力实现目标之后，他就会有一种自尊感和自信感，精神上也会很愉悦，从而达成自我实现的人生目标。

2.家庭方面：优势视角有助于弘扬孝文化

优势视角下的老人是有价值、有能力的，因为他们有丰富的人生经验、充足的智慧、大量的知识和成熟的心态。老人可以为家庭带来较大的效益，例如老人可以辅助子女养育孙辈，也可以帮助子女解决一下生活与工作中的烦恼，等等。如果子女能够以这样的一种心态看待老人，那么他们就能够孝顺老人、体贴老人，而不是把老人当成累赘而产生厌烦之心，甚或是做出虐老、害老等极其恶劣之行为。

3.社会方面：优势视角有助于创造社会效益

大多数的农村老人仍然具有劳动能力，他们还可凭种地实现自养，很多健康低龄的老人也都能够到工厂里工作从而赚取一定的经济收入。老人也能够帮助子女干活、做家务、照看孙辈，从而间接地创造社会经济价值。总之，老人只要积极努力地生活，他们就能够创造出有形或无形、现实或未来、家庭或社会、经济或文化等多重价值。获得奥斯卡金像奖终身成就奖的著名动画导演宫崎骏现已80多岁高龄，依然在工作，努力为世界动画影业的发展做贡献。他在纪录片中说：“与其无所事事等待死亡，不如在工作中死去。”

三、社会工作优势视角介入农村养老问题的实践路径

农村老年供养体系是一个系统，仅仅靠一个方面很难圆满实现，必须将自我养老、家庭养老、机构养老和社区养老有机地结合起来，实行多元化的养老模式。实行多元化的养老模式就是从多个层面甄别、发掘可以利用的资源，社会工作优势视角介入农村养老问题不单单要从老人自身挖掘资源，还要从家庭、社区、社会等大的环境中开发资源，并将个体资源和环境资源整合起来。评估资源、发掘优势是第一步，第二步就是运作优势，并将优势发挥到最大化、最优化的程度。

（一）个体层面优势的运作

对于个体优势层面，社会工作者可运用个案工作的一些方法要帮助老人学会助人自助，实现个人层面的增权。社会工作者要引导老人从另外一个角度看待自己，帮助他们挖掘自身资源和优势，激发抗逆力，战胜困难，获得自信感，实现自己的价值，从而度过一个幸福而有尊严的金色晚年。

帮助老人自身学会助人自助具有重要意义。一方面，自身的努力才是幸福的真正来源。养老包括物质的养老和精神的养老两方面，物质的养老还可以依赖外界提供，而精神的愉悦主要依靠自我调节。对于农村空巢老人来说，这一点尤其关键。另一方面，自立、自理、心理自慰帮助老人自我实现。年老并不可怕，衰老是一种正常的生理现象，不是一种病态，多病缠身、心理阴暗的衰老才是病态的，如果老人能够积极、勇敢地面对生活，树立目标并努力实现，那么老龄化便会成为一种积极而又有意义的经历。老人的年龄不可改变，但是生理年龄、心理年龄和社会年龄却可以通过身心锻炼和自身努力缩减。在电影《剃头匠》中，一位耄耋老人给别人剃头理发赚钱，过着安详、恬淡和满足的生活，让人觉得选择一种有生活乐趣和力所能及的方式度过晚年也是一种很好的生活方式。

农村老年个案工作开展的程序主要包括接案与建立关系、收集资料与问题判断、制定目标和工作计划、实施计划、结案与评估五个过程。社会工作者在开展个案工作的过程中主要采取心理社会治疗模式、认知行为治疗模式、危机介入模式和任务中心模式等工作模式。

（二）环境层面优势的运作

环境可以包括微观、中观和宏观三个层面，这三个层面依次对应老人的周边环境、社区环境和社会大环境，社会工作优势视角可以从这三个层面介入。

1.微观层面：老人周边环境

老人的周边环境包括老人的家庭成员、亲戚和朋友四邻等，他们提供非正式的资源。中国人际关系中存在“差序格局”，老人更倾向于从周边环境获取资源，社会工作者也可运用个案工作的方法挖掘这一层面的养老资源。家庭养老是农村主要的养老方式，“家有一宝，如有一老”，社会工作者应动员家庭成员孝敬老人，把老人看成是有价值的人，让老人做一些力所能及的事情，充分调动老人的积极性。社会工作者可以运用社区教育的方法，鼓励邻居和亲戚关心、照顾老人。

老年学交换理论认为，老年人地位下降的根本原因是缺少可用来交换的资源和价值。老人不能倚老卖老，自身也应当发挥主动性，用真诚的建议、无私的关爱来交换子女发自内心的孝顺和周围人真心的爱护。

2.中观层面：社区环境

在问题视角下，人们总是从社区的不足入手来谋求社区发展，忽视社区本身的资源和优势，特别是社区里的人力资源的力量，包括老人弱势群体，只看到他们的不足和问题。在二十世纪晏阳初领导的乡村建设运动中，农民被认为是“愚”“穷”“私”“弱”，这属于典型的聚焦于问题的缺陷视角，轰轰烈烈的乡村建设运动最终以失败而告终。以社区资产为本，注重挖掘、利用社区内的已有的或者隐形的资源来解决问题，是优势视角在社区层面的理念与方法。农村社区中老人之间彼此熟悉、亲近，有较为强大的社会支持网络，所以老人在社区中更容易获得支持。

在社区工作模式中，社区照顾模式是最适合开展养老服务的模式，这一方法与以社区资产为本的模式十分合拍。“老年社区照顾有两个基本的含义：一是使老年人不脱离他所生活和熟悉的社区，在本社区内接受服务；二是动员社区资源，运用社会关系资源开展服务。”一般来说，社区照顾工作主要推行“由社区照顾”，“由社区照顾”注重的是以家庭为基础的、更多的非正规服务及私有化服务参与的社区服务，具有公共支出少、社会收益大的优势，目的在于动员社区内的所有资源，发动在社区内的亲朋好友及其他人员共同帮助、提供照顾，这有助于建立一个守望相助的农村社区环境和气氛。农村社区的老人能互相依赖、团结、扶持，就是实现了人际层面的增能。

3.宏观层面：社会大环境

优势视角理论的解释力一方面体现于社会工作过程中对微观个体力量、中观社区资源的肯定和信任，同时其也适用于宏观社会、国家层面的改善与提升。世界上很多发达国家建立和实施了老年保护法，都包含了对老年权利与利益保护的内容。我国从法律上保障老年人的基本权益至关重要，例如《刑法》261条和《民法典》1067条中对于不赡养父母有相关关处罚规定。1996年，我国颁布实施了《中华人民共和国老年人权益保障法》，使老年人权益的保障工作有法可依。从现在的情况来看，不论在我国城市还是乡村，侵犯老人权益的现象不断出现，《老年人权益保障法》仍需要完善。此外，各地应该根据各农村实际情况制定更加具体、有操作性、适合当地情况的老年人的权益保护条例。

老龄政策对法律起到一种补充和具体化的作用，是国家的基本法律和法规和政府的工作目标在老龄事业上的具体体现。具体来说，老年政策包括老年人的经济政策、老年医疗保障政策、老年福利政策、老年救济政策、老年社会服务政策等。一个稳定、祥和的社会大环境有利于维护农村老年人的权益，激发他们老有所为的积极性，从而达成增强农村老人的权能的目标。

四、结语

我国已经成为一个老龄化的国家，未来将步入重度老龄化国家的行列。农村老龄化问题比较严重、突出，解决农村养老问题是重中之重。社会工作介入农村养老有独特的优势和适应性，能够很好地解决农村养老问题，缓解我国巨大的养老压力。在传统问题视角下，老人脆弱、低价值，这种工作模式存在很多弊端。优势视角是一种全新的视角，提倡关注老人本身的价值和能力，主张帮助老人树立梦想并鼓励其为之努力。在这一视角的审视下，衰老是生命过程中的一种正常现象，老年阶段也是生命中一个不可缺少的重要过程。农村老年人具有价值、能力和资源。全社会应该辩证地看待农村人口老龄化现象，人口老龄化既提出了挑战，同时也提供了多种机遇。2002年世界老龄大会为应对世界的老龄化问题提出了“积极老龄化”的发展战略，优势视角所蕴含的价值观、理念与积极老龄化的内涵具有较高的契合性，其对于积极老龄化目标的实现具有理论和实际意义。

（指导教师：王守颂）

农村空巢老人心理危机干预的社工介入研究

薛善梅

一、研究背景及研究意义

（一）研究背景

随着我国经济的快速发展，城镇化进程的不断加快，为了寻求更好的发展机会，越来越多的年轻人外出工作在外定居，农村青年剩余劳动力大批地向城镇流动，将老人单独留在家中，家庭中的子女数量越来越少。加之传统思想的根深蒂固，使老人更愿意待在农村家中，因此便产生了一个新的庞大群体——农村空巢老人。空巢老人是指没有子女照顾、独居或夫妻双居的老人，分为三种情况：一是无儿无女无老伴的孤寡老人，另一种是有子女但与其分开单住的老人，还有一种就是儿女远在外地，不得已寂守空巢的老人。

根据国家卫计委发布的《中国家庭发展报告（2015年）》，中国空巢老人已经占到老年人总数的一半，他们既需要生活上的照料，又需要心理上的支持。虽然现在已经放开二胎政策，但发展趋势的改变尚需时日。预计随着第一代独生子女的父母陆续进入老年，2030年，中国空巢老人总数将增加到两亿多，占到老人总数的九成，由此可见形势异常的严峻。相比较于针对城市空巢老人的各种社会化服务，农村空巢老人这一点上的所得略显单薄，加之又缺乏专业的照顾，他们在身体和精神上都面临着问题，社会需要给予更大的关注。在已有的研究中，他们大多数集中于对农村空巢老人经济和生活照顾问题的研究，而针对农村空巢老人精神方面的研究则相对较少。社会工作专业的快速发展提供了一个平台，它可以利用自己专业的知识与实践方法，改善空巢老人适应老年生活的能力，强化他们的生活技能，从而提升老人的生理和心理功能，构建积极、健康的心理活动体系。为此，可从社会工作专业视角，对农村空巢老人心理危机进行干预，以帮助农村空巢老人找到获得精神慰藉的途径和方法。

（二）研究意义

1.理论意义

一方面，农村的空巢老人作为农村老年人中的特殊群体，由于长期缺少子女的陪伴和照顾，缺乏外界的关注，在物质养老和精神养老方面存在着诸多问题。对于农村空巢老人而言，他们有哪些心理需求，该如何改善，这些都是理论界应该关注的理论问题。另一方面，社会工作专业注重实践，实务性很强，它可以针对具体的问题采取具体的介入方式。因此通过对农村空巢老人心理危机干预的研究，可以拓宽研究领域，为以后的老年人心理健康发展打好基础。其中可以依据老年社会工作专业的理论与工作模式，结合三大工作方法，从而揭示农村空巢老人的心理需求状况，找出农村空巢老人心理危机的症结所在，并针对所观察到的农村空巢老人的精神养老需求问题，给出具有可行性的对策和建议，以推进社会工作在空巢老人问题上的进一步研究与在心理健康领域中的应用。

2.现实意义

通过研究，一方面，对于农村的空巢老人来说，他们的生活情况可以被外界所知，他们在外的子女可以意识到家中老人的委屈，他们心中的苦闷和情感可以得以发泄和表达，同时也可以通过社会的关心而使他们的现状有所改善，引起当地政府和机构的重视，进而有所行动。另一方面，对于社会来说，人口老龄化趋势下，老年人生活的提高及心理的健康尤为重要，这不仅能够促进家庭的美满和谐，维持社会的稳定和发展，另外也有助于国家养老问题和医疗卫生问题的逐步改善，年轻人现代“孝道”观念的加强，以及农村基础设施的完善等对于社会都大有裨益。

二、农村空巢老人心理危机表现

子女的不断离巢，原本的大家庭基本成为“空巢家庭”，而随着现代人思想的日益更新，传统家庭模式的弱化，空巢家庭会不断增加；又由于现代经济的发展，子女一般都会外出工作、求学，进而携带自己的子女一起外出，这使得空巢老人更加孤独。他们不仅要面对身体的日渐衰老，又要面对子女的不断“离巢”，因此多种因素下，会产生诸多不健康的心理。国家大数据调查显示，在空巢老人中存在心理问题的比例达到60%，而达到疾病程度、需要医学关注和心理干预的空巢老人，比例占到10%～20%。农村空巢老人的心理失调症状，已经成为一个不容忽视的社会问题，即“空巢老人综合征”越来越严重。

在本文调查的A、B两村中，采访调查了近40位老人。通过进行专业分析，本文将他们存在心理危机的表现按照马斯洛需求层次理论来划分（去除生理需求之外的四种），进而推断出农村空巢老人常见的心理问题，具体可以分为以下几种。

（一）缺乏安全感，恐惧害怕感增强

根据调查，大多数农村空巢老人的身体健康状况较差，患各种慢性病的比例较高，对于他们来说，这是最主要的问题。一方面，他们害怕自己生病，因为子女都在外工作不在身边，一旦生病就意味着子女必须要推掉工作来照顾自己，他们不希望自己成为子女的负担；另一方面，当意外情况发生时，子女会不会及时知晓帮助自己，自己无法照顾自己时，子女是否会陪伴在身边。他们既希望子女可以不用操心自己的身体，安心在外工作，又希望自己生病时子女能悉心照料自己，因此会产生心理上的矛盾。从这一方面来看，农村空巢老人非常缺乏安全感，从生理需要的健康保障问题到心理的恐惧害怕与无助感，农村空巢老人面临着巨大的心理危机。

（二）缺乏爱和归属感，孤独感强

相比较城镇更好的生活环境而言，农村显得相对封闭，他们可以娱乐

交流的地方不多，日常活动较单一。一方面，由于身体衰老带来的行动不便让他们不愿出门，老伙伴随时的离去让他们更加落寞恐慌，再加上子女的离巢，他们缺乏交流，无处表达自己内心的情感；另一方面，他们也缺乏子女与社会的关怀。子女在外不可能每时每刻都照顾到老人，有的子女甚至几年不回家一次，偶尔的电话问候时间也不会太长，这使得老人缺乏爱的呵护，情感无处归属。社会给予老年人更多的是生活照料，而忽视了他们内心的需求。多重因素下，空巢老人缺乏爱和归属感，孤独感日渐增强，内心越来越空虚。

（三）缺乏尊重感，信心缺失

尊重的需要可分为内部尊重和外部尊重。一方面，受传统文化与地域区别的影响，农村地区的老人更加保守，只要自己的身体条件允许、尚有劳动能力，他们会选择一直劳作，不向子女索取分文。这样不仅可以为自己创造财富，给儿女们减轻负担，还可以帮衬子女的生活，增强自己的价值感。但是随着年龄增大带来的各种疾病以及身体各项机能的日渐老化，大多数农村空巢老人没办法继续劳作，无法继续为子女分担养家的重任，并且还需要子女的更多照料。在这种情况下，老人就会觉得自己成了家庭的负担，从而产生“老了，不中用了”的无能感和无用感，无尊重感。另一方面，随着子女的长大成家，当他们有问题的时候很少与老人沟通交流，也不会像小时一样寻求帮助，这使得老人的信心缺失，更加感觉自己被抛弃被无视。

（四）缺乏自我实现的需要，缺乏精神慰藉，失落感增强

自我实现的需要是最高层次的需要。一方面，老人自身的“老年感”使得他们不愿意参加更多活动，人们也很少参考他们的意见，价值感缺失；另一方面，经济的快速发展以及大城市吸引力的增强，越来越多的农村年轻人会选择远离父母外出求学工作甚至定居在外，他们有时会忙于生计而无暇照顾父母，相比较传统的养老方式，此情况下赡养老人的难度增加。在这种情况下，很多老人会产生一种被儿女遗弃、被社会抛弃的感觉，失落感增强。

同时他们又缺乏具有自己特色的生活方式，因而认为自己只是在过“活着的后半生”，而非有意义的老年生活，缺乏精神慰藉，缺乏自我实现的需要。

三、空巢老人心理危机的成因分析

根据调查以及心理问题的探究，将原因归纳为以下几方面。

（一）“空巢老人”自我精神养老不足

自我精神养老，是指老年人自己坚持主观进取的人生态度，积极寻求有益的交往活动，以实现精神的愉悦、满足和发展。在这一方面不足的表现有：

1.存在感的缺失

存在感作为心理健康的重要标志，它的缺失，很容易导致人产生无意义感、无价值感，这在农村空巢老人身上体现得尤为明显：其一，随着年龄的增大，子女逐渐离巢使老年人在家庭中的地位由权威主导变成附属，其心理会产生极大的落差；其二，由于身体的衰老而退出社会生产舞台，自己会感觉后半生毫无价值感，甚至会成为子女的负担，因此缺失存在感。

2.文化程度普遍较低

普遍条件下，农村空巢老人的文化程度相对较低。一方面，他们缺乏知识，无法像城市老人一样可以通过读书、看报、上网来打发自己的闲暇时光，很多“空巢老人”的生活轨迹只限于街头聊天、看电视。另一方面，他们缺乏对老年生活的正确认知，因此缺少娱乐方式会导致其更加孤独。

3.身体机能下降

人到老年，身体的各项机能都在逐渐衰老，会出现各种身体上的变化，而这些老年人正常生理方面出现的改变，不仅会给老人带来身体上的不适，也会带来精神上的困扰。

（二）家庭精神养老支持削弱

1.孝文化的缺失

孝道是中华民族的传统美德，不论是在古代的卧冰求鲤，还是现在社会主义核心价值观引导下的孝文化，都可以看出孝道在我们的生活中占有重要地位。然而一些年轻人往往只忙于顾及自己的生活，很少关注父母的情感需求，有些人甚至几年不回一次家，空留老人独自承受孤独却无处表达。当父母需要陪伴时，子女却不在身边，这种孝文化的缺失，使得老人可能长期处于自我封闭的状态，无处交流，从而引发一些不健康的心理问题。

2.经济基础薄弱

一方面，农村地区的经济条件较城市而言相对落后，加之大城市吸引力的增强，越来越多的年轻人选择离家外出务工赚钱，这种情况下的子女离巢在笔者调查的空巢老人家庭中尤为突出；另一方面，激烈的工作竞争与工作压力，使得有些子女无力将老人接到自己的身边进行照顾。这些因经济条件不允许而引发的状况减少了空巢老人在家庭中可以获得精神慰藉的机会，增加了他们的心理危机。

3.家庭结构的变化

农村家庭结构日益呈微型化、核心化趋势，虽然现在已经放开三胎政策，但以前的“四二一”家庭模式仍然占据较大比例，大部分家庭中老年人多于年轻人。在这种情况下，经济供养容易实现，而精神慰藉就很难均衡。

（三）农村“空巢老人”精神赡养社会支持不足

1.精神养老供给缺乏

随着人口老龄化趋势的加快，政府对老年群体的关注与生活帮助越来越多。在城市，政府为空巢老人提供了如老年活动中心、老年大学等相对完善的精神养老服务设施，这为他们的老年生活增加了趣味性。相比较而言，虽然政府在农村空巢老人生活赡养问题上做了很大努力，但精神赡养上相对缺位，农村在这些方面的建设相对较少，老人缺乏精神娱乐的途径，一定程度上造成了老年人的心理空虚。

2.养老机构建设不足，服务水平偏低

目前农村的养老机构相对较少，只有一些政府开设的固定公办敬老院，而它们也只是停留在提供生活照料服务的层面，很少关注老年人的心理需求和精神慰藉。而且农村地区的服务人员又严重短缺，在职人员大都没有接受过系统性的老年护理培训，更无法给老人提供精神慰藉、心理疏导方面的服务。

3.社区辅助功能的局限性

我国推行的社区养老模式正在发展进程中，社区服务人员的思想还未全面放开，没有意识到老年人的心理同样需要保健，缺乏对老年人的心理关怀。

4.志愿者服务缺乏

志愿者服务活动在现有形势下，基本都存在于城镇社区，更确切是在发达地区相对普遍，它不仅丰富了空巢老人的精神生活，而且帮助老人减轻了心理压力，让他们感觉到了属于老年的快乐，而农村地区却没有这样的服务，在一定程度上也不利于空巢老人心理危机的缓解。

四、社会工作介入农村空巢老人心理危机

通过对初期收集的A、B两村空巢老人的资料进行整理分析，总结出空巢老人存在的基本心理问题，本文从社会工作的专业角度，从个案工作和小组工作初探介入的模式进行记录，介入如下。

(一)个案工作介入农村空巢老人心理危机

个案工作作为社会工作的三大工作方法中的基础，对于个人案例的介入来说显得尤为重要。开展个案工作的主要过程包括接案、预估、设计介入方式、实施介入、介入后效果的评估以及结案、追踪回访等阶段。下面就调查中的案例进行分析：

1.案例背景描述

(1)服务对象基本情况：王奶奶，年龄72岁，A村。儿女在外工作，家中只有案主和老伴儿老两口居住，案主患有高血压、高血糖等多种急慢性病症，主要靠药物维持。案主老伴儿的健康状况相对较好，但是年龄的增大造成行动不便，儿女无法照顾自己。

（2）案主面临的主要问题：一方面，身体状况不好，有生病就医的问题；另一方面，儿女都不在身边，不能为案主分忧，且案主想念儿女的问题。

（3）个案服务目标：其一，重塑案主积极乐观的心态，鼓励其不要因为身体的疾病而丧失生活的信心；其二，争取有关社会支持网络资源，为两位空巢老人提供医疗保健与生活服务；其三，争取增加儿女陪伴的时间。

2.解决问题及意义

经过个案工作的介入，与案主进行了三次面对面接触及访谈，此处略去谈话的具体内容，具体实施方法如下：

（1）运用理性情绪疗法

一方面，可以让案主更好地认识自己的负面情绪，以此稳定案主情绪，更好地了解情况开展工作；另一方面，可以缓解案主的心理压力。

（2）寻找社会支持网络

首先是与案主的儿女沟通，让其与案主多沟通、多交流以缓解案主孤独的情绪；给案主提供保证身体健康的药品与定期的身体检查，缓解案主关于身体健康方面的焦虑。其次是求助案主身边的其他亲属，通过他们与案主多走动，可以及时关注案主的病情，生病时可以立刻通知亲人，并帮助案主就医，同时多交流可以舒缓案主心情。最后是老人所在的A村，通过村中为老人预留新鲜的蔬菜，定期为老人体检等做法，提高老人生活质量，进而缓解其心理困境。

（3）结案与评估——达成预期

通过努力，基本上完成了预期制定的目标和任务。首先，顺畅地和案主建立了良好的、相互信任的工作关系；其次，通过支持网络系统，渐渐地让案主提高了生活的信心，提高了安全感与爱的归属感；最后通过理性情绪治疗疗法，案主更加深刻地认识了自己，逐渐缓解心理危机。

3.小结

综上，社会工作者可以通过个案社会工作方法介入空巢老人心理问题，在具体过程中，使用一些专业技巧，为有需要的空巢老人进行一对一的辅导和解决，同时链接资源，从而提高空巢老人的生活质量，增强其生活自信心，进而缓解心理危机，提高心理健康水平。

（二）小组工作介入农村空巢老人心理危机

小组工作，是在社会工作者的协助下，通过小组成员之间有目的的互动互助，使参加小组的个人获得行为的改变、社会功能的恢复和发展的工作方法。下面是小组工作介入的案例分析（“老年歌唱团”兴趣小组）：

1.案例描述

（1）背景介绍

经过对A、B两村部分空巢老人的走访，了解到他们的日常生活通常都枯燥乏味。由于儿女都不在身边，他们感到生活缺少精神慰藉，不够热闹，同时又感觉自己老了，失去了年轻时的存在感与价值感。随着近几年村庄基础设施的完善以及广场舞的盛行，他们的观念有所改变，也想有一个欢快的晚年生活。

（2）过程

经调查，老人的兴趣都不一样，但老歌几乎每人都会一两首，还有的老人以前唱过吕剧，所以决定开展“老年歌唱团”兴趣小组，通过招募及后续小组工作，帮助有歌唱爱好的老年人创建一个交流和活动的平台，丰富日常生活，同时增强老年人之间的沟通与来往，从而在工作者结案退出后，小组仍然能够自行运转，成为一个长期的兴趣活动小组。

2.解决问题及意义

运用小组工作的具体过程及方法进行介入，共分了六次活动，在这里略去具体的活动过程，实施如下：

（1）运用多种小组技巧

积极倾听：通过语言的和非语言的途径倾听和关注老人成员，多让他们交流，分享歌曲，有利于提高老人之间的沟通能力，提升自身的存在感。

反映：主要是通过复述成员所表达出来的内容和揭示背后的情感来实现，反映是建立在积极倾听的基础上的工作，将小组中老人的交流内容进行复述，让老人感觉到你听懂了他、了解他，有利于提升他们的尊重感。

鼓励和支持：鼓励平时发言少的老人积极发言，引导大家给予鼓励，有利于提升其自信心；当成员们有时害怕或害羞时，需要用温暖的话语和愉快的面部表情来进行引导，这一技巧极为重要。

总结：每次小组活动结束时，总结本次内容，说明下次时间及主题等。

（2）评估

在小组过程中及结束后，围绕老年人对小组活动的满意度、小组活动的有用性，对老年人进行了调查，同时对个别小组成员进行了回访，评估了小组活动的有效性。在访谈过程中，老年人对小组活动表示非常满意，这让他们回忆了很多美好的年轻时光，回忆了只属于他们年代的老歌。既丰富了日常生活，也增加了空巢老人之间的沟通交流，为平时的精神慰藉奠定了深厚的“知己”情谊。

3.小结

社会工作方法中的小组工作可以为空巢老人提供沟通、交流以及情感上的支持，对于提升老人的尊重感、存在感、自信心以及价值感有非常好的作用，为心理危机的解决提供了很好的途径。同时在该地区的空巢老人中还可以开展养生保健小组、象棋学习小组等不同类别的小组活动，根据具体情况而实施。

五、结束语

通过调研沂南县A、B两村空巢老人的心理危机问题，可以间接得出以下结论：随着我国人口老龄化趋势的加速到来，不论是政府、社会团体，还是各个领域的相关学者，都对空巢老人给予了相当大的关注，但根据现有情况来看，集中的焦点主要是在生活照料方面的帮助，而很少关注到心理健康领域。在这一方面，对城市空巢老人已经有所涉及并且社会化服务也相对完善，但农村空巢老人的心理健康服务却相对缺位。综合分析，农村空巢老人心理面临“双重危机”：一方面，空巢老人群体面临精神空虚、无价值感、孤独寂寞等负面情绪；另一方面由于受到心理压力和负面情绪的持续影响，空巢老人群体的身体健康也受到严重威胁。因此，帮助空巢老人群体缓解心理危机尤为重要，也是当今形势下人们期待解决的重大民生问题。社会工作要发挥专业优势积极介入，运用专业方法和技巧，承担社会责任，关爱空巢老人群体身心健康，辅助政府、社区和社会组织工作，以让空巢老人群体安度晚年。

（指导教师：翟秀海）

农村老年阿尔茨海默病患者照顾者压力疏解的社会工作介入

李玉倩

阿尔茨海默病是老年人常见的疾病之一，随着我国人口老龄化的发展，老年阿尔茨海默病患者的数量也在快速增长。在我国的农村地区绝大部分患阿尔茨海默病的人都是由家人来照顾，由于对患者的生活照护繁复而沉重，给照顾者的身体及心理带来极大负担。因此，探讨老年阿尔茨海默病患者家庭照护者的基本情况和需要，以及他们所需要的技术支援和社会支持具有重要意义。

一、绪论

（一）研究背景

在发达国家，大多数老年阿尔茨海默病症患者住在医疗机构。在发展中国家，老年阿尔茨海默病患者主要住在家里，由家庭成员照料。在我国的农村地区，大多数病人由家庭照顾。由于老年阿尔茨海默病患者生活护理的复杂性和繁重性，给护理者的身心带来了巨大的负担，进而影响老年人的生活质量。也正是因为如此，自二十世纪七八十年代以来，欧美对老年阿尔茨海默病患者的照顾以及照顾者身心健康的研究已成为阿尔茨海默病总体研究中的一个重要组成部分。

照顾患病老人是一项需要身心都高度投入的工作，照顾者的体力、精力、心理都会受到很大影响。在针对老年阿尔茨海默病患者照顾者的相关研究中，国外学者们对给照顾者造成负担的相关因素做了研究，比如，杜克的研究就发现长期照料慢性病病人会导致较重的经济负担。也有学者发现，由于长期照料病人，许多照顾者的睡眠出现了问题，当长期睡眠不足或者睡眠质量较差的时候，照顾者的压力也会随之增加。另外，长期照顾者的压力水平与被照顾老人的身体健康情况、照顾者需要投入的照料时长以及是否有专业的护理技巧有关。还有学者认为，照顾者可以从照顾经验中获得益处，例如得到被需要和认可的感觉，面对挫折的积极态度以及对生活的满意度提高。法兰等学者发现照顾者如果没有找到照料的意义，缺乏自我价值认可感可能会导致情绪崩溃，还会出现焦虑和抑郁等症状。但是仅靠家庭提供长期护理服务是不够的。照料者面临着孤独、缺乏同伴支持、角色冲突、心理压力等诸多问题，照料者的负担不仅是经济上的、情感上的，还是生理上的。由于照顾病人的过程漫长而艰巨，因此有必要了解照顾者的困难和负担，评估他们的身心健康状况，并在此基础上为照顾者提供有针对性的帮助和支持。

（二）研究意义

研究个案工作方法对农村老年阿尔茨海默病患者照顾者的介入，既有重要的理论意义，也有一定的实践价值。

（1）理论意义。随着我国老龄化问题日益严峻，养老方面的供给与需求矛盾愈发突出，从而引发了家庭内部照料危机，这其中农村中的问题尤为突出。目前，我国对农村老年阿尔茨海默病患者照顾者的关注度相对较少，针对照顾者的社会关注与社会支持不足，本研究可以丰富在社会工作研究中关于农村老年阿尔茨海默病患者照顾者的压力疏解及社会工作介入等方面的内容。个案工作、小组工作、社区工作是社会工作中重要的方法途径，采用这三种工作方法对农村老年阿尔茨海默病患者照顾者的身心问题介入十分具有专业性，并且有效结合社会支持理论以及叙事疗法对案主进行介入，有助于照顾者问题在社会工作研究中的扩充和发展。

（2）实践意义。在当前看来，农村老年阿尔茨海默病患者照顾者的健康状况并没有得到人们足够的重视，也很少得到社会的救助以及其他方面的帮助，这就需要我们采用专业的方法来满足这些农村照顾者的身心疏导需求，通过专业实践的方法协助照顾者进行压力疏解，引导他们降低焦虑感，帮助他们重新认识自己，重拾对生活的信心。

（三）研究内容与思路方法

1.研究内容

本文以农村老年阿尔茨海默病患者照顾者为主要研究对象，通过社会工作专业视角来分析农村老年阿尔茨海默病患者照顾者的压力疏解状况，以及后续如何改善提升社会工作介入的成效。主要研究内容如下：一是农村老年阿尔茨海默病患者照顾者压力疏解的现状；二是在帮助农村老年阿尔茨海默病患者照顾者进行压力疏解的过程中社会工作介入的成效分析与反思；三是如何提升社会工作介入的成效，切实疏解农村老年阿尔茨海默病患者照顾者的压力问题。

通过这三方面的研究来缓解照顾者身心压力，通过社会工作方法的介入来有效防止效果反弹，整合各方面资源，帮助照顾者学会用正面积极的态度看待问题，在以后的生活中学会情绪上的自我调节，恢复照顾者的正常社交。

2.研究思路与方法

本文所采用的方法是文献研究法和问卷调查法，在社会支持理论与社会工作理论的基础上，探讨个案工作、小组工作、社区工作方法介入农村老年阿尔茨海默病患者照顾者生活的积极性和必要性，着重针对照顾者压力疏解的现状以及所存在的问题进行深入研究，并提出改善与解决策略，对未来社会工作介入农村老年阿尔茨海默病患者照顾者压力疏解提出规划和建议。

（四）相关概念界定

社会工作是一种坚持利他价值观，以科学知识为基础，运用科学的专业方法帮助困难群体，解决他们的生活困难，帮助个人和社会环境更好地相互适应的专业活动。这一定义指出，社会工作本质上是一种专业帮助活动，其特点是为困难群体提供科学有效的服务。社会工作以受助者的需要为中心，以科学的帮助技能为手段，实现帮助人的效果。

（五）创新点与不足

本文研究的创新点是从社会工作的视角对农村老年阿尔茨海默病患者照顾者压力疏解问题进行探讨研究提供了一个新的视角，并提出了为照顾者进行喘息服务，乡贤资助，政府与乡镇企业、志愿者机构合作等一些创新性观点。

本文研究过程中的不足之处是只选取了一个村子作为样本，选择的样本较少，不是非常具有代表性，从而发现的问题不够深入彻底，针对问题提出的建议对策还是不够系统化、专业化。因此，以后再研究此课题时还是需要掌握大量的样本数据来进行深入探讨。

二、社会工作介入农村老年阿尔茨海默病患者照顾者压力疏解概况

（一）农村老年阿尔茨海默病患者照顾者压力疏解情况

老年阿尔茨海默病患者的家庭照料者主要是其配偶和子女，还有一些是保姆。由于老年阿尔茨海默病患者的护理负担十分沉重，存在焦虑、抑郁等心理问题，势必影响其对老年阿尔茨海默病患者的护理质量，也可能导致患者病情的加速进展。此外，由于老年阿尔茨海默病患者的强烈依赖性，他们也很容易受到虐待。造成上述现象的原因是多方面的，包括照顾者的性格、人际关系、老年阿尔茨海默病患者的个体因素等。究其原因，是家庭照料者对老年阿尔茨海默病及相关护理知识缺乏了解，导致无法了解老年阿尔茨海默病患者的人格变化和异常行为，导致照料者情绪挫败和治疗不当。研究表明，家庭护理者最困扰的问题是：第一，缺乏护理技能，难以应对阿尔茨海默病和精神症状；第二，无法与患者正常沟通，导致情绪受挫；第三，担心患者的安全问题，如跌倒、走失等；第四，繁重的护理任务，导致护理人员身心疲惫；第五，个人时间和空间不足；第六，经济负担过重。

（二）社会工作在农村老年阿尔茨海默病患者照顾者压力疏解中的综合运用

以山东省潍坊市奎文区L村为例，当前村中共有三千多户人，家中有老年阿尔茨海默病患者的共有285户，相比之下，老年阿尔茨海默病患者在村中人口的所占比例中还是有一定数量，因为老年阿尔茨海默病一般是进行性发展，老年患者自理能力差，身体容易出现较多并发症，伴有精神和行为障碍。照顾者白天不仅要承担繁重的体力劳动，晚上回家还要处理患病老人一些奇怪行为造成的各种问题，生活质量受到严重影响，从而间接影响了对患者的照顾质量。通过问卷调查发现，农村社会工作并没有完全深入L村，照顾者仍然面临许多问题，如孤独、缺乏同伴支持、角色冲突和心理压力。照顾的负担不仅是在经济上、情感上的，还有是身体上的。结合以上问题，了解照顾者的困难和负担，评估他们的身心健康状况，并在此基础上为照顾者提供有针对性的帮助和支持。

社会工作者通过掌握大量的信息，全面掌握问题产生的原因，社会工作者充分地运用个案工作方法，深入了解照顾者及其家庭的状况，了解他们真正的需要，如照顾者厌倦了照顾老人的生活等问题，通过专业社会工作方法了解照顾者厌倦的深层次原因，而不是简单地从表面上归因为子女不孝等原因，帮助案主树立正确的观念，从根本上解决了问题。同时，社会工作者秉持“案主参与及自决”的原则，既调动了案主的积极性，有效地解决问题并防止反弹，也充分体现了解决方法的人性化特点。

社区工作方法主要以社区和社区居民为工作对象或服务对象，通过专业社工的介入，发掘社区资源，动员和组织社区居民实现自助、互助和社区自治。它作为专业社会工作的重要组成部分和基本方法之一，在解决农村老年阿尔茨海默病患者照顾者问题中从两个方面入手：一是加强非制度性组织建设，社工根据不同村子的情况，发掘其优势资源，培养优秀居民成为领头人，并与乡镇企业积极合作，建立各种非制度性组织。二是加强制度性组织建设，如基层团组织，使制度组织性与非制度性组织结合在一起，对照顾者进行积极的引导、疏解。

小组是由案主和社会工作者组成的关系体系，小组工作，是案主与案主之间的互助，也是社工与案主之间的合作，而且小组工作方法是介于社区工作方法和个案工作方法之间的中观层面上的社会工作方法，这也就意味着小组的类型也是多种多样的，根据问题的不同可以组成不同的小组，具有很强的可变性、灵活性，从而最大限度地满足组员的需要，这也正是小组的优点之一。在解决老年阿尔茨海默病患者照顾者问题的过程中，根据照顾者面临的不同情况，社会工作者倡导成立兴趣小组、社会化小组、教化小组等不同类型的小组来有针对性地帮助他们解决问题，比个案工作方法的效率要高得多。

最后运用社会工作中的叙事疗法对案主进行心理干预，叙事治疗改变了传统工作方法，因家庭成长所建构的新叙事为照顾者所接受，而且它把家庭作为有机成长主体，充分发挥家庭成员在建构新叙事的积极作用，这开辟了社会工作者与照顾者之间新的合作关系，也摆脱了过去家庭治疗领域的困境。从叙事角度出发，通过解构式谈话、积极团队回应、独特结构强化以及新叙事传播的方式帮助老年阿尔茨海默病患者照顾者顺利开启新空间，切实解决老年阿尔茨海默病患者和照顾者本身的个人问题及彼此之间存在的问题。

三、老年阿尔茨海默病患者照顾者中社会工作介入的成效分析和反思

（一）介入成效分析

我国社会现状和文化都与社会工作价值理念和专业性相关。社会工作是以人为本的专业性服务活动，每个人都是不可忽视的个体，优势和才能都有不同的侧重点，使得任何人的存在都有其自己的价值，不去弱化任何一个人的能力，并且社会工作者对其人格和隐私做到充分的尊重和保密，并去挖掘照顾者潜能，促进其生活和发展；加强案主对社区的归属感和融入感，整合社区资源，满足社区需要，促进案主参与解决自己的问题，改善生活素质；改善社区关系，培养社区人员间互相照顾和互相关怀的美德。

社会工作服务的范围较广且与其他学科有一定交叉性，在解决老年阿尔茨海默病患者照顾者方面遇到不少困难，社会工作者链接了有效资源，为其

提供更全方位的服务。如，提供喘息服务这样的专业性帮助；针对一些在心理上有疾病的照顾者，为他们链接专业的心理咨询师，提供心理疏导服务，缓解他们关于照顾老人的焦虑，提高了照护老人的专业技能等。

社区社会工作和社会工作的专业方法和技能是融为一体的。社会工作者秉持“助人自助”的理念，在帮助他人的同时自己也总结了经验，提高了自己的技能，如此可更好地为之后的服务奠定基础。

（二）对社会工作介入成效的专业反思

首先，在老年患者照顾者帮助问题中，社会工作者服务对象主要是家庭和老人，主要针对照顾者的需求和问题开展服务，在和照顾者进行个案服务时，必须与他们建立起良好的专业关系，接纳、信任、尊重他们，时刻关注他们的心境变动。然而，社会工作者的数量是有限的，一个社会工作者要面对多位案主，在建立良好专业关系时，没办法同时兼顾多位案主，在关注案主负面情绪时，可能会有所欠缺，这是个案服务存在的很大的问题。

其次，在进行小组工作活动时，每个照顾者的心理压力以及承受能力是不同的，在设计活动时很少做到因人而异，所以要注意设计的活动符合照顾者的心理生理特点。在服务中，照顾者们还有老人需要照顾，在行为上会比较被动，小组成员的领导者要耗费较多时间去和服务对象建立个人关系。在这一过程中，小组中的领导者可能从开始到结束都要主动地去引导活动的开展，扮演积极的角色，这也是工作者们需要改进的地方。

另外，社会对阿尔茨海默病照顾者的关注度不足，社区宣传至关重要。在社区中，宣讲有关社区居民养老的知识，动员大家共同参与进来，协助照顾者建立属于自己的社会支持网络。有些地方的工作者对于这方面的宣讲不够重视，在链接社区进行活动时也有偷工减料和蒙混过关的现象，这就使得很多活动不能按计划和预想的发展，这就需要工作者们运用专业的理念、知识和技能，在照顾者压力疏解中发挥出重要作用，这样才能更有效地开展社区居家养老服务，从而为痴呆老人照顾者提供更加专业优质的服务。

四、提升社会工作介入成效，切实疏解农村老年阿尔茨海默症患者照顾者压力

（一）加强相关政策与资源的倾斜力度

从目前情况看，农村社区居家养老服务还存在不足：养老资金来源过于单一，主要来源是政府资金；基础设施建设不完善，照顾者开展专业服务活动具有一定的困难；社会关注度太小，社会参与不足；人力资源缺乏，服务难以开展。此外，农村社会工作者的岗位设置也需要政策的支持。我国现在提倡壮大社会工作人才队伍，并将其写入党的重要文件中，需要通过资源的整合来实现政府和非政府组织共同治理的格局，加大相关配套政策的支持来解决社会工作发展中面临的困境。

（二）推广社会工作介入阿尔茨海默病照顾经验

政府要让照顾者了解老年阿尔茨海默病的照顾特点，应向全社会宣传关爱老年阿尔茨海默病患者的观念，保持老年阿尔茨海默病患者的社会性，帮助照顾者继续学习老年阿尔茨海默病的疾病护理知识，增加家属与社会工作者的沟通，及时反馈优秀照顾者。照顾者护理能力的提高所形成的自我肯定和辛勤付出得到周围人的肯定和感激都可以提高工作上的自我成就感。推动养老机构与医疗部门在老年阿尔茨海默病上的合作，在医生对服务对象下具体诊断后，对照顾者进行老年阿尔茨海默病的宣教。向照顾者们开展照顾经验分享会，定期推广此类的知识来帮助解决一些长久困扰他们的问题。让照顾者本身做好长期的心理准备，要对自己的时间做出合理的安排，明白照顾老人是生活中重要的部分，但不是全部，需保持良好的精力和体力。照顾者还可以总结对患病老人医疗照顾和生活照顾的过程，合理安排并将其流程化，这样能够减少因无序导致的重复劳动。最后设定合理的护理期待值，并随着疾病的变化进行调整。

（三）为老年阿尔茨海默病患者照顾者提供喘息服务

喘息服务是指为了使患者家属得到短暂的休息，志愿者自发到医院为患者

提供临时性照护。Griffith在1993年提出喘息服务的概念，即针对照顾慢性病或失能患者的主要照顾者，提供短暂性、间歇性的计划，让照顾者有短暂休息的一种服务。虽然喘息服务定义尚未统一，但从不同学者对定义的界定中可得出共性，即是为照顾者提供的一种短暂的、临时性的服务，其目的是减轻照顾者负担。这就需要政府和社会各界加大对老年阿尔茨海默病患者照顾者的关注力度，定期组织压力疏解小组，缓解照顾者的压力，社工也及时为照顾者提供志愿性服务及指导性服务，帮助他们解决困境，满足他们的需求。

（四）拓宽老年阿尔茨海默病患者照顾者的资金渠道和志愿者援助渠道

由于照顾者临床表现复杂，差异明显，单纯地依靠农村资源根本不足以为照顾者提供优质的服务。因此，提高对老年阿尔茨海默病患者的养老保险力度和社区补贴，增加国家对农村老年阿尔茨海默病患者照顾者的专项资金，推动农村集体与社区产业的发展，扩大社区收入，鼓励乡贤为贫困老年阿尔茨海默病患者家庭进行捐赠，大力发展农村医疗保险和护理保险制度，依托保险公司推出的保险产品和项目来解决照顾者压力，还要积极吸纳志愿者，密切联系照顾者，让志愿者和家属共同参与照顾过程，维护老年阿尔茨海默病患者照顾者的家庭关系，保证其社会交往能力和归属感，使照顾者充分感受到社会的关怀。

五、结论

人口老龄化加剧使得老年人群中阿尔茨海默病的发生率持续上升，我国农村地区中作为长期主要承担照顾患者任务的家庭照顾者，其身心健康是该体系正常运作的重要保证。由于疾病的特殊性，使家庭照顾者承担了很大的负担和压力，因此，在社会工作视角下，对农村老年阿尔茨海默病患者照顾者压力的产生原因及解决情况进行分析，并结合农村老年阿尔茨海默病患者照顾者的身心需求，借鉴国内外社工成熟经验，不断完善我国农村老年阿尔茨海默病患者照顾者的支持服务体系，以减轻照顾者的身心压力和社会负担。

（指导教师：王中强）

社会工作介入农村留守老人养老问题探究

李楠

随着现代社会的发展与进步，人口结构老龄化成为世界人口发展的必然趋势，老年人的养老问题该如何解决也逐渐被人们视为重要的关注焦点。本文期望在对农村留守老人养老问题进行分析与探索的过程中，帮助老人改善目前的养老模式，提高此类群体的生活质量，探索出一条适合农村留守老人的发展道路。

一、绪论

（一）研究背景

在社会不断前进发展的过程中，21世纪的社会已经成为一个显著的老龄化社会，而世界也正处于老年人口数量急剧增加的境况中。中国作为世界人口大国，人口老龄化水平也在随社会的发展而提高，在人口老龄化不可逆转的趋势下，农村留守老人这一弱势群体成为社会发展中的特殊产物。对于这一群体如何安置，如何使留守老人养老问题得到改善与解决，成为社会关注的问题。

（二）研究意义

1.理论意义

在1935年由罗斯福制定的《社会保障法案》中，老年保障制度被置于首位，此后老人成为西方各国社会工作领域的主要关注对象之一，有力地推动了老年社会工作的发展。我国社会工作起步较晚，对老年社会工作中有关农村留守老人的研究及相关文献较不完善。本文结合现下老人的养老现状，综合运用相关知识与研究方法，对所获得的第一手资料进行研究，以期在一定程度上能够丰富社会工作领域中有关农村留守老人养老问题的研究素材。

2.现实意义

近半个世纪以来，世界人口发展的一个重要趋势即为人口结构老龄化，因此老年问题已经引起了社会的广泛关注。农村老年人为农村建设做出了不可磨灭的贡献，因此关爱留守老人是实现城乡协调发展的必然选择。本研究旨在通过对农村老人养老问题的探究，一定程度上改善老人的养老现状，促进农村地区留守老人养老模式的发展。

（三）研究内容与思路方法

1.研究内容

本研究主要运用社会工作方法介入农村留守老人养老问题，对当前农村留守老人的现状、成因、困境和解决其养老问题的对策等方面展开分析。采用个案、小组、社区三大方法中适用的方法，并结合相关理论作为其解决问题的基础。以农村地区为例，提出符合农村实际的养老模式，使农村留守老人老有所养，使老人安度晚年。以期望能对农村地区的发展起到促进作用，推动农村地区城乡一体化的进一步发展。

2.研究思路与方法

（1）文献研究法。在对农村地区留守老人养老问题的相关资料进行查找与阅读的基础上，根据对国内外研究现状的分析，找到适合自己探究的切入点，对社会工作介入养老问题的可行性及方法进行分析与总结。

（2）综合分析法。在对农村留守老人养老现状的调查结果及相关资料的整理和分析基础上，综合所掌握的有关其养老问题的内容，运用社会工作专业的方法，合理提出自己的思路。

（四）创新点与不足

本课题的创新点在于首先对农村留守老人养老现状进行较为系统的分

析，进而对现存的问题及原因进行展开说明。其次将社会工作介入作为农村留守老人养老问题的切入视角较为独特，在对介入的可行性、必要性与介入困境进行分析后，提出合理且具有针对性的介入途径，使本文整体结构完整且具有逻辑性。

不足之处为本人学识有限，对相关知识与经验的掌握有所欠缺，因此在涉及较为专业的理论及问题分析上不够透彻深入；同时对留守老人养老问题的描述上较为浅显，没有详细的数据作为理论支持，以上都是此后本人需要注意改善和学习研究的地方。

二、相关概念界定及理论基础

（一）相关概念界定

1.人口老龄化

“人口老龄化”一词来自西方词组“Aging of Population”，直译为人口老化，其代表的是老年人口比重在总人口数量中相对较高的一种人口结构状况。这种现象一般表现为老年人口数量增加，儿童及青壮年的数量降低，中年人口较为稳定。

2.留守老人

留守老人为子女长时间离开户籍地外出打工或者从事其他生产活动而在家留守的老人。此类特殊群体一般生活简朴，居住环境较差，同时守护家园，甚至养育子女的下一代也逐渐成为留守老人的责任与义务。

（二）农村留守老人养老问题研究的理论基础

1.心理社会治疗模式

心理社会治疗模式是个案社会工作中较为常见的治疗方法之一：其假设为人在情境中；个人的成长经历对当前状况的影响；每个人都被视为有价值和有待发展潜质的个体；人类的行为不仅可以被了解，而且也可以被预测，并加以影响和改变，从而产生系统性的影响。

2.危机调适模式

对处于危机状态下的服务对象提供一种短期治疗或调适的过程，是一种短期的简略治疗模式，即告知服务对象目前存在的问题及可能因此发生的危机，对其提供相应的干预措施，帮助服务对象改变现状。

三、农村留守老人养老基本情况

（一）农村留守老人养老现状

随着社会发展，人口老龄化呈现出较为明显的城乡倒置现象，农村人口老龄化程度高于城镇。伴随着城镇化发展进程的加快，农村青壮年向城市大量涌入，使得农村留守老人数量增加。农村地区发展相对落后、经济较不发达，绝大部分老年人选择独居在家，较少人选择在养老院居住。受计划生育政策的影响，大部分农村留守老人的养老来源主要依靠子女赡养、务农畜牧、政府补贴维持生活。受传统习俗和原有生活习惯的影响，农村地区的老人不追求也不向往城市生活，较容易得到满足，且长期在较为艰苦朴素的农村地区生活，自理能力与适应能力较强，但总体生活质量较差且负担较重，业余生活单一，缺乏娱乐活动，情感上没有寄托，精神生活不乐观。

（二）养老存在的问题及原因

1.身体健康状况较差

从已知的资料中可以发现，目前农村地区发展进程较城镇还有一定差距，农村的医疗条件远不如城市，绝大部分的农村地区小诊所比较普及，现存的乡镇医院医疗设备也比较陈旧，更新换代速度慢，使得老人们的病情得不到及时有效的医治。另外，部分地区地理位置较为特殊，大部分农村地区四周环山，医疗设备和医用物资运输时间久、成本高，农村“治病难，看病贵”成为一种普遍现象。大部分在农村生活的留守老人家庭本身并不富裕，很多老人生病时会选择一拖再拖，不通知在外地的子女，以此减少他们的担忧；同时老人突发疾病的情况比较常见，如果因为无他人在家造成老人错过有效的治疗时间，将会导致严重的后果，留守老人出现这类情况的风险会更高。

2.家庭养老功能弱化

农村留守老人的大部分生活资金来源于外出打工的子女，也就是传统观念里的“养儿防老”。但是在打工子女中，部分会出现有有心无力的情况，即没有挣到钱无法赡养父母而不愿回家看望老人，这使得农村留守老人的家庭氛围较淡。另一方面，因为计划生育政策的贯彻，在众多人口中大部分都为独生子女，需要承担赡养四个老人的责任，子女负担加重的后果就是部分留守老人需要政府的救助及补贴才得以维持生计、提高生活质量，导致农村留守老人的生活难以得到稳定的支持与保障。

3.精神生活较为单一

农村地区相对于城镇来说较为封闭，且发展速度不及城市。大部分农村地区的留守老人至今保持着较为淳朴安逸的生活习惯，乡镇里的娱乐场所及大型活动较少，农村的留守老人活动范围较为局限，除日常务农生活外无过多丰富多彩的娱乐活动，个人对于娱乐方面的追求较少，精神生活较为匮乏，久而久之，使得老人不愿与他人交流沟通，对老人的精神状况及其长远发展会产生不利影响。

4.生活负担较重

农村地区山脉和平原众多，农村家庭基本都圈养了牛羊猪等牲畜并需定期在山上放养，与此同时，每户留守老人还分配有一方土地，老人们日常生活中还需要承担起务农耕地的任务，依靠农活和家禽获得部分生活收入。一方面，老人年迈体弱，身体状况不如青壮年，做事效率不高。加之农村地区多为留守老人，政府对于农村家庭的帮扶速度赶不上需求速度，受地区经济发展缓慢的影响，留守老人的生活负担仍较为沉重，使得老人感觉自己的生活得不到充分的保障。另一方面，对农村留守老人而言，子女去城市务工的同时，为子女照顾孩子成了老人们的义务与责任，老人为下一代牺牲的观念在农村文化中有强烈的反映与体现。

5.传统观念根深蒂固

首先，农村地区的总体发展与观念更新同城镇地区相比较为落后，有相当一部分的农村留守老人受到传统观念和生活习惯的影响，宁可自己在家独居也不愿去养老院或者当地的社会福利机构。其次，时代在进步，老一辈与下一代之间的代沟会因为观念、习惯等方面的不同而加深。且农村有一定的封闭性，留守老人与现代社会并不是同步的，长此以往，留守老人会因与时代脱节，加重孤独感，尤其对失去老伴或者子女在外的留守老人来说，空虚感和孤独感会更加浓烈，因而，老人更不愿离开自己已经习惯的地方。同时，农村地区的养老资源相对稀缺，政府无法满足和解决大量农村留守老人养老的需求。

四、社会工作介入农村留守老人养老问题的必要性与可行性

（一）社会工作介入农村留守老人养老问题的必要性

1.社会现有养老体系不完善

伴随着中国城镇化进程的加快，我国老龄化人口的数量也在与日俱增，尤其是农村地区，老人占农村人口的绝大部分。我国对已退休或年老丧失劳动能力的老人提供了社会养老保险和相应的社会福利，但我国老年人口基数较大，无法实现社会养老体系的完全覆盖，对老年人的保障能力有限。且我国现存的养老体系不够完善，农村留守老人的养老问题得不到实际的解决，政府在此问题上难以发挥其全部作用。社会工作者可以运用社会工作中的理论知识，以一种更加专业的方式向农村留守老人提供帮助，为老人争取到更多的社会福利，弥补现有社会养老体系的不足。

2.提供有针对性的服务需要社会工作

农村地区的养老机构比城市的养老机构发展缓慢，其机构内的服务人员大多未曾经过系统性地专业学习，在接受一段时间的培训后为老人提供养老服务，并不能全面地了解到老人的需求。马斯洛需求层次理论认为，人人都有需求，只有低层次的需求被满足后才会向更高层次的需求发展。社会工作者可以运用马斯洛需求层次理论，从生理、安全、社交、尊重和自我实现五个层次分析老人的现状，及时了解到老人的需求，并为农村留守老人的养老问题提供可行建议，以此帮助农村地区养老模式的完善。老人只有在满足了

基本生活需求的基础上，才会追求精神层面乃至更高层次的内容，社会工作者可以在此过程中提供更加具有针对性的服务，以期提高老年人的养老服务质量。

3.服务能力有限但社会需求大

现今我国的家庭结构较之前大有不同，结构趋于小型化，一个家庭的人口数量由最开始的十几口发展到几口，大大弱化了家庭的养老功能。老人身体年迈多病，尤其留守老人更需要专业人员的护理，因而对社会服务的需求量增大，但目前我国仍然缺乏为留守老人提供专业服务的护理人员，且资源分配的地区差异性较大，农村地区的资源相对而言会更加匮乏。社会工作领域中的老年社会工作以老年群体为主要服务对象，而留守老人群体及其养老问题在老年社会工作的工作范围之内，受过专业训练的社会工作者在工作过程中秉持专业的价值理念，以个案、小组、社区三大社会工作方法帮助留守老人解决实际困难，并在工作过程中使老人找到其自身的价值，从而真正为处于弱势地位的留守老人提供居家养老服务。因此，缓解农村留守老人的养老问题亟须社会工作的介入。

（二）社会工作介入农村留守老人养老问题的可行性

1.社会工作的理论知识有助于解决农村留守老人的养老问题

王思斌（1998）认为，“社会工作是以利他主义为指导，以科学的知识为基础，运用科学的方法进行的助人服务活动”。社会工作作为一种助人自助的专业，始终秉持以人为本的理念，将在工作过程中帮助服务对象（尤其是弱势群体）理清问题，对问题进行评估和介入，以此帮助服务对象解决问题，最终使服务对象实现自助。

2.社会工作者的专业能力与作用有助于解决农村留守老人的养老问题

社会工作者与普通的社区人员或社会服务人员相比，其优势在于社会工作者是经过专业培训、有系统的理论学习及有一定实务能力的专业群体，其为服务群体提供的服务是更具有专业性和针对性的。社会工作强调“人在环境中”，社会工作者在帮助农村留守老人时，会从老人的生理、心理、社会资源进行分析，同时对老人的经济及环境进行评估，能够为老人提供最大化的帮助。

3.社会工作的专业介入有助于解决农村留守老人的养老问题

社会工作专业针对不同的群体有不同的分工领域，设立了青少年社会工作、残疾人社会工作、医务社工、矫正社工等，老年社会工作也在其中。老年社会工作的功能包括预防功能、恢复功能和发展功能，社会工作者在通过老年社会工作知识介入留守老人养老问题时，会将老人的问题更加细化，从而提升服务质量。同时，社会工作者作为过程中的资源提供者、倡导者等，运用专业知识和工作方法有助于解决农村留守老人的养老问题。

（三）社会工作介入过程中的困境

1.大众对社会工作的认可度较低

社会工作是西方社会的产物，在中国本土发展的时间短、进程慢，大众对于这种新兴发展起来的专业了解度不高，尤其是在接受新事物速度较慢的农村地区，对社会工作和社会工作者的认可度普遍较低。社会工作者在开展服务的过程中，不仅需要解决农村留守老人的现存问题，更需要发掘并激发服务对象的自身潜能，使其在日后能自己处理问题。而在社工不发达的地区，难免将社工人员与平常的服务人员画上等号，因此社工在与服务对象开展工作的过程中，不仅消磨了社工人员的积极性，也无疑增加了社工进行工作的难度。

2.社会工作者自我职业价值无法发挥

社会工作者在刚刚步入工作岗位时，都会秉持帮助服务对象改变现状最终实现助人自助理念的憧憬，但在真正开展工作后，现实条件的限制、自我能力有限，致使社工很难达到自己最初的预期，常常会在工作中产生挫败感和压力感，在一定程度上会影响社会工作者为农村留守老人开展服务的热情，因而出现社会工作者产生职业倦怠的问题。

3.伦理价值观在实践中的问题

社会工作者在工作过程中会遇到许多价值观与伦理困境，在为老年群体工作中可能会遇到价值观的冲突、专业关系处理问题等。社会工作是一个需要专业判断和理性对待价值伦理的专业，社会工作者在为老人提供服务与帮助时，一般会秉持专业的理念和知识。但当老人遇到某些关系到伦理问题及价值观念的问题时，社会工作者可能会带入自己的主观想法，影响到对专业问题的判断，甚至与留守老人产生移情与反移情的问题，影响服务提供的整体效果。

五、社会工作介入农村养老问题的途径

（一）宏观层面

1.发挥政府的主导作用

社会工作作为中国新兴发展的一大领域，需要政府对社会工作加大支持力度。农村地区的社会工作领域较城市发展速度缓慢，覆盖范围小，需要通过政府的主导力量推动社会工作者发挥作用，为农村发展社会工作提供支持。政府应从人力、财力、物资等方面，为农村社会工作及养老问题的发展提供便利的条件与环境，使政府这双“无形的手”增强社会工作发展的合法性。使后续社会工作者在为留守老人提供专业服务时，能够切实根据老人的实际情况，为老人在社会福利、养老保险等方面的法律问题上提供参考。

2.完善农村养老的相关政策

农村养老社会工作事业发展需要完善相关的养老政策，通过制度规范为农村社会工作的发展提供正确的行为准则，从法规政策层面保证农村养老社会工作发展的稳定性和持续性。在完善政策的过程中，应使社会工作者、服务对象（留守老人）、社工机构等主体都受益于政策当中。通过政策支持和资金支持，提高农村留守老人的养老水平，确保留守老人度过平稳的晚年生活。

（二）中观层面

1.发挥养老机构及社区的功能

一方面，政府要为农村地区的养老机构发展提供充足的资金资源支持，

从而确保养老机构能够顺利地运营和发挥作用，并通过更替软硬件设施改善留守老人的养老环境。同时对养老机构的服务人员进行系统专业的培训，提高其对留守老人提供养老服务的质量。另一方面，通过社会工作者发挥出社区应有的功能。运用社会工作三大工作方法中的小组工作方法，在农村地区的社区内将有类似情况的留守老人聚集起来，形成多组社会互助小组，在小组内为留守老人建立起社会支持网络，开展多种多样的小组及社区活动，丰富老人的生活满足老人的精神需求，通过集体的力量为老人排忧解难。

2.加强社工机构的建设

社工机构应避免对政府的完全依赖，加强机构自身的能力建设。逐渐拓宽机构的筹资渠道，形成多元化的筹资渠道和资源整合能力，充分调动、合理利用社会资源，改善社工的工作条件。同时尊重社会工作者，鼓励社工积极参与机构决策，完善考核制度并定期对社工的工作情况进行评估和考察，建立奖惩机制，通过竞争提升工作效率。

3.加大宣传力度

通过宣传教育，使农村地区对社会工作这一概念及其内涵有一定了解，让农村留守老人不排斥社会工作者对其进行专业服务与帮助。同时，社会工作能否在农村顺利地开展活动，很大程度上需要得到老人的支持与积极配合。在宣传过程中，动员留守老人积极参与到社会工作的事务中来，可以有效建立起社会工作者与老人之间服务与被服务的关系，加强留守老人的主人翁意识，实现老人的自身发展，最终达到助人自助的目的。

（三）微观层面

1.加强专业人员培训

目前我国专业的社工人员短缺，在落后的农村地区更是如此，加强对专业社工的培训迫在眉睫。提高社工人员基本待遇，与此同时，设立专门优秀员工奖金，将奖金的评选评级标准化、差别化，设定评奖标准。在肯定和鼓励优秀社工基于使命的工作态度的同时，也能促进其他社工的积极性，避免专业人才的流失，发挥激励作用。发展对农村地区社会工作者的教育，培育并壮大专业的农村社会工作人员队伍，弥补农村地区缺乏社会工作者的不足。

2.鼓励老人转变养老观念

我国家庭结构正在逐渐发生改变，同时也会使家庭养老方式发生变化，然而老年人长期处于固定不变的环境里，对于养老方式等看法也不是轻易能改变的。国家现有的社会养老体系不能完全满足全部老人的养老需求，家庭养老亦不能完全解决现存的养老问题，需要老人尝试并接受多元结合的养老方式，解决农村养老所面临的问题。社会工作者可以恰当运用社会工作的理论知识，如采用心理社会治疗模式、危机调适模式、行为修正模式等多层次的服务介入方式帮助农村留守老人缓解压力，尝试帮助其转变观念，积极面对生活。

六、结论

伴随着我国农村留守老人的数量日益增多，处理解决因此产生的养老问题也迫在眉睫，地区、社会乃至国家都应对留守老人的养老问题加以重视。我们不仅要关注留守老人的物质生活条件，而且也应关心他们的精神生活。社会工作是新时代中一股重要的服务力量，介入农村尤其是偏远地区的农村留守老人的养老问题，可以在很大程度上弥补现有政策和体制的不足，通过社会工作专业的力量，提高老人的生活质量，增强其幸福感，促进中国老龄化社会的和谐发展。

（指导教师：秦力）

第二章　农村家庭养老模式

失独家庭养老困境及社会工作介入研究——以临沂市Y社区为例

梅晓玮

一、绪论

（一）问题的提出

1.研究背景

失独家庭是指在计划生育政策出台以后，育龄男女终身只生育一个子女，而独生子女由于各种原因导致死亡，其父母没有再生育的打算、已经丧失生育能力或者不愿意收养其他孩子的家庭。独生子女的意外丧生会使整个家庭处于危机状态，给其父母带来巨大的心理创伤和生活困境。到2010年底，我国独生子女人数已超过2亿，预计到2050年数量将会达到3亿。人口学家易富贤根据人口普查数据推断，我国现在独生子女数量超过2亿，这些人中会有1009万人或将在25岁之前离世，到了那个时候，中国将会新增1000万失独群体。

政府和社会积极开展了各项帮扶工作来解决失独家庭的养老困境，但在政策实施过程中存在诸多不足之处，许多失独家庭依然面临着情绪无法表达或需求得不到满足等方面的问题。随着失独家庭数量的不断增加，这一现象逐渐引起社会的关注，失独家庭养老问题亟须解决。

2.研究意义

社会工作介入可以帮助失独家庭重建社会支持网络，针对性较强，对于尚能够进行沟通交流的家庭可以进行小组工作和个案工作，对于自我封闭的家庭进行个案辅导。通过干预，使失独家庭具有重新适应社会生活的能力，因此具有一定的现实意义。

同时，目前社会工作这个专业学科仍处于起步阶段，需要继续探索适应本土发展的路径，通过对失独家庭困境的研究，对社会工作本土化进程的发展有积极影响，可以丰富社会工作的外延和内涵，因此具有一定的理论意义。

（二）研究现状

1.国内相关文献

失独家庭这一问题进入人们视野的时间不是很长，但近几年政府、大众传媒和专家学者对于失独家庭的关注度有所增长。目前我国针对该问题的研究并不多，主要集中在人口学界，同时在帮扶对策方面也有一些相关研究。

在实务领域，颜能、牟艳娟在心理精神方面研究发现，失独家庭的问题会在生理和心理层面上爆发出来，但是心理问题显得尤为严重，包括会出现孤独、自卑和抑郁等消极情绪，情况更为严重的失独者还会选择走向自杀边缘；周云、荣如静在社会保障方面提出政府应该采取积极行动，通过完善相关法律法规给予失独家庭一定的帮扶，使失独家庭能够提高生活质量。

在理论方面，不同学者也有不同的见解。姚金丹以增能理论为切入点，认为失独家庭作为一个弱势群体，对当前的情境容易产生无力感，指出应该分别从宏观和微观两个层面对失独家庭进行增能介入服务。微观方面运用个案工作方法缓解失独家庭的不良情绪反应，宏观方面通过社会福利政策的救助和社区养老模式的推广，对失独家庭进行服务。肖云等学者以优势视角理论为基础，具体分析了失独老人的困境，并把问题的着手点放在政府、社会工作者和社会组织等多方共同协作促进问题的解决上，注重失独家庭本身的优势和社会环境的作用，使他们能够重新适应社会生活。

国内相关文献从多个角度对失独家庭养老服务进行研究，并提出一系列建议，具有很大的参考价值。通过查阅国内期刊和学报等网络平台发表的相关文献，为论文的构思提供理论支撑。失独家庭存在着诸多需求，比如经济保障方面的问题，医疗卫生健康方面的问题，心理方面的问题和社会参与问题。由于失独者在个性、生活水平、身体状况、兴趣爱好、经历及所面临的压力上存在差异，因此应该选取合适的理论视角，结合实际具体分析当前失独家庭所面临的主要问题。

2.相关政策制度

针对失独家庭问题的日益显现，临沂市政府颁布《关于做好计划生育特殊困难家庭救助工作的通知》(以下简称《通知》)，为失独家庭提供保障。《通知》提出，提高失独家庭特别扶助金，将扶助标准提高到每人每月500元，并且成立一次性救助制度，使失独家庭能够获得一次性的经济补助。此项规定中还强调应整理全市范围内失独家庭资料并存入档案，对失独家庭的基本情况有大体了解，多方面了解失独家庭在医疗卫生、照料服务、经济保障、社会参与等方面的多样性需求。

此外，对于一些重组家庭中，尚有生育能力并且还存在生育意愿的情况，计划生育相关部门应予以配合。对于年满60周岁的失独家庭父母，成立专门面向失独老年人的养老机构，进行集中照顾。在住房条件方面，为失独家庭优先提供保障性住房。

(三)理论依据

1.生态系统理论

生态系统理论是社会工作实务的分析框架，它认为人类的发展是个人与其环境间长期交流的结果，个体的发展受到各种因素的影响，这些方面彼此之间相互联系，构成一个完整的整体。环境与人的关系是双向互动的，强调个人与环境的相互作用及相互影响。

2.社会支持理论

社会支持系统指的是个人与其他个人、组织和机构之间的直接联系，通过这种联系，个人得以获得情绪、物质、服务、信息等方面的支持并且得以维持其社会身份和地位。一个人所拥有的社会支持系统越强大，就能够越好地应对各种来自环境的挑战。社会支持系统的强大与否取决于两个维度：一是社会支持系统的广度；二是社会支持系统的强度。失独家庭社会支持系统主要是分为正式和非正式的社会支持：正式的社会支持系统主要是指由政府、社会组织为失独家庭提供各种资源支持的总称；非正式的社会支持系统主要是指由失独家庭的家人、邻里、朋友等为其提供资源的总称。

二、Y社区失独家庭基本情况及困境分析

（一）研究方法

实地调查法：通过走访社区，与相关工作人员和社区居委会办公人员进行交谈，了解社区内已有的失独家庭现状，找出社会工作所需帮扶的目标群体，并在初步了解基本情况的前提下争取进行家访。

访谈法：以临沂市经济开发区Y社区内的失独家庭为调查对象，在相关工作人员的帮助下进入失独家庭进行访谈，并做有效记录。通过询问具体情况，分析生活困境和需求，观察收集真实可靠的第一手资料。

（二）Y社区基本情况

Y社区是临沂市经济技术开发区还建社区之一，社区占地面积广阔，总占地面积3000余亩，可容纳3万多人入住。

目前，社区行政中心、社区卫生服务与管理中心、教育体系、农贸市场、社区广场等综合配套工程已投入使用，为群众带来了极大便利，提高了公共资源配置水平。

（三）失独家庭基本情况

据相关数据统计，Y社区有7户失独家庭，共11人，他们的孩子因疾病或意外事故而去世，失独虽然是一个概率比较小的事件，但是带来的巨大冲击对一个家庭的影响确实是难以想象的。

1.年龄

从访谈结果来看，失独父母的年纪普遍偏大，在这11位失独父母中，有1位失独母亲年龄在50周岁以下，8位失独父母年龄在50～60周岁范围内，年龄在60周岁以上的人有2位，他们执行了严格的计划生育政策，目前基本已没有了再生育能力。

2.家庭结构

根据实地走访发现，在这7户失独家庭中，存在2户配偶和子女均离世的情况，还有1户为离异家庭，剩下4户为夫妻双方共同生活。在独生子女意外离世以后，其父母受到巨大刺激，离异或丧偶的失独父母选择独居生活，因而生活条件得不到保障，并且缺乏日常关怀。夫妻共同居住的情况占比较大，包括一部分再婚夫妇，彼此生活上可以相互照料，但子女离世带来的打击也不容小觑。

3.健康状况

在这11位失独父母中，其健康状况堪忧，尤其心理健康状态极差。就身体健康状况来看，只有3位失独父母健康状况在良好以上，4位失独父母情况一般，3位失独父母患有高血压、骨质疏松症、呼吸系统疾病和消化系统疾病等多项慢性疾病，还有1位失独父亲患有重大疾病，需长期住院治疗。就心理健康状况来看，由于子女离世带来的打击过大，悲伤情绪普遍存在于失独家庭中，1位失独母亲精神状态受到严重影响，情况较差，心理健康情况与正常家庭大相径庭。

4.经济收入来源

根据经济来源分析，失独家庭经济生活来源主要有离退休金、劳动收入和亲属供养三大渠道，以这三种方式为主要生活来源的家庭占总数的绝大部分，但总体来看社区内失独家庭的经济来源渠道比较狭窄，稳定性不强。

在作为样本的七户失独家庭中，有三户家庭可以通过劳动就业和离退休金获得稳定的经济收入，能维持基本的日常生活开支。两人由于知识文化水平较低，在身体较良好的状况下打零工，虽然可以短期内获得收入，但变动性大，稳定性不高。还有两位失独母亲处于无业状态，平时靠低保和亲友接济维持日常消费开支，生活比较困难。

（四）失独家庭的养老困境及原因分析

1.生活

（1）老年人的经济供养问题，即如何从经济上保障老年人的基本生活

核心家庭一般都需要下一代的经济支持来安度晚年，各种意外使其独生子女丧生，从而打破了原先稳定的生活模式，使其家庭经济陷入危机。

在访谈中，A妈妈说："我的儿子因为得病离开我们了，本来家底就没了，还欠下一屁股的债。"C爸爸说："我们老两口身体都不好，没法长期工作，天天吃一大把药，还要去医院做检查，负担不起了。"年龄过大的限制，也使得他们已经无法长期到社会中获取较高的收入，只能获得一些零散收入。

（2）老年人的医疗保健问题，即如何满足老年人基本的医疗保健需求

失独父母普遍存在精神状况和身体状况差的情况，他们在身体上可能患有多种疾病，精神上也存在抑郁情绪，而对于平常经济收入较低的失独家庭来说，如果存在重大疾病，医疗支出占比将会相当可观，因此失独父母面临着比普通家庭更大的养老风险。高龄的失独者往往会受到慢性疾病的折磨，损害生活质量。

（3）老年人的照料服务问题，即如何满足日益增长的老年人对日常照料的需求

在访谈中，D爸爸说："我不怕死，我怕老。"目前家庭养老方面最根本的差别是有无子女，失独家庭担心无人养老送终。随着年纪的日益增长，器官功能发生老化，长期存在的疾病使他们的日常行动存在不便，对其他人的依赖性增强，导致失独家庭对养老服务需求越来越多。

在调查中，失独老人只能通过入住敬老院的方式来安置晚年。有的经济能力良好的选择请护工来照顾，但是参与本次调查的失独老人，大都仅靠退休金来维持生活所需的消费开支，很少有人能支付起长时间请护工的费用。

2.心理

家庭结构中亲密关系的中断是造成失独家庭精神困境的主要原因。独生子女的意外丧生导致其情感需要得不到满足，进而会产生自我否定、自我封闭的消极情绪，对身心造成极大危害，甚至有自杀现象的发生。

在Y社区中，许多失独父母产生自我排斥，并多次表达出不想活了的念头，认为支撑自己活着的动力消失了，不自觉地使自己陷入边缘化的困境，精神常处于崩溃状态，从而使他们得到的情感支持非常有限，很难重新适应生活。

3.社会融入

失独父母失去孩子后，会比以前变得更加敏感谨慎，他们拒绝与原来的朋友交流沟通，内心产生自卑和恐惧，觉得别人会看不起自己。

在Y社区中，失独家庭多不愿与之前的朋友联系，他们“不知道和别人该说些什么”，担心与别人交流时涉及有关儿女的话题，对于周围始终抱着一种戒备的心理，不愿意看到别人投过来同情的眼神。

4.政策

针对失独家庭的权益保护，政府积极推行了独生子女死亡家庭扶助政策，但是这些政策也仅仅局限于扶助措施，对于精神慰藉和社会再适应问题涉及较少，不够完善和全面。

另外，虽然有明确的规定要对失独家庭进行经济补助，但是对政策条文细则没有做出具体的解释，扶助的随意性大，因此很容易产生不同区域对失独家庭的评判标准和帮扶标准不一致的情况。

三、社会工作介入的必要性及可行性

（一）社会工作介入的必要性

1.为失独家庭提供精神慰藉，重建社会关系

社会工作者通过对失独父母进行心理调节，使其恢复信心，回归正常的生活轨道。帮助失独父母重建非正式的社会支持系统，与家属、朋友和邻居加强联系，改善其之前的社会关系。

2.整合社会资源，维护失独家庭权利

失独家庭的需求是多样性的，来自方方面面，而失独家庭由于自身能力的下降，无法通过自己所拥有的资源解决自己的问题。社会工作者可以为政府与失独者之间构建平台，将失独者所反映的需求传递至政府，敦促政府完善相关法律法规，使失独家庭能够拥有平等的权利。

（二）社会工作介入的可行性

1.社会工作的专业价值理念与满足失独群体的需求相一致

社会工作者秉承助人自助的价值理念，使人具有自己解决问题的能力。社会工作通过鼓励失独群体进行社会参与活动、挖掘其隐藏的或尚未被认识到的潜能等方式，使失独群体能够重新适应社会生活，解决他们的需求，提升幸福感。

2.社会工作运用专业方法为解决失独家庭困境提供支撑

社会工作者所掌握的一整套助人方法，使得提供服务的过程更具操作力和约束性。社会工作者可以运用三大方法动员并链接各种社会资源，最大限度地利用社会保障政策、社会支持网络等，为其提供所需的服务。

3.政府需要培养社会工作专业人才

社会需求伴随社会经济的发展而日益扩张，即便是全能型的政府也亟需一些能够协助自身来处理公共事务的专业社会机构。能够担负各种援助团体的社会工作者，不仅具备专业理论基础，而且具备丰富的实务经验。再加上有关政府部门对失独者仅仅提供经济支持，缺少精神安慰和心理干预。

四、社会工作介入失独家庭养老的对策

社会工作通过专业的工作方法，即个案、小组和社区工作来对失独家庭进行介入。运用社会工作专业方法可以为失独家庭提供更具专业化的服务，使其重新适应生活。

（一）缓解哀伤情绪，弥补精神创伤

独生子女的意外去世，给其父母带来的打击是我们无法想象的。许多失独父母会产生自我逃避、自我排斥的念头，陷入悲伤和抑郁情绪。个案工作可以根据失独者内心自闭、忧郁、不善与人交流、压力过大等情况开展专业服务，这种以“一对一”关系为基础的个案工作，在从“依赖”到“分离”的危机干预过渡中起着重要作用。

在Y社区开展服务的过程中，要秉着以人为本的服务原则，了解失独家庭的心理、生活困境，具有针对性地开展服务。针对处于哀伤情绪的失独家庭，社会工作者应让其接受孩子已经离开这一现实，帮助他们走出情感困境，恢复和增强社会功能。通过开展一对一的心理调适过程，让失独父母表达自己未曾表达出来的感受，避免独生子女死亡后，由于过度悲伤而无法回归到正常的社会生活，并将这种关系变为新的关系。

（二）恢复家庭功能，提高失独家庭适应能力

社会工作者可以深入探讨失独家庭现状，针对失独家庭的具体情况，解决夫妻关系不和谐或家庭解组危机，运用家庭治疗模式，缓解失独家庭中出现的夫妻互动等方面的问题，帮助夫妻双方了解各自在家庭中的角色，促进双方在互动过程中的反思和关系重建，积极恢复和重建良好的家庭关系，营造信任的家庭氛围，增强家庭的社会功能，从而解除家庭解组危机。

（三）提供社区服务，营造社区良好氛围

社会工作者要通过向社区群众普及失独家庭特点与服务需求等常识，避免出现对失独群体的歧视与偏见，营造社区内的良好氛围，改善社区环境，完善社区养老服务体系，整合社区所拥有的资源，为其提供服务。例如：在医疗方面，帮助有疾病的失独老人进行定期体检；在就业方面，为有工作能力的失独者提供就业岗位，使其增强自我效能感；基层街道居委会建立老年保健中心，提供上门家政服务等。

社区作为他们日常生活的环境，应该完善相关的服务，提供日常照料。

组织志愿者群体，利用自己的空闲时间为失独家庭提供照料服务。此外，社区开展专门活动使其恢复正常交往，提供社交机会，提高社会适应能力。

（四）构建社会支持网络，促进失独群体多元化社会参与

针对失独家庭的精神文化需求，开展多样性的社会服务，这一措施关系到社会机构的组织功能，通过动员和组织失独家庭的社会参与，鼓励失独者积极参加社会活动，填补失独家庭精神层面的空缺，并通过社会参与，让失独家庭认识到自身的价值。

失独家庭的社会互动会因独生子女的离世而发生重大变化，他们往往有意避免和其他人进行交流沟通，互动情感能量较低。失独群体在子女离世后会产生自我封闭的心理，更愿意和与自己具有同样经历的人相处，寻求正向支持，希望能够获得相互的理解，来达到精神慰藉的目的。

社会工作者可以构建失独家庭社会支持网络，尊重个别化原则，挖掘失独家庭内在潜力，建立关爱互助小组，保持小组积极的影响力，相互倾诉各自的忧虑，共同面对生活的困难，使他们具有重新适应生活的能力。

在Y社区中，社会工作者通过组织、倡导志愿活动，动员社会力量为失独家庭提供精神慰藉等服务，发挥社会组织的纽带作用，打造专业化服务队伍，使失独群体能够尽快摆脱阴霾，以积极的心态度过晚年生活。

五、总结与反思

随着失独家庭数量的增加，这一情况成为一个亟待解决的社会性难题。失独家庭除了生理上的困境，心理情感上的缺失也不可忽视。针对失独家庭开展的社会工作离不开多方合作，需要政府、社工、社工机构、社会组织等共同去帮助失独老人解决面临的各种困境，使他们能够重新适应社会。

由于客观条件的限制，笔者接触失独群体的时间不长，对失独家庭的情况无法长期跟进，虽然了解大体情况，能够暂时减轻其精神上的压力，但是无法判断失独者是否会重新陷入抑郁情绪，进而又陷入之前尚未被改变的情况。另外，在对策建议方面，对于小组工作以及社区工作的方案尚未得到执

行，无法验证其有效性。

由于失独家庭的异质性，使得提出的措施并不能适用于所有失独家庭，并不具有代表性，这也是本次研究所存在的不足之处。如果能更加广泛地收集资料，多进行个案介入，能够找到一个通用的介入模式，将会对以后的实务开展具有重要的指导意义。

（指导教师：王建珍）

农村家庭养老面临的困境及对策——以W市农村地区为例

代方磊

改革开放以来，人民生活水平和医疗技术不断提高，人口出生率和死亡率持续下降，中国老龄化形势日益严峻。据全国老龄工作委员会办公室《中国人口老龄化发展趋势预测研究报告》，从2001年到2020年，中国将平均每年增加59万老年人口，平均增长速度达到3.28%，大大超过总人口年均0.66%的增长速度，人口老龄化进程明显加快。到2020年，老年人口将达到2.48亿，老龄化水平将达到17.17%，而这一情况在农村地区更是突出。据人口专家预测：到2020年，中国农村65周岁以上老年人口的比例将达到14.0%—17.7%。农村不仅是中国老年人最多的地区，也是老龄化程度和老年人口抚养比例最高的地区。人口老龄化已成为我国农村地区面临的主要社会问题，同时，伴随着农村老龄化而来的农村养老问题也正逐渐被提上日程，成为被普遍关注的问题。全面建设小康社会，最艰难最沉重的工作在乡村。所以，解决好作为“三农”问题之一的“农村养老”问题对党的建设、国家的现代化建设、全面建设小康社会具有非常重要的作用。

一、农村家庭养老的定义及地位

了解家庭养老的定义有助于更好地分析农村家庭养老问题，更好地促进中国农村养老事业的发展。

（一）农村家庭养老的定义

传统意义上说，农村家庭养老就是农村地区的老人在依靠自己无法生活下去的情况下，需要依靠子女的帮助来生活。在中国，家庭养老通常被解读为由子女供养，并且更多的是指来自儿子的赡养。从实质上来说，传统定义的家庭养老是指由家庭成员提供养老资源的养老模式和养老制度。

现代定义的家庭养老是一种环环相扣的反馈模式，是以血缘关系为纽带、以家庭为载体，父母养育儿女成人，等父母年老后由儿女赡养老人，为老人提供经济上的资助、生活上的照料和精神上的慰藉等这种“你等我长大，我陪你变老”的下一代对上一代予以反馈的模式。

（二）农村家庭养老对中国养老事业发展的重要意义

农村家庭养老在中国养老事业，老年人身心健康，社会主义和谐建设，降低中国养老事业的社会成本方面发挥着重大的作用。

1.农村家庭养老对中国养老事业的发展有重要意义

农村地区的家庭养老对我国全面建设小康社会影响很大，农村家庭养老为老人提供经济支持、生活照料、精神慰藉，同时老人也力所能及地干一些家务活，以此缓解了一部分寂寞，家庭中孩子的存在对老人来说也是一种乐趣，有利于老年人的精神健康。农村地区各个家庭与老人的和谐相处，有利于农村地区的稳固，有利于社会主义和谐社会的建设，更有利于中国养老事业的发展。

2.有益于老年人的身心健康

在农村地区，除了享有退休金的老人，其他老人生活的一切保障都需要依赖子女。家庭养老的照料给老人带来了欣慰，家庭中的孩子给老人带来了乐趣，适当的家务劳动缓解了老人的无聊寂寞，家人之间的陪伴让老人能够安享晚年，这样老年人的身体和心理健康就得到了可靠保障。对一个老人来说，最大的心愿就是一家人平平安安，和谐相处，享受平平淡淡的生活。家庭养老促进了老年人的身心健康。

3.有利于建设社会主义和谐

在农村地区，老年人口最多，人口老龄化现象也最为严重，部分农村地区缺乏必要的社会保障。家庭养老中的老人并不是我们认为的什么都干不了，只能混吃等死，农村家庭养老可以让一个家庭中的老人继续发挥余热，帮助子女照顾一下孩子，干一点力所能及的家务，家人外出时帮忙照看家里等一些简单的事情。总之，农村家庭养老为老年人的晚年生活提供了保障，让每个老人都能在幸福中度过人生中的最后一个阶段，这在很大程度上有利于保障社会稳定，从而有利于和谐社会的建设。

4.农村家庭养老有利于降低中国养老事业的社会成本

在农村地区，人员流动范围小，大多数老人是村子里土生土长的人，从出生到现在，一直在村子里生活。有的子女出于对父母的爱，对父母悉心照顾，有的子女们受传统儒家思想的影响，再加上道德观念的约束，不得不承担起奉养父母的责任。不管怎么样，子女是家庭养老中的主要承担者，他们代替政府给老人提供了别人不能提供的支持，这就使得政府不需要过分加大对农村养老机构的财政投入，而这又恰恰降低了中国养老事业的社会成本。

二、对当前农村家庭养老的原因分析——以W市农村为例

改革开放以来，生活变得越来越富裕，大量的农村青壮年或外出求学，或外出打工，这就使得农村劳动力不断地向城市转移。这让人口老龄化问题本来就很严重的农村的养老问题变得更加棘手。再加上现代人们生育观念的转变，“重儿轻女”“养儿防老”“子孙满堂、人丁兴旺”等观念渐渐的过时，人们更加追求的是有生活质量的“一家三口”家庭模式。生育率的下降让原本的“七口之家”甚至“八口之家”变成了“三口之家”，一对老人只有一个子女，子女的在外定居让老人成为“空巢老人”的现象不断上升，这些现状打破家庭成员赡养老人的资源平衡，使原本依附于家庭的农村养老问题变得棘手。

（一）W市农村家庭养老的现状及存在的问题

W市农村是典型的以家庭养老为主的小村落，距离市区约40分钟的车程。W市农村人口密集，人均耕地面积1.5亩。老人大部分都是与老伴单独

居住，丧偶老人也是独自居住，儿女为老人提供经济资助，将老人送到养老院等疗养机构在该农村地区还没有先例，市区中的相关养老机构也是屈指可数。一直以来，农村的主导产业是农业，主要农作物有大豆、花生、棉花等。受历史、地域、资源等原因的影响，农村地区没有工业，吸纳劳动力的能力很弱，劳动力主要依靠耕地或者打工带来的收入维持生活。随着城镇化步伐的加快，有些农村年轻人去了城市就学或工作，还有些青壮年为了增加家庭收入，开始向外流动，外出务工。

另一方面，农村劳动力不断地向外转移，在农忙季节，因为缺少劳动力或者劳动力基本都是老人，农活常常因此而搁置。对空巢老人来说，耕地带来的收获是维持经济生活的唯一手段。根据W市农村的实际情况，笔者将从以下三个方面来分析W市农村家庭养老现状。

1.W市农村地区家庭养老的经济供养状况

老年生活的物质保障主要来自经济供养，老人生活质量的高低直接取决于经济供养状况是否良好，老年人的经济生活不受限，才能满足其他的发展需求。在该农村，“计划生育”实施以前，“养儿防老”的思想在老人心中根深蒂固，所以人们开始大肆生育，每一对老人至少生育了4～6个孩子。这时候儿子是老人经济给予的主要承担者，而女儿是生活照料的主要承担者。但在社会经济高速发展的过程中，生育观念逐渐转变，再加上计划生育政策的实施，每一对夫妻都选择了生育一个孩子，这时子女的数量逐渐减少。另外，因外出打工，子女在照顾自己子女的同时，还要承受工作压力、子女的生活照料费用、升学支出费用等，这使务工者的经济压力变得更大，这也造成子女能够给老人的经济供养更加微薄，所以子女不再把赡养父母作为自己最高的人生价值。W市农村中低龄老人大多会通过种植农作物、制作手工工艺品、集市售卖自家种植蔬菜等方式来获取微薄的收入。但丧失劳动能力的老人只能依靠子女的经济支持来维持生活。W市农村中，大多数老年农民的健康都存在着大大小小的问题，老年人中较常见的疾病是腰腿疼痛、腰椎间盘突出、脑梗等疾病，而富贵病，如高血压、糖尿病、高血脂等疾病发生率却很低。在老人生病住院时产生的相关费用多是完全依靠子女，但常常因为费用的数额巨大，老人的子女之间在老人医疗费用的分配上常会发生矛盾和冲突。

2.W市农村地区家庭养老的生活照料状况

一般情况下，随着老人年龄的逐渐增长，身体的各项机能会逐渐退化，相应的身体健康状况也会逐渐下降，所以随着年龄的增长，老年人需要的生活照料也会随之增加。根据对W市农村家庭的调查得知，随着该村外出务工率、求学率的上升，W市农村地区老年人与子女离得越来越远，老人从子女身上得到的生活照料变得越来越少。只有当老年人生病或患上重大疾病时，子女才会回家探望几次。所以，老人和老伴之间得相互照料和支持成为该村主要的生活照料方式。丧偶的老人独自生活的情况也占有很大的比例。失能、半失能的老人更多的是独自居住、独自生活，只依靠子女送饭送水来维持生活。可见，农村老年人的生活照料形势严峻。

3.W市农村地区家庭养老的精神慰藉状况

W市农村地区最常见的是一对老人或一个老人照看着一个或者多个3—6岁的孩子，孩子的父母大多在外地务工，将孩子留在家里交给老人照看。虽然自己的子女没有陪伴在自己身边，但是照顾孙子孙女的日常生活会给老人带来一定程度上的精神慰藉。等孩子到了上学的年纪，父母则会将孩子带到务工的城市接受教育，家里就会只剩下孤孤单单的老人，成为所谓的“空巢老人”。农村条件落后，没有如广场、公园等供老年人娱乐的一系列场所，因为娱乐设施的落后、娱乐方式的单一，所以老年人的社交圈子只能局限于老人与老人之间。农村老人只能通过聊聊天、谈谈心等来缓解内心的孤寂。老人的身体状况一天不如一天，老人的精神世界变得更加空虚，他们更加需要亲人的陪伴，而子女往往忽略了这一点，只注重了物质的提供。甚至有些老年人觉得自己老了，觉得自己没有用了，只会成为子女的负担和累赘，所以就选择了自杀。可见，农村老人的心理健康存在着巨大的问题。

（二）W市农村家庭养老模式存在问题的原因分析

我国农村家庭养老模式存在的问题，政府、社会、家庭和个人都有不可推卸的责任。另外，家庭结构的变化、老年人的意愿、子女的经济状况、传统孝道的价值观，也是影响家庭养老的重要因素。全面分析家庭养老模式存在的问题，探究全面的解决思路，有助于更好地建立农村家庭养老体系。

1.农村收入普遍偏低，老人的经济供养受限

W市的农村主要以农业生产为主，但由于突如其来的自然灾害，如冰雹、台风、暴雨、干旱等造成的损失以及国外农产品的冲击，农村地区依靠农业生产的经济来源具有不稳定性。另外，虽然如今的农村已经不存在因为没钱上学的情况，再加上九年义务教育的政策支持，农村地区的教育力量和师资力量也得到了政府的大力援助，但由于农村地区“留守儿童”“空巢老人”现象严重，农村社会环境的复杂和落后，导致农村学生缺乏正常的个性心理疏导，以至于部分学生产生上学没用的想法，因此早早辍学的学生不在少数。随着现代科技的发展，各种电子科学技术进入我们的生活，大部分的工厂企业也都基本实现了机械一体化，但由于农村地区的人们早早辍学，没有学习工作所必需的知识，投身社会后只能从事操作简单、花费力气、工资少的工作。老人的子女们负担的家庭日常生活花费支出，自己子女的花费支出，还有赡养老人的花费支出使得原本就少的经济收入变得更加拮据。经济上的负担使得子女提供给老人的经济供养受限。

2.农村地区养老机构的严重匮乏

受传统习俗的影响，几千年之久的家庭养老观念在我国农村依旧影响深远，将老人送到养老机构不是农村地区常见的养老形式，而且老人无法舍弃自己多年生活的房子，不愿意住到养老机构。W市农村目前尚未具有与老人相关的老年疗养机构，市区中心的养老机构也就只有两到三家，并且距离农村很远。根据考察发现，这几家养老院受当地社会经济发展的状况影响，日常生活设施简陋，文化娱乐活动设施少，老人活动起居的面积小，服务老人的相关人员屈指可数，并且他们的养老专业知识和专业技能不过关，缺少人力、物质等资源。

3.农村传统“孝”养老观念的落后，孝道意识的淡薄

受传统儒家文化的影响，传统的“孝”在农村地区根深蒂固。根据对W

市农村的老人进行的调查分析显示：对300户家庭的老人进行了调查，80%的老人不愿意去养老院或者敬老院，认为子女不亲自赡养老年父母而送去养老院就是不孝，在村子里会被人说三道四。在家里赡养老人，供给他们吃穿就是最大的“孝”，所以家庭养老一直是农村最普遍，也是农村老人最愿意接受的养老方式。养老文化的内涵随着中国社会文明的发展在不断丰富，城市化的发展带来了新的思路和观念。传统的价值观不断受到挑战，以孝道为核心的传统家庭养老观念受到严重的冲击，部分年轻人不愿亲自赡养老人，农村老人的生活受到了极大的挑战，家庭养老功能不断弱化。

4.受计划生育影响，家庭规模缩小，家庭养老功能减弱

虽然现在开始实行了三孩放开政策，但是之前长期实行的计划生育政策，使得农村的大多数夫妻只生育了一个孩子。加上农村“重男轻女”的观念深入人心，大多数夫妻想尽各种办法只想生育男孩子，使得农村男女比例严重失调。随着外出求学率和外出务工率的上升，独生子女父母的养老问题涌现。家庭人口数变得越来越少，家庭的养老功能不断弱化。同时，居住距离的扩大让老年人在经济供养之外，还面临着独自生活，遭受生活不便、照料不足、精神抑郁等困难。

5.农村外出求学、务工率上升，居住距离变大，空巢老人现象严重

受社会经济发展的影响，社会流动加快，两代人之间各自追求独自的生活方式。农村的成年子女由于外出求学或者务工，越来越多的成年子女不和父母一起居住，居住距离过大使许多老人成为空巢老人，子女不能经常回来，不能经常陪在老人的身边，因此老年人的生活照料和精神慰藉不能得到很好的满足。

三、对W市农村家庭养老模式的建议

由于社会老龄化进程的加快，改变了农村传统的家庭养老模式，多种方式相结合，提高农村老人的生活质量，是建设社会主义新农村的必然要求。为了适应现代化进程的发展，满足农村老人的发展需求，更好地为农村家庭养老保驾护航，需要借助社会、家庭、个人的力量，构建一个传统与现代相结合的农村家庭养老体系。考虑到农村家庭养老中存在的问题，我们要积极寻求解决的方法，积极地促进中国特色社会主义制度的发展。

（一）普及完善相关法律法规政策体系，维护老人的合法权益

虽然目前我国已制定和颁布了婚姻法、民法、刑法等法律来维护老年人的合法权益，但是它们只规定了公民应该赡养老人，对子女承担的具体责任和不承担责任的具体惩罚措施没有明确的规定，并且我国农村地区人口文化水平比较低，法律意识比较淡薄，所以即使颁布了大量的保障老人权益的法律法规，在农村也形同虚设。政府应尽快完善相关的法律法规，形成一套完整的法律体系。在农村地区，应加强农村普法教育，通过教育讲座、座谈会等方式大力宣传法律法规，提高子女赡养父母的法律意识，对不赡养父母的子女集中进行法律、法规的宣讲，让他们明白法律的强制性。

（二）推进农村新型居家养老模式，将社会保障与家庭养老相结合

传统的家庭养老就是子女们在对父母真诚的爱和传统思想的影响下赡养老人，农村新型居家养老为广大老年人提供了一个休闲、养老服务的场所，它涉及农村家庭照看老人的方方面面，包括物质生活方面的需求、精神文化需求等，它能保证老人积极健康有趣地生活。同时居家养老把在人们心中对家庭养老的简单定义变成了一种社会制度，由国家强制实行，实施效力大，约束力度强，能有效地保证每一个农村老年人安度晚年，享天伦之乐。

（三）大力宣传道德教育，弘扬尊老爱幼的传统

父母是孩子的人生导师，好家长胜过好老师，父母应该是孩子的楷模，对孩子来说，父母是他们最崇拜的人。父母一直生活在孩子身边，孩子最容易模仿父母的言行，只有父母主动去做好家庭教育，主动去赡养老人，将“尊老爱老”的理念用行动表现出来，孩子就会学习父母的一言一行，健康地茁壮成长。要努力弘扬中华民族的传统美德，积极地开展宣传“尊老爱幼”理念的活动，加大宣传力度，在社会上形成“尊法、守法、尊老、爱老”的

良好风气。只有社会、家庭、学校各层面积极采取有效措施，才能使“尊老爱幼”观念深入人心，在社会上形成良好风气，农村老人得以安享晚年。

（四）大力发展农村经济，引导剩余劳动力的合理流动

农村是农业的主要载体，农业是农村的产业支撑。实现农村地区的经济发展，要高度重视农业经济。首先要大力发展农作物种植，充分利用耕地，以农村经济建设为中心，大力发展农村生产力，引导更多的资本、技术、人才等要素向农村流动，努力提高农民收入，科学合理地引导农村劳动力的流动，将农村劳动力留住。对于家庭养老来说，最重要的是经济供养支持，经济基础是老人生活最基本的保障，所以，农村经济的发展对农村养老事业至关重要。各级政府应加大对农村地区经济发展的关注力度，让农村经济的发展步伐紧跟中国经济发展速度，不断改善老年人养老问题。

（五）进一步加强完善农村的社会保障事业

现行的农村合作医疗制度，给农村老人的养老带来一定的优惠，但由于一些农村家庭受经济条件的限制，部分老人无法享受政府给予的福利优惠。这个问题的主要原因与国家对农村的投资有很大的关系，农村合作医疗制度缺乏政府更多的公共财政支持力度，所以各级政府应继续推行新型农村医疗保险和农村养老保险，进一步加大各级财政支持力度，健全对老年人的社会保障制度，给予更多的优惠政策，让老人“病有所医”“有地所医”“有钱所医”。

（六）建立健全激励机制，构建良好家庭氛围

建立健全家庭养老的激励机制，鼓励子女积极赡养老人的行为，对农村家庭养老具有重要的意义。对农村地区积极赡养老人的和谐家庭给予精神上的鼓励和物质上的赞助。对老人耐心照顾、与老人和谐相处，在村子里被人赞颂的赡养老人的优秀典型，可以给他们颁发荣誉证书。在村子的广播时间公布赡养老人优秀家庭名单，调动全村人的养老积极性。教育他们继续弘扬

中华民族的传统美德，构建良好的家庭养老氛围。

四、结语

随着国民经济和科学技术水平的提高，时代在进步，社会在快速发展，以后的中国会发展得越来越快，越来越好。但是，伴随着社会的快速发展，人口老龄化、高龄化、家庭小型化趋势也迅速扩大，养老问题特别是农村养老问题日趋严峻，空巢老人、老人无人赡养、社会养老保险低等问题的形势依旧严峻。人的一生总要经历儿童、青年、成年、老年四个阶段，老年阶段作为最后一个阶段，其身体的各项机能会逐渐衰退，是需要人照顾的弱势群体。无论在城市，还是在农村，所有的老年人都应该享有足以安度晚年的经济供养、生活照料和精神慰藉。我国是一个人口大国，同时也是一个老年人口最多的国家，并且农村地区老年人口占比更多。农村养老问题关乎着我国社会主义现代化的建设，国家方面应建立和完善相关法律、法规、政策体系，社会方面要弘扬尊老爱幼的传统，家庭方面要加强家庭道德教育，个人方面应严于律己，形成尊老爱幼的正确世界观、人生观和价值观。有关养老问题的改善需要四个方面相互衔接，不断地加大社会各界对养老问题的重视才能实现。

（指导教师：孔伟）

浅析农村居家养老服务体系的社会工作介入——以××社区为例

张帆

按照国际惯例，一个地区中60岁以上人口比例达到或超过总人口数量的10%，或者65岁以上人口数量达到或超过总人口数量的7%时，该地区被视为老龄化社会或老年国家。面对“银发浪潮”的冲击，养老问题十分严峻。一方面，家庭规模减小造成家庭养老压力增大。另一方面，受传统文化影响，大部分老年人都将自己的积蓄用于为子女操办婚姻大事上，以致没有足够的养老费用。政府兴办的机构养老面临着覆盖率低、床位不足和财政负担过重等问题。结合我国自身的国情和发展情况产生的居家养老服务就成为应对我国目前老龄化问题的重要养老方式，是符合老年人生活意愿的最具人性化的选择，老年人在家里或自己熟悉的环境下即可享受到生活照料、精神慰藉和紧急救援等方面的服务，拥有更大的自由活动空间。但是这种新型的养老服务体系存在着专业化程度低、服务内容单一等问题，影响养老服务工作的开展，而专业社会工作人员的介入对于问题的解决具有重要意义。通过本研究，一方面对社工介入农村居家养老服务体系的理论研究提供一定参考，另一方面，对我国的农村居家养老服务体系的完善具有一定的借鉴价值。

一、概念介绍

（一）农村居家养老服务体系

所谓“居家养老”，就是以家庭养老为主，社会养老为辅的养老服务的总称。本文所指的“农村居家养老服务体系”是以政府为主导，以农村地区老年人为服务对象，积极调动社会组织为老年人组建社会支持网络，通过制定社会福利政策、开展服务项目和举办一系列文化娱乐活动为老年人提供生活照料服务，让老年人的生理、心理等多种需求得到满足的居家养老服务体系。

（二）社会工作介入

农村居家养老服务体系的社会工作介入是指社会工作者在专业价值观和实践知识的指导下，秉承“助人自助”的原则，运用社会工作的个案工作、小组工作和社区工作三大介入方法进入农村居家养老服务工作中，推动农村居家养老服务工作顺利进行的过程。在此过程中，社会工作者不仅帮助老年人解决问题，还为老年人寻找社会资源，增强社会支持网络，通过挖掘老年人的潜能，提高他们应对困难的能力，满足老龄人口复杂多样的需求，为老年人提供专业的服务，让广大农村老年人过上幸福的晚年生活。

二、我国农村居家养老服务体系的发展现状

（一）农村居家养老服务体系的发展

早在20世纪初，为了满足老龄人口增长的需要，实现家庭养老方式与社会养老方式的结合，发展居家养老服务体系的构想被首次提出。中国政府初次使用“居家”这个词，是国务院在2000年2月提出的《关于加快实现社会福利社会化的意见》，这是我国颁布的最早的居家养老政策。经过长时间的发展，中国的居家养老服务政策体现出以政府为主导，以城市地区为优先试点，逐步向农村地区延伸的特点。到目前为止，关于我国如何发展农村居家养老服务体系的基本方向已经确立，相关的社会政策在逐步完善，农村居家养老服务体系已进入全方位的发展过程中。然而，就现阶段的实施情况而言，居家养老服务这种符合中国国情的新型养老模式只是在各个城市地区广泛实施，我国绝大多数农村地区还没有开始建立居家养老服务体系。仅有少数地区零星的试点实施，加之我国农村地区分布广泛，因此农村受惠老年人

口极其有限。此外，中国城市居家养老服务体系积累了大量的实践经验，而农村家庭养老服务体系的建设，仅限于政策的鼓励，缺乏理论和经验的支持。因此，我国农村居家养老服务体系至今处于欠发展阶段。

（二）存在的问题

与传统养老方式相比较而言，居家养老弥补了我国养老模式的空白，在很大程度上解决了老年人晚年生活的种种需要，但是由于居家养老模式在我国处于起步阶段，需要更多的理论和经验来完善和发展自身，因此，在实施的过程中存在诸多问题。

1.服务内容复杂化

由于城市和农村的经济和文化差距较大，中国居家养老服务体系的发展极不平衡，城乡之间的差距很大。中国许多城市社区以相当广泛的研究经验做基础，结合各个地区城市社区的特点，开展居家养老服务并取得了一定成绩。然而，在老年人口急剧增长的农村地区，居家养老服务发展十分缓慢，农村社区几乎没有居家养老服务的相关经验，农村老年人获得社会力量的帮助较少。加之政府资源投入力度不够、家庭结构减小引起养老环境的变化以及农村居家养老服务体系的不成熟，农村养老服务形势非常严峻。而且每个农村社区受到不同传统文化的影响，地域文化差异也导致农村居家养老服务体系缺乏理论性指导和经验参考。

2.养老服务队伍专业化、专职化程度偏低

专业的服务人员可以提供优质的服务，收到更好的社会效益。但是由于资金限制，工作人员受到的激励效应较差。待遇低、工作量大、条件差使得岗位的吸引力不足。××社区现有的服务人员大多是居委会聘请的社区工作人员或临时工作人员，没有专业的社会工作者值班，这些服务人员的综合素质不高，工资低、待遇差，导致工作积极性不高，造成养老服务水平很低。首先，服务人员虽然工作很有责任心，但是能完成的仅仅是日常生活的照料，而且对专业医护知识的学习不足。比如，老年人的身体是比较脆弱的，多病体质容易出现很多紧急状况，缺乏专业医护知识的学习和专业技能的培

训使她们没有很好的处理能力，甚至会对老人造成二次伤害。其次，在工作过程中，缺乏专业的社会工作知识技能引导，在对老年人进行服务时不会主动地提升养老服务质量，挖掘老年人的潜力，恢复老年人的社会交往能力，只是机械地提供洗衣做饭等日常生活照料，不注重老年人精神方面的需求，并认为老年人是弱势群体，只需要维持生存，不需要有其他追求，不懂得运用优势视角去看待老年人的处境，不注重对老年人自身能力的挖掘和使用，对居家养老服务工作流程等不了解。这些因素都会使得管理人员仅凭借自己的经验来解决问题，缺少科学的分析与决策，给农村居家养老服务的顺利开展带来不利因素。这些服务人员提供的服务更像是家政人员提供的服务，不符合社区居家养老模式的需要。而且临时人员具有不稳定性，没有专职人员队伍，通常是一批临时人员刚融入社区服务中就离职了，社区居委会来不及招聘，导致服务工作的中断。此外，社会的不断发展造成养老工作日益复杂化，因此，组建一支高素质的社会工作专职人员队伍就显得极为重要。

3.农村居家养老服务形式单一

一个优质的居家养老服务应该从老年人的衣食住行到文化娱乐、医疗救助、精神慰藉、心理照顾等多个方面为老年人提供多层次的服务内容，以满足老年人的多种需求。然而，从农村居家养老服务的发展现状来看，许多居家养老服务机构中的服务内容仅仅局限于老年人的日常生活照料以及家政服务，对老年人物质方面的需求给予重视，比如洗衣、做饭、刷盘子、洗碗，精神娱乐项目很少，而且基本上靠老年人自己来组织，缺乏科学的规划和统筹安排。现在的老年人已经摆脱了以往“吃不饱，穿不暖”的生活。根据马斯洛的需求层次理论，当人们低层次的需求得到满足时，就会迈向更高层次的需求，因此他们所需要的不仅仅是生理上的满足，还有个人安全、社会交往、尊重和自我实现的需求，所以，除了基本的生活照料，其他方面的服务也应该得到重视。

（三）社会工作介入的必要性

在农村居家养老服务体系中，社会工作者运用专业的知识、技术、方法、理论和社会工作专业价值观为指导，为农村社区老年人提供多种服务项目，满足其在生理、心理多方面的需求，充分发掘老年人的潜能，建立社区支持网络，这有利于提高农村地区居家养老服务的质量，提升老年人的幸福感以及促进社会工作的推广与发展。

第一，社会工作是一门助人的系统专业的工作，其具备专业的价值伦理、理论和方法，能够帮助处于弱势地位的老年人解决生活中存在的多种需求，社会工作运用其独有的专业方法，注重个别化原则，为有需要的老年人提供物质上的帮助、心理上的咨询和辅导，使他们能享受优质的晚年生活。同时，社会工作并不单单只是解决困难，更重要的是其能挖掘老年人自身所拥有的资源和能力，帮助老年人建立社会支持网络，具备独立解决问题的本领，助人自助。因此，社会工作无论是在解决因地区文化差异，还是个人差异产生不同需求的问题上具备独特的优势。

第二，社会工作者不仅关注老年人的物质生活，更注重其心理和精神需求的满足。在专业理论知识的指导下，社会工作者在介入社区之后，可以根据不同年龄、性别和爱好的老年人开展不同的娱乐活动，充分挖掘老年人自身的能力，让他们展示年轻时学习的才艺，也可以通过一个小型的才艺比赛，由社区居民观看打分，让他们展现自己的同时，还能回顾自己年轻时候的成就，在互动中获得快乐，从而提高老年人的生活质量。

三、社会工作介入××社区居家养老服务体系分析

（一）xx社区居家养老服务体系社会工作介入方案

××社区大部分家庭都是单子女的农村家庭，家庭规模小造成养老压力增大。另外，该社区属于欠发达地区，而且受传统文化影响，大部分老年人都将自己的积蓄用于为子女操办婚姻大事上，甚至没有足够的养老费用。政府兴办的机构养老面临着覆盖率低、床位不足和财政负担过重等问题。该市养老服务业基本上停留在传统的养儿防老阶段，多数养老服务机构只能提供住宿服务，尚不具备提供保健康复、休闲娱乐、精神慰藉等功能的能力。同时，城市服务业专业化、规范化程度低，养老服务人员普遍没有受过高等教育，专业技能较低，社区、民间以及社会力量的参与程度不够，而一些私人

兴建的养老服务机构，又需要高昂的费用，社区中的老人难以支撑，从而无法进驻私人养老机构享受专业的养老服务。

在××社区，社会工作的介入主要依靠政府指派社工进驻社区。这种方式选取的社会工作者专业化程度高，具有较强的实践能力，而且由于是政府指派，可以给日常的工作带来便利。社会工作者通过深入社区进行实地考察，将考察结果进行小组讨论，进而制定符合社区现状的服务计划。在实施过程中，充分运用马斯洛需求层次理论、优势视角理论，挖掘社区老年人自身优势，增强其应对困难的能力。针对老年人在生活、疗养、精神方面的需求，需要对农村居家养老服务体系中发挥不同功能的社会机构建立评估标准。除此之外，还需要对服务对象定期进行需求评估，在日常的交流活动中注意观察老年人出现的问题，及时了解服务对象的意见和建议，完成需求评估报告并定期开展小组会议，给其他工作者更新服务对象的需求情况，运用头脑风暴法建言献策，制定切实有效的解决办法，满足服务对象的需要。

（二）××社区农村居家养老服务体系社会工作介入分析

在介入××社区农村居家养老服务体系中，社会工作者充分利用其专业优势特点及价值观，提供相对稳定的专业服务，并为该社区老年人制定各种活动计划，丰富其老年生活以及精神需求，在社区及周边地区产生了巨大的影响力。不仅推动了农村居家养老服务体系的建设，而且促进了社会工作专业在社会中的认同感的提高。但是当前社会工作的发展尚处于初级阶段，经济发展水平还很有限，因此在相关实践活动过程中，社会工作者对农村居家养老服务体系的干预暴露出以下问题：

1.建设资金缺乏

居家养老服务体系的建设需要一定的财政支持，农村居家养老服务体系的发展需要社会支持系统的帮助，一个完善的社会支持系统是居家养老服务体系的重要组成部分。资金的匮乏导致专业社工人员不足，薪酬低待遇差，不能吸引拥有高素质的专业人才来就业。由于资金限制，现行的养老服务只为有困难的老年人提供帮助，这就窄化了养老服务的范围，限制了居家养老服务体系的发展。据了解，××社区并没有真正意义上的养老服务人员，政府在该社区养老服务上的投入大大低于现实需要的资金。目前我国还没有形成完善的居家养老服务体系的社会支持系统，尤其在农村居家养老服务体系的供给上，表现过于单一。从全面推行居家养老服务至今，各级政府掌握着领导权。尽管各地政府在提供居家养老服务的方法上都做了相应的调整，但是其主导地位一直没有改变。就目前而言，一方面，临沂市虽然非常重视民生，但是由于整体财政实力较弱，加上近年来民生建设任务繁重，临沂市并没有足够的资金用于居家养老服务体系的建设。另一方面，资金的匮乏导致社区服务设施建设严重不足，不能满足社会工作者的工作需要。据了解，××社区严重缺乏提供老年人活动的基础设施，广场周边仅有的几个体育器械不能满足众多老年人的健身需要，而且由于条件限制，经常会出现在老人们同一个活动室里从事不同娱乐活动的情况，有的老人在下棋，有的老人在听戏，有的老人在一起打牌，这就导致老人们之间的活动有时会相互干扰，发生口角导致不欢而散的现象时有发生，这种情况不仅不利于老年人生活质量的提升，还会起反作用，同时也会让社区居民对养老服务工作产生抵触情绪，不利于工作的进行。

2.服务对象观念落后

首先是社区中的老年群体养老观念上的落后，自古以来我国就存在“养儿防老”的传统观念，老人害怕花钱请人来照顾自己会被人说闲话，认为自己就应该由儿女来照顾，同时老年人的子女也不会想着为他们的父母去购买养老服务。此外，社区老年人的消费观念落后，这一特点在××社区尤为突出，据了解，该社区几乎没有人愿意花钱购买居家养老服务。一方面是因为他们对于这种新型养老服务方式不了解，认为服务这种东西看不见摸不着，金钱和物质上的支持比服务更实在，同时对于社会工作人员的认识不足，因此或多或少都会对这种新事物产生心理障碍。另一方面，他们觉得应该把自己的钱攒起来留给子孙后代，舍不得在自己身上花钱，所以他们不会把钱花在养老服务上。同样，政府发的财政补贴他们也会存起来给自己的晚辈，不会用来购买养老服务。其次，地方政府部门认为每年给予老年人些许钱财和生活物品就是养老服务，这种观念已经存在了很多年。不得不说，对于现在的农村社区来讲，这种方式是最有效的，但是随着人民生活水平的提高，原来的福利已经不能对老年人的晚年生活起到明显的改善作用。

3.社会工作机构的不足

首先，社会工作的社会认知度低，机构缺乏社会影响力。由于社会工作起步较晚，传播渠道窄，特别是农村地区，很少有人知道社会工作这一专业，其社会影响力受到很大限制。社会工作服务机构不够成熟，专业化水平不足，无法让普通老百姓对社会工作的专业优势产生深刻的认识，老年人对社工机构能否真正提供有效的服务往往持怀疑态度，因而，社会上普遍缺乏对社会工作这个专业的职业信任和社会认同。这一困境将在一定程度上影响社会工作机构在农村居家养老服务体系中的介入。其次，社工人才广泛缺乏，薪酬待遇普遍偏低，人才培养不能满足队伍建设要求。随着社会工作机构的增多，对专业人才的需求也不断增长。一方面，从高校中走出来的社会工作专业人才数量较少，没有办法满足机构的吸纳量，另一方面，社会工作者的薪资待遇过低，很多社会工作者表示工资仅仅能够维持生计，而且还没有其他福利待遇，使大多数毕业生不愿意从事对口工作。此外，社工毕业生自己也存在诸多不足，普遍存在社会阅历少、社工理论运用不熟练等短期内难以解决的问题。而且，社会工作机构投入人才培养与队伍建设中的支持力度不够，使得社会工作机构所需要的专业人才难以自给自足。除此之外，社工机构资金来源单一、服务开展受社会政策影响大等也成为社工机构亟需解决的问题。

四、完善农村居家养老服务体系社会工作介入的对策与建议

（一）政府与各种社会力量共同努力

针对资金短缺问题，政府应编制养老服务设施建设专项规划，坚持统一规划，优先在农村地区建造养老服务设施。作为替代家庭养老和机构养老的新途径，惠泽市民的居家养老应引起社会各界的广泛关注，积极鼓励社会力量参与养老服务机构的建立。鼓励建立民办非营利养老机构的政策，降低社

会养老机构的门槛，提高各类投资主体的积极性。同时，要加大简政放权力度，为社会力量兴办养老服务机构提供更为便捷的服务，可以在确保老人基本生活水平不下降的前提下，实行服务招标、服务外包、委托第三方服务等形式，吸引社会力量参与。对事业单位的经营管理，积极促成私人资本参与到股票融资、收购和委托管理。社会工作者除了开展养老服务工作之外，还应积极号召政府及有关的社会力量，关注社区老年人的生活现状，吸引周边地区的乡镇企业投资建设社区基础设施。充分利用互联网资源共享的优势，找到与居家养老服务体系相应的公益组织，并申请相应的公共服务项目，有效地减轻老年人的养老负担和压力，解决老年人的养老问题。

（二）政策宣传与社工服务并进

服务对象的观念落后问题是限制农村居家养老服务体系发展的重要因素。针对这一问题，社工首先要以身作则，得到社区居民的承认。社会工作者作为政策的倡导者和宣传者，需要对政府政策有一定的了解，积极能动地帮助有需要的老年人。社会工作者在为有需要的老年人解决问题时，还要向社区居民宣传现行的居家养老服务制度，同时也要为服务对象的利益与相关政府部门进行协商，只有让社区居民感受到社会工作者是真心实意为他们谋福利，才可以被他们接受。其次，在居家养老服务工作中，社工要时刻注意保持专业性，中国社会工作处于起步阶段，许多社会工作者在工作过程中会感觉到理论与实践的结合异常困难，在遇到紧急情况的时候缺乏专业思考，这一问题在年轻的社会工作者身上更容易出现，这就要求社工在平常的工作之后要多思考，多总结，最好是把遇到的问题归类，避免出现在解决老年人问题的时候没有用到社会工作知识的现象。年轻的社工多向有经验的社会工作者请教，补充专业技能，为服务对象提供专业化的服务。当社区居民看到居家养老服务体现出家庭养老和机构养老都不具备的优势的时候，传统思想观念就会松动，有利于工作的进一步开展。对于政府养老观念陈旧问题，社会工作者作为链接政府与老年人的桥梁，应该协调好政府与老年人之间的关系，积极上报该社区老年人对于养老服务的新需求，促使政府及时调整政策，从而改善社区老年人的养老服务质量，推动农村社区居家养老服务体系的发展。

（三）社会工作机构的完善

社会工作机构要强化自己的宣传，最重要的是积极地建立优秀的社会形象，然后在此基础上增强机构的社会影响力。宣传推广工作是创建良好社会环境的前提，在此基础上开展专业服务，帮助服务对象解决困境。鼓励社工机构之间的互动交流，形成行业内部的信息交互网络，增加社会工作者的社会阅历。社会工作机构要注重服务质量与机构内部工作人员的双重提升，使参与工作的社会工作者都能担当得起责任，为机构树立良好的品牌形象，从而获得社会范围内的广泛认同。

为了避免社会工作专业人员流失，社会工作机构可以与大学合作，为社会工作专业的学生提供实习和就业机会。同时鼓励社会发展社会工作就业中介机构，主动为专业的社工毕业生寻找就业机会。机构自身可以开展其他形式的筹资渠道，如公益基金、捐款等方式，增加资金来源，一定程度上解决机构的资金问题。

五、结语

在农村居家养老服务体系建设中，社会工作的介入是为农村老年人服务的一个合理选择。我国的人口老龄化已成为一个不争的事实，社会工作无论在专业伦理还是理论基础和实践技巧方面，都具有与居家养老契合的地方，是居家养老服务过程中的重要支撑。社会工作介入居家养老服务体系，有利于发掘老年人个人潜能和优势，链接社区资源，不断强化老年人社会价值、提升老年人自我价值感以及晚年生活幸福感。但是社会工作在我国发展较晚，目前还不是很成熟，社会工作者普遍缺乏符合我国国情的专业社会工作理论指导，致使在农村居家养老服务体系中社会工作者发挥的作用有限。因此，我国需要继续促进社会工作职业化和专业化发展，才能进一步推动农村居家养老服务体系的发展和完善。相信通过社会各类组织的共同建设，制定科学合理的发展计划并认真执行，中国农村居家养老服务体系会得到较快的发展，社会工作的介入会使农村居家养老服务体系迈向一个新的台阶，逐渐实现休养、医疗、娱乐、学习等全方位覆盖的理想生活，循序渐进地提高农村地区老年人的养老服务质量，提升幸福感。

（指导教师：郭星）

第三章　农村社区养老模式

新型农村社区老年服务问题探析

马先丞

我国在经济社会快速发展、人民生活水平提高的同时，也进入了人口老龄化社会，面临着许多人口老龄化带来的问题。我国人口结构老化，与之相关的社会保障制度落后，这不仅关系到老人的自身利益，也影响着我国的社会发展进步，因此，也越来越得到社会的关注。养老问题，特别是农村养老问题成为当前中国社会面临的重要问题之一。虽然我国在新型农村社区建设过程中为农村社区老年服务事业的发展打下了一定基础，但是我国农村社区老年服务方面的问题依然突出。如何更快更好地进行我国新型农村社区建设，充分发挥农村社区老年服务的功能，成为现代新型农村社区建设的重要课题之一。

一、新型农村社区老年服务发展现状

自1999年我国进入人口老龄化社会，老年人口增多，老年人口在我国总人口的比重增大，由此产生的老年人问题越来越多地得到政府、社会的重视。解决好老年人问题，为更多的老年人提供服务，让老年人享受到我国现代化建设的成果，是我国社会发展的目标之一。在我国进行的新型农村社区建设当中，老年服务也被提上议程，并取得了一定的发展成果。

（一）政府推动，促进农村社区老年服务事业发展

我国的人口老龄化除了具有老龄化的一般特征之外，还具有自身的特殊性。《中国人口老龄化发展趋势预测研究报告》中指出，我国人口老龄化具有老年人口规模巨大、老龄化超前于现代化的特征。解决老人的问题成为关乎我国经济良性发展、社会良性运行的重要课题。近年来，我国相继出台一些政策，如政府购买社会工作服务、《老年社会工作服务指南》等。《指南》指出，老年社会工作服务的主要内容包括救助服务、照顾、安排、环境改造、家庭辅导、精神慰藉、危机干预、社会支持、网络建设、社区参与、老年教育、咨询服务、权益保障、政策倡导、老年临终关怀等。这些政策的出台推进了我国农村老年服务机构的建立、服务人才的培养、老年服务事业的发展。

（二）发展农村社区养老，改变传统的养老模式

我国素来有尊老爱老的文化传统，在这种思想观念的影响之下，我国的家庭结构是一种反哺式的家庭结构，即家庭承担了养老的功能。由于中国人素有“乡土”一说，所以我国农村老人多选择居家养老。我国新型农村社区建设过程中，开设为老年人提供服务的项目，在农村社区当中建设老年人服务机构，帮助老年人解决困难，提高其生活水平，形成了一种新的社区养老模式，使农村老人进入社区享受老年服务，改变我国传统的子女养老和居家养老模式。新型农村社区的房屋有房产证，可用于市场交换，社区中自身养老困难、子女又不愿意赡养的老人可以尝试以房产养老。

（三）开展新型农村社区建设，提升老年服务水平

我国旧农村呈现出分布散乱的特点，几个村子零零散散地分布在不同的地方，难以集中为其提供服务，更不利于服务设施的建设。新型农村社区与旧农村有着巨大区别，新型农村社区在农村营造一种新的生活形态，让农村居民能够集中享受城市化的生活环境，这就改善了农村老人的居住条件。另外，在新型农村社区建设过程中集中了社区的资源，建设更好的老年人服务机构，如老

年人活动中心、医疗机构等。现代新型农村社区的建设集中了社区内的人力、物力资源，使原有资源得到充分利用，更好地为农村老人提供服务。

（四）提升生活质量，丰富精神生活

在农村社区老年服务活动中，机构工作人员通过开展“送温暖”等活动，为农村社区中生活困难的老人提供一些生活必需品，从而改善农村老人的生活水平。农村老人大多孤独，精神生活不够丰富，老年服务机构通过建设老年活动中心，开展诸如“夕阳红”这样的活动，调动了老年人的积极性，丰富了老年人的精神生活。

二、新型农村社区老年服务存在的问题

虽然我国农村社区建设过程中老年服务工作总体服务水平取得了一定的进展，但是农村社区老年服务工作中还存有一些问题需要解决。

（一）服务人员专业性不强，专业人才缺口大

近年来创办起来的养老机构对从业人员的要求缺乏专业标准，普遍雇佣的是一些文化素质偏低的合同工或临时工，或是出于照顾的目的，吸纳一些下岗女工。专业的老年服务工作人员是老年服务过程当中必不可少的一项资源，专业服务人员短缺是制约我国农村社区老年服务事业发展的一大瓶颈。经过多年的发展，我国虽然培养了一部分服务于农村社区老年服务的工作人员，但是远远不能满足需求，现有的农村社区老年服务人员，虽然有热情服务于新农村建设，但是在为老年人提供服务的过程中，其专业性不强。目前，我国培养农村社区老年服务人员的工作还不够完善，农村社区养老服务方面的专业人才缺口大，现有的服务人员不足以满足众多老人的需求，专业人员的短缺影响我国新型农村社区老年服务事业的发展。

（二）服务机构发展缓慢，数量不足难以满足需求

截至2002年，我国民办的社会养老福利机构有1800余家，社区的老年

服务设施有23万余个，社区服务的志愿者组织有15万余个。尽管我国农村社区老年服务机构建设取得一定的进展，但是我国农村地区老人人口数量巨大，相对于农村地区老年人的需求而言，现有的农村社区老年服务机构较少，现有的农村社区服务机构无法满足老年人的需求。

（三）较高的服务费用使农村地区老年人无力承担

目前我国一些地方响应政府的号召，虽然在我国部分农村社区开始建设农村老人服务机构，如养老院、敬老院等，但是在建设这些农村社区老年人服务机构过程中，政府拨款不足，并且一个服务机构的运行也需要大量的资金，因此服务开设的过程中会收取较高的服务费用。而我国农村地区的老年人多数没有固定收入，随着年龄的增长，老年人失去劳动能力，也就失去了生活来源，仅靠以前的积蓄维持生活，儿女也因各种原因无力或是不愿承担这一部分费用，所以很多老人对于这些服务只能望而却步。虽然有些农村社区老年服务机构为老人提供了较为齐全的服务设施，但是由于收取的费用较高，老年人无力承担，所以我国农村存在着需要照顾的老年人逐年增加，但各种福利院和敬老院床位却大量闲置的现象。

（四）服务工作运行机制不够健全，各部门之间缺乏配合

虽然我国新型农村社区老年服务工作取得了一定的发展，但其发展还不成熟，政府在新型农村社区建设过程中，对于老年人服务工作上缺乏经验，政策也不够完善。对于经济落后的农村地区，农村社区老年社会工作服务方面的政策就更加欠缺。另外我国政府部门众多，往往一个政策的制定执行需要经过多个部门的审批决定，这样虽然有利于减少政策的失误，但是在政策执行的过程中浪费时间，效率低下。

（五）服务资金短缺，发展缓慢，大多停留在物质层面

我国是世界上最大的发展中国家，改革开放以来我国的经济取得了突飞猛进的发展，但是我国人口基数大人口众多，人均占有的资金少。我国的各

项事业发展都需要政府的资金支持，在这种情况下，能够用于我国社会福利建设的资金少之又少，尤其是经济发展较为缓慢的偏远农村地区，地方经济发展缓慢，资金不足，能够用来支持我国新型农村社区建设老年服务事业的资金就更加捉襟见肘。资金的缺乏使我国农村地区老年服务建设更加缓慢。由于资金短缺，为老年人提供的服务就受到限制，很多服务活动因而无法开展，现有的农村社区老年服务大多停留在物质层面，并且这样的物质服务也大多是在我国的传统节假日在小范围内开展。例如在春节、中秋节进行慰问，向农村老人提供一些食品等。另外，由于资金投入力度不够，政府也无法及时为农村提供相应的养老服务资金，导致养老机构里面的设施设备都相对落后，无法为老龄人口提供足够良好的护理需求。

（六）农村地区养老观念落后，社区养老形式化

我国素来有“百善孝为先”的思想，在这种孝文化的影响下，我国的家庭是一种反哺式的家庭结构，家庭往往承担养老的责任，在我国这种老人居家由子女赡养的现象比较普遍。

当前许多社区都存在老年设施与服务短缺的问题。虽然也建立了一些老年人设施，在社区空出一个地方作为老年人的活动中心，而且挂出一块类似“老年人社区娱乐中心”的牌子，但是由于设施比较简单，服务内容过于单一，致使许多社区老年人服务中心没能起到应有的作用，只是流于形式，并没有发挥太多的作用，没有真正意义上为老年人提供实质性的服务。

三、推动新型农村社区老年服务发展对策

我国人口老龄化严重，老年人口占总人口的比重大，农村老年人的比重大。据统计，我国农村老年人口的数量占老年总人口的70%，已经超过一亿。面对如此众多的农村老年人群，如何为农村老人提供更好的服务，成为我国社会保障体系中的重中之重。针对我国新型农村社区建设中老年服务存在的问题，提出以下建议。

（一）开展社区服务教育，加快社区服务工作人员的培养

虽然我国的农村社区老年服务建设取得了一定的发展，但是其发展还不成熟。目前，在我国农村社区老年服务机构服务的工作人员在工作过程中积累了不少的经验，但是其专业性不强。为了提高我国农村社区老年服务人员的服务水平，我国还需从以下几个方面着手：一、加快社区服务专业教育的发展，在大学中设立老年服务专业，培养高素质的人才队伍，为我国新型农村社区建设老年人服务事业的发展提供更多更优秀的人才。二、对于老年服务机构中现有的工作人员进行专业的培训，使他们掌握更专业的服务技巧，提高其综合素质和工作能力。三、完善社会工作专业考核机制，从业人员必须通过专业的考核，取得权威机构认可的从业资格证明。只有加快我国社会工作专业人才队伍的建设，才能够更好地为我国农村社区老年人提供服务，促进我国农村社区老年服务事业的发展。此外，我国现有的农村社区老年服务工作人员数量不足，不足以应对众多老人的需求，因此，相关部门应提高工作人员的福利水平，吸引更多人才投身老年服务事业，避免专业人才流失。

（二）健全我国农村社区养老服务体系，扩大服务机构覆盖范围

为了完善我国新型农村社区建设过程中老年服务事业的发展，我国政府部门应出台一些政策，社会服务机构应更加重视对于农村社区老年服务的研究和实践，不断完善我国农村社区老年服务体系。虽然我国农村社区老年服务机构建设取得了一定的进展，但是现有的农村社区老年服务机构还不足以满足老年人的需求，服务机构缺口大，应加强农村社区老年服务机构的建设，增加其数量，逐步实现农村社区老年服务机构全覆盖。

（三）加大专项资金的投入力度，制定合理的收费标准

我国人口老龄化严重，老年人口众多，农村社区老年服务的发展对于解决我国农村老人问题起着重要作用，但是我国农村社区老年服务发展存在资金不足的问题。在经济发达的农村社区老年服务发展较好，但是在经济发展水平落后的农村地区，资金不足严重阻碍其发展。虽然我国出台了“政府购

买社会工作服务”的政策，但是在资金投入方面远远不足以满足老年服务发展的需求，因此政府应加大财政资金的投入，促进农村社区老年服务工作发展。作为社会保障的责任主体，政府应加大农村社区养老的政策补贴和资金投入，基层政府应给予政策优惠支持社区养老服务的发展，如减少土地承包费和固定资产租赁费等。政府在新型农村社区建设过程中应合理配置各项资源，避免资源的浪费。另外，我国农村地区老年人大多没有固定收入，晚年生活拮据，一旦失去劳动能力就没有生活来源，所以服务机构在为老年人提供服务时应考虑老人的经济能力，制定合理的收费标准，使老年人能够真正得到服务。

（四）发挥政府作用，建立监督机制，确保资金合理应用

在农村社区老年服务工作开展的过程中遇到的又一问题就是资金去向是否透明，政府拨款能不能落到实处。为此在老年服务工作开展过程中，应加强监督管理，提高行政人员的素质，确保专项资金不被挪用、挤占。政府应完善政策机制，对于农村社区老年服务的资金应向公民公开，做好群众监督，确保资金落实真正被恰当利用。

（五）提升服务水平，解决农村老人的心理问题，满足其精神需求

就目前我国农村社区老年服务开展的情况来看，其服务主要停留在物质方面，而且社区为老年人提供服务的方式和时间都比较固定，大多是在节假日时间由机构为老年人提供慰问，向他们提供一些生活必需品，通过这样的方式来改善一下农村老人的生活条件。现在我国农村地区较为普及的一种现象就是农村当中存在大量的“空巢老人”“孤寡老人”，就现在农村社区所提供的服务只是在一定程度上改善他们的生活水平，满足他们的基本生存需要，并不能改善老年人常年独居所带来的精神生活匮乏等心理层面的问题。因此，我国农村社区开展老年人服务工作时，可以根据老年人的这些情况开展一些丰富其精神生活的活动，如老年人歌唱比赛、建设老年人活动中心等等，满足老年人的心理需要，丰富其精神生活。

（六）发挥基层组织的作用，发展农村社区之间互助养老

目前我国农村社区老年服务机构大多是由政府部门主导兴建，社会组织虽然也有发展，但是发展缓慢。我国新型农村社区建设过程中政府应大力支持基层社会组织的作用，加大对于基层社会组织的政策及资金支持，促进基层社会组织在我国农村社区老年服务方面的发展，弥补政府工作的不足。另外，发展农村社区互助养老，充分调动社区内的人力物力资源，为农村老年人提供服务。

（七）借鉴国外先进经验，促进我国农村社区养老服务的发展

我国的农村老年人社会保障制度发展缓慢，加之我国地区之间经济发展不平衡，在农村社区老年服务事业方面，无论是从政策方面还是从资金方面都较为短缺。相反，西方国家经济发展水平较高，对于老年人的福利保障发展较早，形成了一套先进的老年人服务体系。我国应学习西方农村社区老年服务体系，学习其机构养老和老年服务的优点，不断促进我国农村社区老年服务事业的发展。

四、发展新型农村社区老年服务的意义

新型农村社区老年服务事业的发展可以在很大程度上解决我国现存的老年人问题，这不仅关系到数千万老年人的自身利益，也关乎我国社会主义现代化建设，有助于我国经济社会的发展和社会的良性运行。

（一）有助于宣扬敬老文化，推动新型农村社区建设

农村社区老年服务工作可以通过开展敬老爱老的活动宣传敬老文化，促进家庭关系的和谐。农村老年人多数没有接受过高等教育，文化水平较低，综合素质不高。通过开展农村社区老年服务工作，工作者可以带领老年人参加一些积极向上的娱乐活动，一方面可以丰富其日常生活，另一方面也有助于我国的新农村建设，树立文明新风，促进农村社区精神文明建设。

（二）有助于提高农村老人的生活水平

我国农村地区老年人大多没有固定工作，没有退休金，依靠以前的积蓄生活。通过开展农村社区老年社会服务活动，工作者可以向老年人提供一定的物质帮助，改善其生活水平，老年服务工作通过调动社会资源，为老年人申请低保，协调家庭关系，为老年人提供基本的生活资源，改变老年人贫困的窘境，提高老年人的生活水平。

（三）充分调动社会的人力物力资源，促进农村地区劳动力就业

老年人为了自己晚年的生活大多都有储存积蓄的习惯，我国进入人口老龄化社会，老年人口众多，而老年人保守的消费方式就降低了我国的消费水平，不利于我国经济的发展。通过农村社区老年服务工作的开展，为老年人提供服务，使这部分老年人不必为养老而担心，打消他们的后顾之忧，这样他们就可以放心大胆地消费，有利于促进消费，拉动内需，促进我国经济的增长。另外，通过政府部门或者是基层社会组织开展的老年人服务活动，可以充分调动社会或者是农村社区中闲置的资源，使这部分资源得到充分应用，从而更好地为老年人提供服务。新型农村社区老年服务事业的开展在农村地区创造了就业岗位，为农村劳动力提供了就业机会。

五、结语

新型农村社区老年服务在我国还处于起步阶段，在经济发展水平较慢的农村社区老年服务发展更为不足，既需要做好基层的实践探索，也需要做好农村社区老年服务工作的理论研究，来促进其事业的发展。在建设农村社区老年服务工作的过程中，要不断完善我国的政策机制，促进我国社会工作人才队伍建设，政府部门明确分工提高行政效率，增加专项资金投入，确保资金合理作用，不断促进我国新型农村社区老年服务事业的发展，使更多的农村地区老年人能够享受社会发展的成果。

（指导教师：刘长飞）

农村居民社区养老服务现状及对策分析

邵宇辉

计划生育时期的第一批“婴儿潮”已然形成，我国基层农村地区的养老问题格外突出，农村发展社区养老服务是适应当前实际情况的重要模式。目前，国家逐渐重视农村的养老情况，国内学者关于农村养老服务模式的研究也有所增加，对农村社区实施养老服务进行论述，并提出进一步提升的措施，但是农村社区养老服务政策落实不到位，社会工作介入农村社区养老服务的研究报道很少。农村人口老龄化、家庭规模小、家庭结构简单和人口流动等原因，弱化了传统养老保障。不仅如此，由于我国农村地区普遍还没有形成现代化的养老机制，老年人养老问题如何才能够得到有效的保障是社会一直关注的话题。再加上农村大量劳动力外流，导致很多老年人需要面对独居、无人照料等现实问题。此外，大部分经济发展条件较差的农村地区，养老机构无论是在数量上还是在质量上，均不能满足当下农村老年人的养老需求。基于这种实际情况，我国推出了“9073”养老机制，其核心就是让愿意在家养老的90%的老年人待在自己的亲人身边养老，让失去生活独立能力，但依然希望在家养老的7%的老年人参与到社区养老当中来，由社区服务人员帮助进行日间照料，让其家人接替晚间照料的义务和责任，最后让机构解决剩下3%的无法独立生活，同时又无亲人在身边的老年人的养老问题。所以通过对农村居民社区养老服务的研究，结合家庭养老和机构养老的优点，有助于进一步缓解农村老年人的养老问题。

一、绪论

（一）研究背景

新时代，银发浪潮正以不可阻挡之势到来。自我国步入人口老龄化社会以来，老年人口增加速度快、数量大，且具有高龄化特点。在基层农村地区，经济落后，养老制度和医疗保障水平低下，农村老年人缺乏对养老服务的认识，同时，还有老龄化超前与经济发展不协调、地区分布不均匀等现实因素，农村面临着严峻的养老问题。在这样的大背景下，发展社区养老服务对解决农村老年人的养老问题具有重要作用。

（二）研究意义

农村地区发展社区养老服务具有重要意义，不仅能够让老年人继续生活在自己熟悉的环境中，享受社区提供的各种服务，满足他们对老年物质生活的基本需求，还能够弥补家庭养老和机构养老的不足，提高晚年生活质量，同时，也能减轻子女的顾虑和负担，促进家庭和睦，进而满足老人精神方面的需要。更深一层来讲，广大农村地区老年人的养老问题得到了解决和保障，也将促进农村及整个社会的和谐与稳定发展。

（三）研究内容与思路方法

1.研究内容

本文以农村老年人的养老问题作为主要研究对象，研究内容如下：简单叙述了在当今人口老龄化的大背景下，农村老年人口数量增加的现象，分析了农村老年人的养老需求，在此基础上提出发展社区养老服务可以有效缓解养老难题。由于国家对农村社区养老服务有了一定的重视，文章总结了农村社区养老服务的发展现状和依旧存在的一些问题。同时，提出了进一步促进农村社区养老服务发展的合理对策，帮助农村老年人实现老有所养的目标。

2.研究思路方法

研究思路：本文通过概括总结当前农村老年人在养老方面的主要需求，

分析农村老年人养老存在的普遍问题，在农村社区养老服务的发展具有一定成果的基础上，进一步提出提升农村居民社区养老服务的对策措施。

研究方法主要有文献研究法。搜集、查阅并整理相关文献，通过对任娜的我国农村养老服务发展现状、问题与对策，殷文娟的我国农村养老服务发展现状、问题与对策文献的研究等相关文献的查阅，总结概括了我国农村居民社区养老服务的发展现状和存在的一系列问题，并提出进一步推动发展的措施办法。

（四）创新点与不足

1.创新点

农村社区养老服务是一种全新的养老模式，也是一种符合当下时代现实背景的养老模式。它结合社会工作，坚持“助人自助”的理念原则，在服务中积极运用专业知识，帮助老年人增强对社区养老的认可和信赖，改变传统观念，走进社区养老，提高农村老人晚年生活的幸福指数。

2.不足

本论文的撰写过程中，在结合社会工作部分的方面，对社会工作者介入农村居民社区养老服务的内容了解不足，有待继续研究查阅相关资料，并深入分析。

二、相关概念论述

（一）农村社区养老服务

“农村社区”是人类社会最早出现的社区，即在一定区域内，以小城镇作为综合中心，以自身为要地，居民有共同的地域文化，进行一定的交流互动和社会活动。近十年来，国家充分意识到了提升服务职能、构建符合农村地区老年人需求以及功能齐全的社区的重要性，并且将“农村社区”写入了中央决策当中。

社区服务是社区社会福利服务的简称，在政府的倡导下，发展社区成员开展互助性的社会服务活动，就地解决本地区的社会问题。社区服务最重要的特点就是具有一定的组织性，因此能够最大限度地节省人力、物力和财力，同时具有很高的服务效率。从某种程度上来讲，社区更像是一个大家庭，居民进入社区之后，就可以享受政府和相关职能部门提供的各种服务，不但涉及具体的物质生活方面，同时也包含精神文化方面。不仅如此，为了能够让居民获得更好的生活体验，政府和相关职能部门还会想办法改善社区的居住条件以及人文环境。从另一个角度来讲，社区的出现也符合人们的心理需求，大量有着相似文化、信仰、语言以及生活习惯的人们生活在一起，不仅可以共同享受社区带来的各种便利，而且还可以通过自助与互助的方式，共同参加劳动。

农村社区养老服务围绕社区这一核心载体展开，是将老年人的日常生活照料等事务交给社区，或者社区根据居民家庭的实际情况，采取白天帮助照料，晚上由家人照料的方式进行的一种养老模式。不仅可以极大地节省社会资源，同时还能够尽量满足农村老年人的传统心理需求，使其能够在自己的亲人身边安心养老。社区居民可以根据自己的需求享受社区提供的免费服务，或者付费获取医疗和其他额外的服务，可以让老年人在家的同时，又享受到社区提供的服务。农村社区养老服务是全国养老服务体系建设的重要组成部分，在社会公共服务建设中具有举足轻重的地位和作用。

三、农村居民社区养老服务的发展现状及存在的问题

（一）农村老年人的需求现状

马斯洛需求理论告诉我们，任何一个人都拥有包括生理、心理、安全以及精神方面的需求，老年人也是一样。国外的学者认为，老年人最为主要的需求是安全和精神需求，具体可以表现为经济、医疗等安全方面的需求，以及被尊重和自我实现等方面的精神需求。我国是一个十分重视和尊重老年人的国家，《中华人民共和国老年人权益保障法》也十分明确地提出了尊重和保护老年人的合法权益，足以证明老年人在精神和物质方面的需求是必须得到认可和满足的。

目前，我国农村地区的养老大多还是依靠传统的模式来解决，即子女直

接承担家里老年人的照料责任。在物质与经济方面，只有部分老年人能够充分享受到子女的经济支持。在医疗需求方面，卫生室是农村地区老年人看病求医的第一站点和经常站点，农村的社会医疗卫生机构较为简单，绝大多数老年人都患有高血压、糖尿病等慢性疾病，问诊和住院治疗都会让老年人产生医疗需求，“看病难，看病贵”现象严峻，也可能会让老年人因病致贫。在生活照料方面，农村老年人主要倾向于由家人照顾，但由于农村青壮年劳动力连续流出，导致“空巢老人”“留守老人”数量增加，有一半以上的老年人有着照料方面的担忧。在精神方面，受传统文化的影响，大部分老年人普遍都不善于表达，年轻人大多忙于事业，很难在精神方面照顾到家里的老人，加之农村地区的生活较为单一，所以很多老人都存在一定的孤独感。

（二）农村居民社区养老服务的发展现状

在中国，养老服务模式具有多样性，其中占据主要地位的仍然是家庭养老。“十三五”期间，我国各地方政府也依据国家的具体要求，开始充分重视起农村地区社区服务体系的建设，切实有针对性地加强农村养老服务，不仅要满足老年人“大众化”的养老服务需求，还要顾虑到“小众化”的需求，充分做到了供需相匹配，这些举措不仅得到了老年人的认可，同时也极大地解决了年轻子女的诸多顾虑，使其能够同时安心于事业和家庭。

1.服务内容得到补充

针对老年人的服务必须充分考虑到各种复杂的情况，很多正在落实的养老服务社区也注意到了这些具体情况，比如有些社区不仅可以提供老年人的日常需求，同时还可以满足老年人从医疗、娱乐健康、消费到饮食等各种类型的服务。不仅如此，为了节省资源并充分保证社区的服务能力，社区还提供养老托幼、食品配送、修理管理等利民便民的服务事项，方便社区内的居民生活，提高他们的生活水平和质量。

2.参与人员不断增多

社区养老服务的最终落实离不开大量的从业人员，很多社区已经开始采用社会招聘的方式聘请很多专业的服务人员，同时还有很多社区主动和高校进行联系，让更多的大学生志愿者参与到社区服务当中。不仅如此，目前内地的很多学校以及社会培训机构也在积极地培训相关服务工作人员，意味着未来将会有越来越多的人参与到社区的养老服务工作当中来。

3.服务形式便捷化和高效化

在新时代，信息技术发展迅速，部分经济发展较好地区的社区，利用互联网、大数据来推动社区信息化、智能化建设，改变了以往窗口服务速度较慢的状态。同时还有很多社区积极利用现代化的信息沟通和传导手段，建立线上和线下相结合的服务机制，这些具体的措施都有利于社区养老服务的功能提升，而且也能够提升老人们对社区养老机制的满意度。

4.基础设施得到了提升

社区养老必须以完善的配套设施为前提，这也是制约农村地区社区养老机制得到落实的一大障碍。但随着农村社区居民养老得到重视，社区卫生服务中心、社区文化中心等专项社区服务设施也得到了补充和完善，数量不断增加，质量也有保证，社区内居民可以到村级组织活动场参加社区活动，共同营造社区归属感。

（三）农村居民社区养老服务存在的问题

我国的社区养老服务体系目前仍处于初级阶段，虽然许多方面正在向更好的方向完善发展，但仍存在众多缺陷，使得农村整体养老服务力不从心。由于我国针对农村地区养老服务工作的开始时间较晚，因此在发展的过程中必然会存在很多的问题，这些问题主要体现在以下方面。

1.社区养老服务工作机制不健全，基础设施建设不足，传统观念影响深

从农村改革发展的情况来看，农村社区养老服务体系目前还不健全，并且长期落后于城市。首先，就基础设施的建设和投入方面来讲，受资金影响，农村地区的大部分社区都无法通过自筹资金的方式来改善其生活环境，致使很多农村社区缺少基本的文化和娱乐设施，社区老人很难真正享受到社区养老的便利。其次，短期内，各地方政府也无法提供足量的资金来改善农村社区的硬件配套设施。因此，未来国家和地方政府还必须充分重视这个方面的问题，否则就很难真正推动社区养老的发展。就农村地区而言，很多老年人患有重大疾病，生活困难，家庭养老功能也在不断弱化，像养老院这样的社会养老机构无论在数量上还是在质量上，均无法满足当今广大农村地区老年人的养老需求。加之农村老年人受传统观念的影响，有邻里守望相助、叶落归根、死也要死在自己家里、外面千好万好还是不如家里好等这些固执的思想，对故土和家庭的情感更加强烈、更加深厚，依然有很多老年人不愿意离开自己的出生地，必然不利于社区养老机制的有效落实。

2.社区养老管理人才缺乏，服务人员素质低

社区养老不仅需要有专业人士的参与，同时还需要大量的工作人员。但现阶段，我国农村的大部分地区存在无人可用的困境，留守下来的青年大部分不愿意参与到养老服务工作当中来。从另一个角度来讲，很多愿意参与到养老服务工作当中的人，也经常由于缺乏专业的经验以及积极的服务意识而不能够胜任社区养老服务的工作，或者只能够从事一些非常简单的护理或者问询工作。此外，农村经济条件差，社区内工作量大，从业人员工资待遇不高，社会地位低，在提供服务工作中积极性差，服务意识欠缺，更多的是抱怨有余敬业不足，只是表面应付，很难将这样的一份工作当成是长期的工作，必然会增加社区养老服务的落实难度。

3.缺乏养老资金，社会参与力量不充分

老年人群体是特殊的，要确保其能够获得一个良好的养老体验，就意味着需要大量的资金投入，显然无论是从国家的角度来讲，还是从老年人自身的角度来讲，这都将会是个巨大的难题。加之几十年前在经济发展过程当中，很多地方政府缺乏长远的眼光，没有充分重视农村地区养老设施的建设，意味着后期他们需要投入更多的资金。另外，社会资金的引入是一个很好的解决方案，但就目前而言，由于养老行业具有投资较大、利润微薄、投资回报周期长等特点，加上新建养老机构准入门槛较高，金融支持养老服务体系建设力度不足，具有创新性的养老金融产品研发滞后，民办养老机构融资渠道不畅、贷款难等原因，这些资金还不敢贸然进入养老行业，对于养老行业缺乏足够的耐心和信心。

4.社区养老服务内容简单化

社区养老服务之所以具有吸引力，多数原因就在于其能够提供全方位的服务，可以让老人度过一个非常安全和幸福的晚年。然而，我国大部分农村欠发达，由于各种现实原因的存在，导致很多社区能够为老年人提供的服务类型极为有限，尤其是很多专业的服务机构，更是不愿意参与进来。因此很多已经建好的社区都变成了面子工程，能够提供的服务可能只有日常的生活照料，医疗、文化以及陪伴等方面的服务基本上都不存在。不仅如此，农村社区空巢、留守老人、失能半失能老人逐渐增多，社区养老服务的压力增大，服务人员也力不从心，可能会造成对社区内老人的照顾不到位、服务内容不完善等情况。

四、进一步提升我国农村居民社区养老服务的对策建议

社区养老是未来的必然趋势，其不仅可以有效解决老年人所面临的现实问题，同时也可以帮助青年人消除因无法整日陪伴和照料老年人而产生的担忧和顾虑。为推动农村社区养老服务的进一步发展，就必须从现在开始不断完善这一养老模式，否则就有可能出现各种基于老年人养老问题的矛盾。结合我国的实际情况以及当下我国农村社区养老模式在推行过程中遇到的诸多现实问题，从以下几个方面提出推动农村社区养老服务发展的对策建议。

（一）加大资金投入保障

针对农村地区社区养老存在的资金不足的问题，需要摒弃一切资金靠财政的思路，各地应该结合其所在地区的养老情况，积极推动社区养老发展，鼓励推动其他养老产业的发展，构建多元化的资金渠道，让一些有志于进入养老行业的企业参与进来，同时还可以采用募捐的方式让更多的居民参与到这项事业中来。不仅如此，还可以制定一系列的财政刺激政策，鼓励专业人士参与到养老服务行业当中来，除了可以充分发挥专业人才的主动性，还能够让更多的资金涌入养老服务行业。另外，大力宣传“助人自助”的社会工作服务理念，吸引更多的志愿者加入，解决庞大的人力支出问题。

（二）以老年人需求为导向，优化完善农村社区养老服务内容

老年人群体有着过于复杂的服务诉求。社会工作者在充分了解农村社区内外部资源的基础上，充分挖掘农村本土性资源，增加社区内的养老服务设施，扩大丰富服务的内容，发动和组织村民互助，充分利用农村地区特有的社会交往方式，组织其他社区成员一起帮助农村老年人增强与农村居民的交流互动。在具体的服务过程中，公平对待所有的老年人，需要及时了解不同老年人的需求并给予理解，采用与第三方合作的方式满足其需求。充分根据各地的实际情况，制定不同的足够贴心的服务机制，比如针对老年人的医疗问题，就可以采用家庭医生模式，让老年人主动购买相关的服务。

社会工作者要利用个案工作方法和相关技巧帮助农村老年人认识自己面临的问题，引入家庭合作机制，在具体照料老年人的过程中，必然会出现其需求无法得到满足的情况，此时最好的方式就是及时通知老年人的亲人，让他们参与到照顾老年人的具体工作当中来，如此当发生社区无法满足老人相关需求的情况时，也能够得到其家人的谅解。另外，还可以灵活地引导老年人加入养老服务的工作当中来，比如有些老年人虽然年龄已经很大了，但是依然具有非常充沛的精力和体力，对于这部分老年人，社区完全可以通过正确引导的方式让他们参与实际工作，这样可以让其获得足够的满足感。

（三）借鉴国内外先进的社区养老服务经验

西方的很多国家已经在养老事业方面累积了很多成熟的经验，会考虑到老年人不同的需求，例如，除了具体的服务和心理需求服务方面外，还会为老年人提供很好的就业机会，甚至鼓励老年人参与到各种社会活动当中去。不仅如此，很多西方国家也非常重视家庭关怀对于老人老年生活的必要性，因此在具体的养老服务工作当中，也会积极地鼓励家庭成员参与到老年人的照料当中来。

西方国家的很多社区在落实社区养老机制的同时，也采用了层次划分的模式，为不同需求、不同消费能力的老年人，制定了不同的服务模式。尤其是在日本和美国，养老机构不但会根据老年人的收入水平制定不同的养老服

务项目，而且制定了完善的养老保险机制，使每一个老年人都能够获得一个相对安逸和幸福的老年生活，并且政府提供了更加完备的法律法规，保障制度稳定落实。

因此，对于各地方政府而言，首先必须建立完善的保障机制，让所有的老年人都能够获得一个基本的照料，都能够度过一个相对安稳的老年生活。同时还可以积极地让老年人可以根据自己的实际情况购买不同类型的服务。另外还必须建立相应的法律保障和监督机制，以确保老年人的权益不受影响。

（四）加强养老服务队伍的建设，提升社区养老服务的专业化水平

一方面，鼓励年轻人加入养老行业当中来，鼓励职业技能学校开设相关的专业为未来储备养老行业人才。积极引进专业的社会工作者和社区工作者进入农村社区工作，招募和组建志愿者服务团队，建立志愿者机制，采用树立社区榜样的形式让更多人自发自愿地加入照顾老年人的行列当中来。另一方面，制定相应的优惠和利好政策，让更多人选择进入养老行业。提高福利待遇，增加就业机会，并强化考核监督制度，减少人才流失。

（五）利用“互联网+”，打造信息化技术平台

互联网时代的今天，各地方政府也可以在网络帮助下，构建相应的网络信息平台对老年人进行服务。比如建设社区养老服务数据平台，对社区内老年人的健康情况如实记录。考虑到农村地区从业人员不足的短板，就可以通过网络的方式及时了解老年人每时每刻的状况，并有针对性地提供相应的服务。充分利用智能化，积极开发并推广智慧健康的老年用品，如此不仅可以节省大量的人力资源，同时还可以更好地保障老年人的日常生活。另外，也可以通过网络开展老年教育学习，帮助老人“老有所学”，让他们找到人生价值，创新性地保障老年人的晚年生活。

（六）因地制宜，探索创新社区养老服务新模式

我国各地的经济文化水平各不相同，意味着我国农村推行社区养老服务

要注重因地制宜，要具体问题具体分析，防止模式化和统一化。以上海和瑞安为例，这两个地区在具体落实社区养老的工作上，就充分结合了本地实际情况，创建了一套完善、合理和科学的养老服务和支撑系统，获得了当地老年人群体的极大认可。英国的养老模式也极具特点，当地的养老机构在具体构建养老模式的时候，不仅考虑到了其本国居民的传统，而且还加入了很多现代化的元素，因此非常的人性化，深受老年人欢迎。德国的“结伴养老”式公寓则非常支持老年人群体采取自由组合的方式参与养老，在这样一种模式的帮助下，老年人不仅解决了独居的问题，而且也能够获得更好的陪伴和照顾。

（七）加大宣传力度，引导居民树立正确科学的养老观念

在社区内，社工积极入户宣传或者请当地老龄委工作人员到社区宣传老年人合法权益，形成全社区居民爱老敬老的社会氛围。大力推进爱老敬老文化建设，弘扬农村社区爱老敬老的优良传统，最大限度地发挥中华民族优秀传统文化对养老工作的作用，打破“外面千好万好还是不如家里好”的固执思想，引导老年人选择进入社区养老。充分利用媒体宣传，引导各农村地区树立正确科学的养老观念，帮助老年群体真正实现老有所养的目标。

五、结论

我国在进一步推动经济发展的同时，将有效推动农村社区养老模式纳入了“三农”工作当中，要求各地方政府必须参考其当地的实际情况，逐步将社区养老工作落实到位，并且鼓励各地方政府积极创建符合老年人需求的日间照料中心，尤其要求必须给予失能和患病老年人以更多的照料。积极组织开展农村社区养老服务，为老年人提供日托服务、医疗健康保健、心理慰藉等照顾内容，极大地提高老年人的生活水平和质量。社区养老是一种符合当下时代背景的养老模式，政协委员刘晓曾表示地方政府必须充分发挥资源统筹和调动能力，充分重视农村地区老年人的养老问题，构建符合农村老年人习惯和需求的社区，有机结合社会养老和居家养老的优势，减轻农村家庭生

活经济负担，推动“老有所养，老有所乐”目标的实现。

近年来，随着我国经济的不断发展，针对农村地区老年人的养老问题也开始得到了各界人士的关注，国家也从政策和法律层面给予了老年人权益以最基本的保障。针对农村地区的养老问题，未来还需从以家庭为主、社区服务为辅，过渡到社区服务为主、家庭为辅，对于各地政府而言，则必须充分利用好这个时期，构建出一套符合农村地区民众需求的养老体系，如此才能够真正解决日益严重的社会老龄化问题。我们坚信，有全国人民的共同努力，有社会工作者的积极实践，我国农村社区养老服务水平一定会得到显著提升，更多的老年人将安度晚年，为“乡村振兴”战略的实施和新农村的建设奠定坚实的基石。

（指导教师：包海英）

“村改居”社区空巢老人福利需求状况研究——以临沂市河东区D社区为例

刘硕

近年来，我国城镇化进程不断加快，自十八大以后，城镇化正式成为我国现代化建设的战略举措。从2010年到2019年，我国城镇化水平由46.59%升至60.6%，增幅为14.01%，随着城镇化的发展，我国“村改居”社区数量不断增加，但同时“村改居”社区出现的问题数量也直线上升，尤其需要关注的是“村改居”社区空巢老人的福利需求问题，解决空巢老人福利需求的问题，对于促进社会稳定、帮助空巢老人安度晚年具有重要意义。

一、绪论

（一）研究背景

2017年，我国发布了《“十三五”国家老龄化事业和养老体系建设规划》，在规划中提到：“到2020年，全国空巢老年人数将增至1.2亿人左右，老年抚养比将上升至29%左右。”由于城镇化水平的不断提高，“村改居”社区空巢老人人数也不断增加，虽然“村改居”社区空巢老人在经济上得到了一定的补偿，但在社会各界的福利和帮助方面却并没得到满足，且由于子女升学、成家等原因独守空房，精神上更因子女不在身边而感到煎熬。随着身体机能渐渐衰退，这部分老年人成为社会上极为弱势的群体，深受国家和社会关注。

（二）研究意义

明确“村改居”空巢老人的福利需求问题对于维护国家稳定、社会和谐及帮助空巢老人健康颐养天年都有重要作用。

首先，对空巢老人的福利需求问题进行研究，可以引起社会对空巢老人的关注。引导社会公众运用优势视角看待空巢老人，相信他们具有发展的潜能，帮助他们更好地生活。

其次，可以促进社区服务的改进，提高社区服务水平，不仅要关注空巢老人的养老问题，更要关注他们的福利需求。

再次，通过社会工作方法去研究空巢老人的福利需求问题，让优秀的社会工作者帮助解决空巢老人的福利需求问题，进而推动社会工作在社区的运用。

最后，对空巢老人的福利需求问题进行研究，对于老年人福利政策的完善具有借鉴意义。政府不仅要加大资金投入，保障老年人的基础权益，更应该关注“村改居”社区空巢老人的福利需求问题，帮助空巢老人更好地安度晚年。

（三）研究内容与方法

1.研究内容

本文从“村改居”社区空巢老人需求视角出发，在福利需求理论研究的基础上，通过对D社区空巢老人福利需求的研究，分析得出D社区空巢老人福利需求和现实供给的矛盾及原因，并结合实际提出满足D社区空巢老人福利需求的建议。

2.研究方法

（1）文献研究法。通过学校图书馆和数据库查阅资料、借阅相关书籍，广泛收集了有关“村改居”社区空巢老人福利需求研究的文献及资料，并对它们进行分析，在归纳总结之前学者资料的基础上，筛选出与所研究课题相关的观点和结论，并结合D社区实际情况，提出自己对现状的认识和理解。

（2）实地调查法。通过对临沂市河东区D社区实地调查，了解社区内空巢老人的生活状态。通过与社区工作人员、空巢老人的访谈，了解社区内空巢老人的福利需求。

（四）创新点与不足

创新点：首先，我国大部分学者关于空巢老人福利的研究主要聚焦于城市退休老人、农村空巢老人等群体，本文把“村改居”社区空巢老人作为研究对象。“村改居”社区空巢老人是城镇化过程中产生的弱势群体。其次，除了比较关注空巢老人的经济需求、医疗服务需求、精神需求外，还特别研究了“村改居”空巢老人的社区适应需求，社会适应需求对于“村改居”空巢老人来说，是一个特别需要关注的问题，通过设计社会适应的相关问题，了解到D社区空巢老人的社会适应现状，挖掘其社会适应需求，对于“村改居”空巢老人的健康有着重要意义。

不足：由于本人学术能力和调研能力有限，对于“村改居”社区空巢老人福利状况研究只能针对个别案例进行研究，在样本的数量和代表性上存在不足。

二、相关概念

（一）“村改居”社区

随着城镇化的不断推进和城市规模逐渐扩大，原本城市边缘的农村地区不断向城市地区转型，由农村转变为城市社区。“村改居”社区在一定程度上推动了城镇化发展，同时原本的管理体制、农民身份、土地所有权也都发生了转变。社区居民由原本的农民转变为居民，虽然身份发生了转变，但在实际生活中他们的生活习惯、思想却仍然保留着原本农民生活的印记。原先的村委会管理变成了居委会管理，原本的集体土地变成了城市用地。自十六大之后，“村改居”社区数量大幅增加。

（二）空巢老人

空巢老人是指子女不在身边陪伴、一人独居或者夫妻共同居住生活的老年人。可以分为以下三种：一是没有儿子，没有女儿，没有配偶的老年人；

二是有孩子，但与其分开独自居住的老年人；三是孩子远在异地，不得不独自守着空巢的老年人。

（三）福利需求

福利需求是指人通过主观的感受与客观进行比较，发现所处环境中某些方面有所缺乏并产生危机意识，但缺乏通过经济手段解决危机的能力，因此需要政府或组织进行具体的行动干预，为其提供解决困难、摆脱困难、恢复或增进福利的服务。

三、“村改居”社区空巢老人福利需求现状调查

D社区位于临沂市九曲街道驻地西北5公里处，总建筑面积45.5万平方米，居民5210人，60岁以上人口约1100人，社区工作者10人。为了解D社区空巢老人福利需求状况，笔者采取了访谈法。对空巢老人福利需求的分类主要是借鉴前辈经验，如陈良瑾、郑功成（2014）认为空巢老人的福利需求包括：身体方面，社会心理方面，经济方面，住房和环境方面，教育、文娱和参与社会生活以及就业等方面。戴建兵、吴碚和曹燕春（2015）认为要创建需求导向型的老年人福利。张瑞玲（2017）从空巢老人满意度的视角，提出了老年人的福利需求主要体现在经济需求、健康需求、医疗需求、社会支持、居住状态等方面。本文根据上述文献对空巢老人福利需求的分类并结合“村改居”社区“亦村亦城”的生活方式、老年人的失地情绪、社区管理复杂等特点，对空巢老人福利需求主要设置了四个指标：经济需求、医疗需求、精神需求、社区适应需求。

（一）经济需求

经济生活是空巢老人正常生活的基石，一定的经济基础是生活和支持生活的必要因素，经济对老年人的日常生活、医疗保健以及其他方面起着支撑作用。张瑞玲提出经济状况的满意度对空巢老人的生活满意度有显著性影响，经济需求对空巢老人来说尤为重要。不同于传统的“城里人”，大部分

“村改居”空巢老人都是农民，无退休金收入。“村改居”老人在失地前主要的工作是通过耕地来实现自给自足，这原本是他们最重要的生活保障，失去赖以生存的土地后他们不得不通过打工来保障自己的生活。D社区多数空巢老人由于社区附近发展状况良好就在社区附近打些零工，也有几位老人将自家还建后多余的房屋出租。笔者通过观察空巢老人日常生活和访谈发现，该社区空巢老人的经济需求基本上得到满足。1号老人说：“我们的钱是够用，还有结余呢，社区里也会给我们补助，六十岁以上的老人每个月八十元，七十岁以上的老人一百二十元，八十岁以上的老人二百元，九十岁以上的老人三百元。只要不是要经常吃药的，每个月收入是足够用的。”1号老人的女儿向笔者提到：“我每个月都会给妈妈生活费，可一到过年过节要花钱的时候，她就又给我钱，给我的比我给她的还多，怕我没钱去走亲戚。”

但个别空巢老人的身体状况比较差，在经济需求方面就强烈一些。2号老人，今年73岁，向笔者表达他自己的经济需求：“我们那一代人，年轻时努力赚钱，缩衣节食养孩子，年轻时的那一点积蓄都花给孩子了。现在得了糖尿病，吃药钱每月都不少，钱就刚刚够花。现在物价越来越高，平时出门买菜都是捡便宜的买，日子将就着过，也不想麻烦孩子，孩子生活压力也大，希望能够得到政府帮助。”从与空巢老人的访谈中可以看出，空巢老人的经济需求基本上得到满足，只要空巢老人身体健康，不在医疗方面有超额的支出，对经济福利的需求就少。但身患疾病且没有劳动能力的空巢老人对经济福利需求强烈，应该加强对这类老人的关注。

（二）医疗需求

从早先学者的研究发现，空巢老人们是否有能力去满足其他方面的需求取决于他们的身体状况，因此医疗服务需求的满足至关重要。对于“村改居”社区的空巢老人来说，他们身体机能日渐衰退，子女却不能在身边照顾，对于生活照料的需求更应该得到重视。对于“村改居”社区空巢老人的医疗需求，将从以下方面展开。

1.医疗保障需求

由于我国城乡二元结构问题，户籍制度问题等历史原因的存在，加上如今城乡发展不平衡，区域经济发展不充分等问题的存在，导致城镇居民和农村居民在医疗保险方面有较大区别。在访谈中发现大部分空巢老人对新农村合作医疗的报销比例和报销的药品种类不满，3号老人说："虽然现在是在城市里，但我们还都是农村户口，用的还是新农合。"4号老人说："有太多药新农合都不可以报销，只能自己掏钱买。"

与传统城市社区空巢老人相比，"村改居"社区空巢老人医疗保障水平较低，而且他们之前在务农，大部分并未购买保险也没有退休金，去医院看病买药对他们来说是一份不小的开支。5号老人说："我们这里都还是新农合，去住医院都是可以报销的，但是门诊都不可以报销，而且买药只能买支持报销的药物，但是要是别的药就要自己掏钱了。"新农合的保障程度还比较低，去医院门诊挂号不能报销，他们所吃的大部分药品开销不能报销，还是由老人本身承担，对于月收入并不多的老人来说，是一个大负担。村改居社区空巢老人需要更高水平的医疗保障，应该提高新农村合作医疗的报销比例并相应地扩大可报销药品种类。

2.生活照料需求

笔者在前期进行社区观察的过程中，发现D社区建有一个日间照料中心却大门紧闭。在访谈中发现只有一位老人知道该社区存在日间照料中心，大部分空巢老人不清楚日间照料中心是做什么用的。对于身体状态良好的空巢老人来说，他们的自理能力还算可以，所以对这项社区服务并不是很需要，但从访谈总体上看，空巢老年人对生活照料服务的需求比较强烈，尤其是一些身患疾病的空巢老人，非常需要生活照顾服务。但是对于身体状态差的空巢老人，他们急需这项服务，社区却没有认真开展这项服务，在笔者问及为何没有开放日间照料中心时，1号社区工作者是这样说的："之前刚建成的时候我们确实开放过的，但没怎么宣传也没有老人来就关闭了。其实我们人手不够，没有足够的人来照顾老人。还有那就是我们其实也不够专业，陪老人做做活动可以，要是每天都在那里照顾老人确实是有些难度。"

老人年龄变大，身体机能远远不如之前，许多以前觉得容易的事可能都完成不了，6号老人，73岁，向笔者表达他自己对生活照料的需求："我老伴去年冬天心梗去世的，我现在连能说上话的人都没有，平时有什么话都和老伴说，之前我吃药的水都是他给我倒啊，现在他一下子走了，我有时候不想跟任何人说话，平时就自己窝在家里，也不想出去活动，孩子十一假期陪了我几天，现在都上班了，平时也没空在家陪着我。"老人日常生活中存在许多难题，尤其疾病缠身的空巢老人，更是需要生活中的照料。从社会支持角度看包括正式和非正式的社会支持主体，应当从社会支持角度来帮助空巢老人解决生活照料需求问题，社区不仅要积极开展服务，老人的子女们也应多多照顾空巢老人。

（三）精神需求

上述文献在精神需求方面将老年人的精神健康状况细分为心里孤独烦闷程度、与子女间的关系、与朋友的交流互动，以此为根据对空巢老人的精神慰藉需求从空巢老人与子女间关系、老人的孤独感程度、老人参与组织或活动情况、老人与朋友邻里之间沟通情况这四个方面来进行访谈。

访谈发现大部分空巢老人的子女能够经常陪伴老人，有些子女即使平时交流不多，但也能做到定期看望老人。被访问的空巢老人，排解孤独的方式主要是参加社区活动或与朋友邻居聊天。夫妻同住的空巢老人遇到孤独时能够互相排解对方的孤独感，但如果是独自居住的老人孤独感强烈时，只能向外界或者子女寻求帮助。7号老人，77岁，向笔者表达了他本身对精神慰藉的向往："我现在很少出门，身体大不如前，走几步路就喘气，平时只能一个人待在家里，几年前老伴去世了，现在连个能说上话的人都没有了，平时孩子也很少给我打电话，我也知道他们忙，也不想老麻烦他们，现在没想到能这么难受，想找个闲谈的人都找不到。"8号老人，71岁，向笔者表达她本身缺乏精神慰藉："我没想到老了会这么脆弱、这么依赖小孩。前年有一次我头晕了，感觉天旋地转地晕，幸好老伴及时把我送去医院，见到孩子的时候，心里说不出的滋味，一直流眼泪。我以前也是个坚强从不掉泪的人，现在一有事眼泪就哗哗的，真想他们陪着我。”

空巢老人对精神慰藉的需求较强，他们身边无人倾诉，生活十分冷清。特别是身患重病的空巢老人，对精神慰藉的需求更加明显，因为重病老人行动不便，很难做到外出活动，如果无人陪伴，其心情必然会悲观绝望，最是需要其他人的精神慰藉。2号社区工作人员说：“我们之前举办过许多活动，像什么广场舞比赛、歌唱比赛，想让社区里的所有老人都参与进来，大家活动活动，可是到最后参加的就是一直参加的那一群人，那些不喜欢的还是不喜欢，有的连看也不看。”该社区之前举办的一些集体活动和娱乐活动提高了一部分老人社会参与的兴趣，但是却忽略了“村改居”社区空巢老人的个性差异及本身特点：一是家人不在身边陪伴，二是身体机能的老化。由于子女与老人之间感情交流的时间逐渐减少，缺少家人陪伴使“村改居”社区空巢老人缺少关心，而空巢老人的娱乐方式相对来说比较缺少，精神上会容易空虚，单调的家庭生活使空巢老人感到孤独，不利于身心健康，所以空巢老人需要一定的精神慰藉对象，可以让空巢老人互相倾诉心事，减轻孤独感。

（四）社区适应需求

大部分空巢老人晚年生活的主要场所是社区，对于刚刚经历回迁的空巢老人来说，社区融入是“村改居”社区生活不可缺少的部分。相熟的邻居能够在心理上、生活上提供帮助与支撑，而回迁后原本相熟的邻居变成了如今的陌生人，空巢老人需要建立新型的社交方式来适应居住环境的改变。对于“村改居”社区空巢老人的社区适应需求，将从以下两个方面展开。

1.社区融入

随着村民从平房搬到楼房成为居民，其生活方式、行为习惯都没办法立刻转变，尤其是“村改居”社区的空巢老年人，他们仍然保留着曾经在农村的生活状态。通过访谈了解到，绝大多数人仍然认为自己是农民，即使住进了社区，但和传统的城市人还有很大区别。6号老人说：“之前在村里都是小院，现在都住在楼房里，连被子都晒不好，我在空地拉根绳子晒。我们之前没事就喜欢挖挖野菜，楼上没有地方晒，我就只能在空地上晒。以前社区的人说不让晒，但管事的一走我们就继续晒呗，这是空地什么都不影响啊，为什么不让我们晒呢？”许多空巢老人由于长时间养成的习惯，并不能很好地适应当今的社区生活。

村改居社区空巢老人在社区文化方面仍然有自己的想法，例如举办丧事，在访谈中，有老人表示还是希望要大操大办自己的葬礼，他们认为这是子女体现孝道的一种方式。3号老人说：“我就是不喜欢城里那一套，婚丧一点都不热闹，以前我们要是谁没了，大半个村都去看看，听听歌唱唱戏，谁家不大操大办，外人还要说孩子不孝顺啊！现在直接火化弄到墓地里去，我是觉得一点也不好。”与传统城市老年人文化程度高、具有较高的医疗知识不同，“村改居”社区空巢老人大部分文化程度偏低，甚至一些老人还比较封建迷信，相信神婆、土方等。

社区生活层面，随着空间发生改变，私人空间变小，公共空间变大，但“村改居”社区大多数空巢老年人并没有对社区环境的保护思想，依然按照之前的思想生活。社区的工作人员多次提到，现在的社区治理依旧是个难题。2号社区工作者说：“有些老人就一个人过，是管不了也说不了，有的在社区绿化里种蔬菜种花，有的在空地上晾晒野菜，有的在楼梯过道里支起鏊子摊煎饼，说不动也管不了。”这些行为表现出有些空巢老人还没有完全融入社区生活，但同时也表现出社区工作人员的服务能力欠缺，缺少专业的工作知识。

2.新型邻里关系

“村改居”社区空巢老人之前一直居住在农家小院中，已经习惯自然地去周围人家串门，可搬入新社区之后，原本固有的社交网络发生了变化，之前的邻里关系也被打破，“推门就进”这种社交方式也慢慢消失。2号老人说：“以前在村里，有事没事就去隔壁拉拉呱，现在搬进楼里了，离以前的邻居也有距离了，她家在东边那楼上，但现在都大门紧闭，如今都不串门了，大家进了家门就把门锁上，不跟以前一样都不锁，直接走到院子里，现在再也没有院子了。”被访问的空巢老人表示，如今邻居之间的亲密程度远不如从前未拆迁之前，大多都是点头之交，从不互相登门拜访。1号社区工作人员这样说：“现在的大多数邻里关系谈不上好，只能说是见过面的陌生人。”对于村改居社区的空巢老人来说，需要建立新型的社交方式来适应居住环境的改变，社区适应需求存在未满足的情况，部分“村改居”空巢老人还未完全融入社区生活当中，而社区没有采用适当的方法去帮助老人们融入社区，无形中影响老年人的生活质量。

（五）“村改居”社区空巢老人福利需求和现实供给的矛盾

随着现代化的进步和老龄化的日趋严重，家庭的小型化不能满足空巢老人多样化的福利需求，家庭的养老能力在不断降低，这就要求政府和社区在空巢老人福利需求中承担起更重的责任。“村改居”社区与之前农村相比，空巢老人们普遍认为新社区的居住条件和基础设施更好，交通更加便捷，但一些福利需求却没有得到满足，集中表现在医疗需求、精神需求和社会适应需求，基于D社区空巢老人福利需求现状可知，如今政府的工作和社区的服务没有让空巢老人满意，福利的供给没有满足空巢老人们的福利需求。

四、“村改居”社区空巢老人福利供需矛盾产生的原因

（一）政府引导力度及政策重视程度不足

基层政府老龄工作部门没有针对“村改居”社区空巢老人福利需求进行合理的工作安排，老龄工作部门的工作只是对上级文件的传达，并没有从实际出发，缺乏对空巢老人继续社会化的指导思想，对“村改居”社区空巢老人福利落实的引导力度远远不足。政府和社会往往把关注的焦点放在特殊老年人的服务和保障，对一般老人的关注度不足，尤其是针对“村改居”社区空巢老人的服务政策相对不足。城乡之间的养老资源分布不均，政策对此没有起到宏观调控的作用，没有向由于城镇化进程加快崛起的“村改居”社区倾斜，导致“村改居”社区空巢老人福利需求不能得到较好的表达，从而使政府忽视了“村改居”社区空巢老人的福利需求。

（二）社区服务能力不足

由于我国典型的城乡二元结构，加上现在城乡经济不平衡，区域经济不

平衡等现实问题的存在，我国城乡社区服务能力存在较大差异，特别是“村改居”社区服务能力不足，使社区服务效率也大大下降。

“村改区”社区缺乏专业性社区服务。“村改居”社区数量近十年来飞速增长，居民委员会成立时间短，居委会与居民之间缺乏了解和信任，面对数量如此巨大的新型居民，居委会明显人力不足，工作繁忙，力不从心。“村改居”社区的工作人员大多是都来自该社区，缺少对空巢老人服务认识，缺少专业工作知识，缺少专门指导，还缺少高效的工作安排。

缺少服务资金。不同于城市社区能够有效收取物业费，D社区并没有相应的物业费，资金由原本的大队管理。村公资金主要应用于全体居民的福利上，并没有专项资金集中用于社区内的空巢老人身上，没有足够资金用于购买专门服务于空巢老人的社工服务，而且社工本身受专业素质限制影响。

社区设施使用效率低。D社区有党员中心、购物中心、文体中心、儿童广场、妇女活动中心、老年人日间照料中心。虽然社区拥有较丰富的基础设施建设，但在日常生活中这些设施利用的效率很低，不能运用到实处，有些空巢老人甚至没有听说过日间照料中心，且社区服务单一，并不能准确针对空巢老人的医疗保障需求、精神慰藉需求、社区适应需求开展一些专业性活动，社区服务缺乏专业的工作人员。

（三）空巢老人未适应新社区

搬迁过后，空巢老人到了一个与之前的村庄有较大差别的新环境，适应过程中会产生一系列的问题。在访谈的过程中发现，空巢老人往往通过邻里沟通来表达自己的福利需求，也有些空巢老人一直选择沉默。随着年龄的增长，“村改居”社区空巢老人参与劳动的机会变少，诉求传递的渠道不畅。一些老人由于自身身体、性格等方面的原因，很少参与到社区里的活动，而不参加正常的社会活动导致空巢老人的社会参与度低，导致政府与社会对“村改居”空巢老人的福利关注不够，老人的需求和问题难以得到回应。

老年人还没有适应新社区，居民与居委会成员的陌生感导致彼此沟通产生困难，空巢老人的社会福利需求缺少有效的需求表达机制，导致“村改居”社区空巢老人的福利需求被忽视。

五、满足“村改居”社区空巢老人福利需求的对策建议

（一）政府应给予“村改居”社区空巢老人充足的资金保障

政府要调整福利政策，给予空巢老人福利制度保障。应该充分认识“村改居”空巢老人的特征，重视他们的需求，在制定政策时，不但要考虑低龄空巢老人和高龄空巢老人的年龄差别，还要重视空巢老人之间的性别差异。

加强对“村改居”社区空巢老人的财政支持力度，应当扩大对“村改居”社区空巢老人群体社会福利项目的财政投入，要支持社区建设，加强“村改居”社区的基础设施建设。

要提高“村改居”社区空巢老人的医疗保障水平。访谈中发现大多数空巢老人都患有慢性疾病，饱受病痛折磨，应该提高对空巢老人的医疗保障水平，适当提高老人慢性疾病所需药品的报销比例，进一步扩大可报销药品的范围，即时报销医疗费用。政府可以引导社会力量积极参与空巢老人社会福利，鼓励社会团体和组织投身于空巢老人福利事业，对积极承担社会责任的社会团体和组织进行奖励。为“村改居”社区空巢老人晚年助一臂之力。

（二）社区工作人员应提高服务水平

社区是空巢老人的主要活动场所，在提供差异化福利服务方面发挥着重要的作用，要根据空巢老人的实际需求给予一定的帮助，不能“一刀切”。

社会工作“助人自助”的本质决定了它可以帮助空巢老人群体整合社会资源，发掘自身潜能，实现个体福祉的最大化，社会工作者能够运用综合方法解决问题。社区要引进专业人才，加大社会工作人才培养力度，为社区空巢老人提供合适的服务。提高一线工作人员的专业素养：一方面要提高照护技能，给予社区空巢老人良好的照顾；另一方面要关注社区空巢老人的内心需求，不要把自己的意识强加在老人身上，多给老人们真诚的而非职业的关爱。充分调动他们的社会支持网络，为他们融入社会寻求社会资源，提供物质和精神方面的帮助，促进他们参与社会活动，更好地回归社会。

要加强社区医疗卫生服务建设，与医疗机构合作在社区设立固定的服务中心。开展健康讲座，宣传健康医疗知识，提高空巢老人的卫生保健水平，帮助他们养成良好的生活习惯。建立空巢老人健康记录，定期组织免费体检。

（三）“村改居”社区空巢老人要转变观念

空巢老人应提高自身社会适应能力，要多参加社区活动，主动拓展社交圈，并与邻里搞好关系。空巢老人可以利用微信、匿名信、接待日等方式增进与社区工作者的关系，相互了解和信任并向社区工作者表达自己的福利需求，准确的需求是福利的旗帜，“村改居”社区空巢老人是否能够有效表达需求直接关系到社会福利效率的高低，所以高效的需求表达机制尤为重要。需求表达不局限于空巢老人，社区中的任何人都可以参与，帮助“村改居”社区构建起多途径的需求表达机制，促进空巢老人更好地融入社区。

“村改居”社区空巢老人能否很好地融入社区与儿女能否给予足够的关心和慰藉有直接的关系。子女应该多给予空巢老人关怀与陪伴，缓解他们的孤独感。

六、结语

随着我国综合国力的提高以及国家对空巢老人养老的重视，空巢老人的养老权益得到了良好保障。然而，空巢老人福利需求满足状况却不容乐观。本研究通过调查“村改居”社区空巢老人福利需求状态，了解到D社区空巢老人在福利需求方面不能得到满足，并针对此困境提出相应的建议，希望对解决空巢老人福利需求问题有所帮助。

（指导教师：杨克）

第四章　农村机构及其他养老模式

增权视角下老年社会工作介入农村敬老院研究——以郓城县L乡为例

李坤鸿

根据国际划分标准，2000年，我国60岁以上人口达到1.32亿，我国已进入老龄化社会。国家统计局统计公报显示，2015年，我国老年人口已达2.3亿人，占全国总人口的16.7％，中国成为世界上老年人口最多的国家，其中，农村老龄化问题更为突出，据《中国人口老龄化发展趋势预测研究报告》显示，我国农村老年人口约1.67亿，占全国老年人口总数的65.82%。并且，受城镇化、计划生育等因素的影响，农村家庭呈现空巢化、小型化、核心化趋势，使得传统家庭养老功能不断弱化，人们对机构养老的需求不断增加，越来越多的农村老年人选择去敬老院等养老机构养老。但是，农村养老机构起步晚、发展还不够完善，在服务方式、管理水平等方面有很多不足，导致入住农村敬老院的老年人生活质量不高、对机构服务满意度低。增权视角下探讨老年社会工作介入农村敬老院显得尤为重要，对提高农村敬老院的服务质量和入住老年人的生活质量，丰富农村敬老院的相关研究，完善农村以敬老院为主的社会养老服务体系，无疑具有很强的现实指导意义。

一、增权理论及其对老年社会工作的价值

（一）增权理论

1.增权理论的定义

增权理论，又称作增能、赋权或充权理论。增权理论起初是20世纪70年代西方政治学家为了解决种族问题、倡导黑人进行自强运动而提出的一种概念，后来它被应用于研究弱势群体，日渐成为社会工作理论和实务中的核心概念。增权，不是赋予服务对象权利，而是通过外部干预增强他们的权利意识，协助无权群体或弱势群体改变消权的状况，充分发掘他们的个人潜力，增强服务对象获得社会资源和改善现有生活状况的能力，从而增加服务对象的社会参与，防止或减少无力感和消权感等消极情绪的产生。与之相对应，消权则是缺乏控制和影响周围社会环境的权力或能力，缺乏争取社会资源的能力，缺乏积极的自我观念和自我效能感。对于消权群体或弱势群体来说，个人能力及社会资源的缺失，导致了他们容易对自己产生消极的评价，最终产生无力感和消权感。

2.增权路径的层面

增权路径主要包括三个层面：一是个人层面的增权。所谓个人层面上的增权，是指帮助服务对象培养自我意识和权利意识，提升抗逆力，引导服务对象全面认识自己，激发他们的个人潜能。介入过程中主要是提高服务对象的自我价值感和对自我行为的控制感，包括心理控制能力和实际控制能力。二是人际交往层面的增权。是指社会资源及社会支持网络的构建。主要是通过增加人与人之间的交流和沟通，扩大人际关系，帮助服务对象提高人际交往的能力和争取更多资源的重新分配，以便采用各种途径和方法改善他们的处境。三是社会支持系统层面的增权。是指个人有权参与社会决策、社会资源的分配以及关乎自身利益的诉求的表达，并且公平享有与文化、健康有关的社会待遇。主要是通过对社会政策、法律法规等的影响，提高无权群体或弱势群体在生存条件、发展机会等方面所处的弱势地位，缩小社会差距。

（二）增权理论对老年社会工作的价值

老年社会工作是指老年社会工作者运用社会工作的理论或方法，为老年人提供社会服务和社会保障，解决老年人因年老而带来的一系列问题，使老年人能够实现平等的社会参与，幸福地安享晚年。其根本目标是帮助老人实现“老有所养、老有所医、老有所教、老有所学、老有所为、老有所乐”，建立社会支持网络、获取社会资源，维持良好的日常生活功能。

传统的老年社会工作是把老年服务对象看作是一个“病人”，认为他们身上所遇到的问题都是由生理、心理各方面的衰退或老化引起来的，只看到了老人自身的问题。因此，传统老年社会工作在实务过程中，针对老年人的无力感或消权感，他们只从老人自身去找原因，而忽略了服务对象的人际交往和社会环境。

将增权理论引入老年社会工作中，可以充分考虑到导致老年人无力感或消权感的各种原因，尤其是引起老年人消权感的社会支持系统层面的因素，把老年人看作具有获得社会资源和改变生活现状的潜在能力的群体，注重鼓励老年人通过社会参与来解决实际问题、实现自身发展。增权视角下的老年社会工作是以尊重老年人的特征和选择为基础，协助老年人逐步树立自我意识和权力意识，影响个人、人际交往和社会环境，增强老年人获取社会资源和改善现有的生活状况的能力，使老年人切实得到自我发展。

二、郓城县L乡敬老院老人生活现状及“消权”表现

（一）敬老院概况及老人生活状况

L乡位于山东郓城县东南16公里处，古称黄泥岗，辖35个行政村，40个自然村，总面积50.08平方公里，总人口37195人，其中外出务工10758人。2012年县财政局投资在L乡修建敬老院，敬老院由一间办公室、一间餐厅、两间员工宿舍和若干个老年宿舍构成，共有床位50张。目前入住敬老院的老人共有39人，其中女性有14人，男性25人；70岁以上的老人有16人，60～69岁的有21人，60岁以下的有2人；有2名管理人员，分别为院长和厨房管理人员；除此之外，还有3名非专业护工、2名炊事员和1名会计。

在物质条件方面，老人住宿分为两人间和三人间，房屋空间狭小、构造单一，室内陈设除了几张单人床，就是一张桌子、一台电视（摆设）和一两个衣橱，没有独立卫生间，老人只能选择去院里的公共卫生间。室外设有公共饮水机和洗衣机，几张零零散散摆放着的桌椅和仅有的几个陈旧的老年健身器材散落在敬老院院内，没有可供老年人娱乐的室内活动室。在精神慰藉方面，入住老人可在敬老院规定的电视播放时间段来餐厅里看电视，也可以在天气好的时候聚集在室外的桌椅上打牌，或者去健身器材那里活动两下，但老年人大部分时间都会坐在自己的小床上发呆或在院子里晒太阳，条件上的限制使得老年人的娱乐活动少之又少。在生活照料方面，一日三餐，一荤两素一汤，每个人一个餐盘，一到饭点工作人员会帮助老人把饭菜盛好，老人使用的是公共餐具，用完后厨卫人员会进行统一的清洗、消毒。入住敬老院的老人平日里被禁止随便外出，只能在敬老院院内活动，除了偶尔有亲人和慰问组织探望，他们一般见不到除敬老院以外的人。

（二）敬老院老人的消权表现

1.个人层面的消权表现

（1）生理机能衰退

人体的衰老首先是从生理方面开始的。人上了年纪后，机体的各器官进入自然老化过程，随着老化的持续发展，机体的生理功能逐渐发生变化，感知系统、器官功能逐渐衰退，新陈代谢过程减慢，并且伴随着出现各种疾病。在敬老院，这里的老人们大都好静不好动，走起路来很缓慢，稍微活动一会儿就得坐下来休息。与老人们交流时，需要用很大的声音复述多遍他们才能听清楚并领会意思，75%的老人的记忆力不太好，会经常遗忘很多事情。几乎每个老人都患有慢性疾病，如高血压、冠心病、糖尿病等，且发病率较高，就诊率低，在损害身体机能的基础上，还直接影响老年人的日常生活活动。生理机能的衰退往往会伴随着生活自理能力和自我照顾能力的衰退。敬老院老人生理机能状况如下：

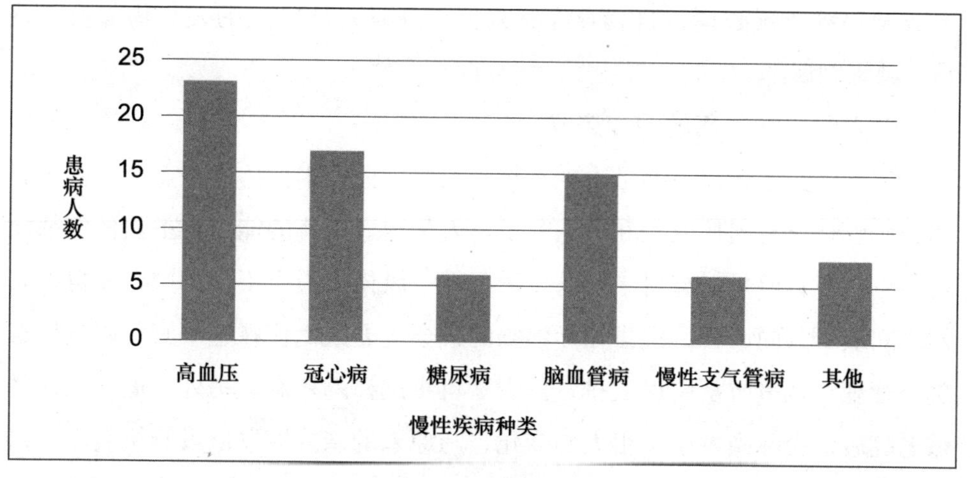

图 4-1　各种疾病患病人数

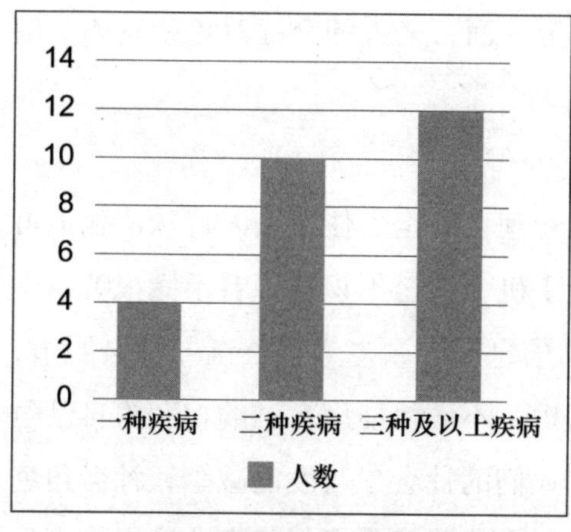

图 4-2　同时患病情况

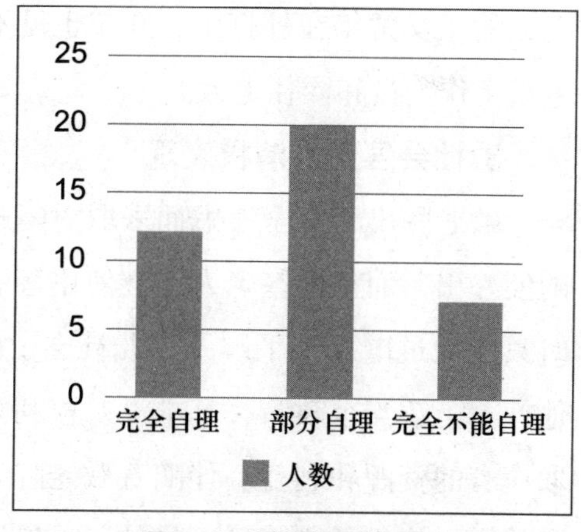

图 4-3　生活自理情况

（2）心理问题增多

入住敬老院的老人们所患有的慢性疾病，不仅对老人的生理功能造成伤害，而且给他们的心理带来了极大的压力，产生无力、焦虑、担忧、病感增强、对生活失去乐趣等负面情绪，从而进一步加重病情，严重影响了老年人的生活质量。他们由社会上自立的个体变成需要被别人照顾的对象，从腿脚灵便到行动缓慢，从忙于农作到整天无所事事，从子孙围绕到独自一人，一半以上的老年人因接受不了现状而对自己产生消极的评价，认为自己变成了负担、累赘。老人们在敬老院里，人身自由受到限制，凡事听从院里安排，养成了一种依赖心理，自我存在感降低，并且对敬老院的人与物都没有感情，缺乏归属感。

2.人际交往层面的消权表现

敬老院的老人几乎都是土生土长的农民，他们本性憨厚老实、不善于表达，所以缺乏与同住老人和敬老院工作人员沟通交流的能力。虽然他们都同属于一个乡，但是村与村之间的生活习性、风俗习惯也不尽相同，使得老人们之间缺少共同语言，失去相互熟知的机会。老人们住在这里必须服从敬老院的管理，凡事听从院里安排，失去了自主选择的权利。另外，老人们入住敬老院后，交际圈发生了很大的变化，与原来的亲戚朋友已没有机会联络以至于关系淡化，只有像子女这样最亲近的人才会偶尔来探望一下，甚至有的老人的子女常年在外打工，几年也见不上一面，老人的交往对象就只剩下敬老院工作人员和同住老人。

3.社会层面的消权表现

敬老院出于安全考虑而采取封闭式管理，规定入住老人无特殊情况不可随便外出，而且这些老人不会使用智能手机，甚至不识字，看不懂报纸，平时只能通过电视来了解一点儿社会上的信息，导致老人们逐渐与社会脱节，他们不了解当今政策，基本没有权利意识，不懂得使用自己的权利为自己争取应有的资源和利益。伴随着敬老院老人们的社会参与度的减少，社会角色和社会地位也急剧降低。另外，虽然近年来我国的养老保障事业取得较大的进步，但仍然存在很多问题，与老年人相关的社会政策、法律法规存在一定的滞后。

三、增权视角下老年社会工作介入农村敬老院的对策

（一）从个人层面增权

从个人层面对农村敬老院的老人进行增权，注重提高老人自身的生活能力和对周围环境的影响力，提升他们的自我评价、成就感和自我控制感。在这一过程中，社会工作者主要扮演使能者、治疗者等角色。社会工作者要注意尊重服务对象，使双方处于平等地位，这样才容易被服务对象接纳，建立

起良好的专业关系。

第一，社会工作者可以采取主动倾听、展现同理心等支持性技巧，让老人多与自己沟通交流，有利于社会工作者深入地了解服务对象，也能够让服务对象更加信任社会工作者。也可以采取引领性技巧引导老人具体、深入地探索自己的处境、问题等。

第二，社会工作者可以采用生命回顾的方式，鼓励和引导老人尽量地回忆自己一生的经历。特别是说到令老人感到高兴或自豪的事情，要花更多的时间和老人一起分享；说到令老人感到悲伤、难过的事情时，要及时对其进行情绪疏导。

第三，社工可以协助老人运用优势视角看待自己，引导老人想起过去曾经做过的有意义的事，与社工分享自己的人生经验，老人在回忆的过程中会重新感受到当时的自尊和成就感，有利于减轻老人的无用感，重拾自信，提升自我评价，并借此鼓励和引导他们想想现在还能做的事，重新认识自己及所处环境中的优势和资源，挖掘自身潜在的能力。

第四，社会工作者要对老人传输“有问题要表达”的思想，鼓励老人有什么困难或需求时可以向社工或机构管理人员诉说，培养老人的权利意识，提高老人的话语权和参与权。

第五，面对老人生理机能衰退的问题，社会工作者要鼓励老人多走动，加强自身锻炼，通过让老人观看有关老人健康的影片，请专家来敬老院开展免费讲座，与L乡医院建立长期合作，定期为老人进行查体、会诊等方式，减少慢性疾病的犯病次数，提高老人的健康指数。另外，要引导老人正确看待身体的各器官组织老化的自然现象，使其对老化形成积极的心态。

（二）从人际交往层面增权

从人际交往层面对农村敬老院的老人进行增权，注重增加敬老院老人之间的人际交往，发展和扩大他们的人际交往网络。在这一过程中，社会工作者主要扮演支持者、观察者等角色。

社会工作者可以定期举办一些由敬老院的工作人员和入住老人一起参加

的活动，比如与老人一起包饺子、为老人庆祝生日、举行联欢会等，增加工作人员与老人之间、老人与老人之间的互动与交流，增进他们的感情，使敬老院成为相亲相爱的大家庭，增强老人的归属感。在每次举办活动之前，社会工作者要召集所有老人开一次例会，重点讨论活动的内容和形式，会议上鼓励每个老人积极谏言献策，增强老人的自主权、知情权和参与权。

社会工作者可以结合老人的喜好在敬老院成立若干个兴趣小组，例如棋牌小组、舞蹈小组、戏曲小组等，并倡导老人踊跃参加，这有利于丰富养老机构老人的业余生活，满足老人的精神、文化需求，增加老人彼此了解的机会。对于不参加兴趣小组的老人，社会工作者要对他们进行个案会谈，了解他们不参加的原因，可以先带领有所顾虑的老人在各个小组周围旁观，激发老人的兴趣，直至他们打消顾虑积极参与兴趣小组当中。另外，在每个兴趣小组中，老人们可以通过自荐和选举的方式竞选小组管理者，这不仅可以使有能力的老人充分发挥其优势，提高其自我价值感，也可以增强每个成员的选举权和参与权。

社会工作者可以通过成立情感支持小组、互助小组的方式，帮助老人通过小组活动提高自我表达能力和人际交往能力，老人可以在小组中各自分享自己的苦闷并互相提供解决办法，也可以在小组中讨论共同面对的问题并一起寻找解决方法，集思广益，让老人在讨论中认识到某个问题的重要性并学到知识。

社会工作者先说服敬老院的管理人员，促使他们改变全封闭的管理方式，然后再联系社会上的老年团体，让敬老院的兴趣小组成员多与他们进行交流或比赛，不仅能够提高机构老人的技艺，还能够增强老人与外界的联系，拉近与社会的距离。

社会工作者要协助敬老院的老人重建非正式支持网络，社工主动与老人的家人联系，向他们表达老人对亲情的渴望，希望他们多关心和看望老人，并在敬老院内设立每月一次的探视日，社工在当天用L乡企业或个人的赞助为所有老人及其家人提供免费的餐食，还可以举行一些亲子活动，加强老人与子女亲人的接触和交流，巩固亲情。对于亲戚朋友常年在外地的老人，要鼓励老人多与他们电话聊天，缓解孤独感，增强其亲情感。

（三）从社会层面增权

从人际交往层面对农村敬老院的老人进行增权，注重消除社会排斥，倡导社会融合，使消权群体或弱势群体公正、平等地享受到社会生活各方面的福利和资源。在这一过程中，社会工作者主要扮演教育者、资源链接者等角色。

社会工作者要在L乡及其周边多做有关老人正面的宣传，让社会深入了解L乡敬老院老人的现状、需求等，努力消除社会上有些人认为对老年人“倚老卖老”“为老不尊”等的片面误解，弘扬中华民族尊老敬老、百善孝为先等优良传统，树立老年人积极向上的社会形象，营建中国特色社会主义新时代敬老爱老的良好氛围。

社会工作者应积极响应社会政策，倡导L乡政府建立健全针对乡里弱势群体的补偿性和发展性社会政策，保障农村老年人尤其是养老机构的老人安度晚年。

倡导L乡加快形成老年人维权服务体系，建立专门为老年人提供维权服务的机构或组织，使老年人依法享有平等、有效的法律服务和法律援助。

倡导敬老院的老人多了解国家政策和形式，鼓励他们通过某些集体行动或老年组织，积极参与政治政策的制定或修改，勇于表达自己的意见或建议，维护自己的知情权和表达权，为自己争取应有的资源和利益。

社会工作者还可以联系L乡及其周边的慈善机构、企业或爱心人士等，为L乡敬老院硬件设施的改善和老人自身发展所需的要求提供物质、精神上的支持，比如赞助敬老院增添老年健身器材，为老年人举办活动免费提供物资等，逐步改善保障老年人生活、健康以及参与社会发展的条件。

农村敬老院的老年人作为一个特殊而困难的弱势群体，在获取资源和融入社会生活的过程中面临着重重困难和阻碍，是被“边缘化”的群体之一。社会工作增权理论与实践在一定意义上改变了这种现状，它是以人的发展为立场，通过一定的方法和途径，在一定程度上帮助敬老院的老年人缓解或消除无助、挫败与无力感等负面情绪，帮助他们恢复失去的机体的、社会的功能，保障老年人的合法权益，发掘老年人自身的潜力，有效提升农村敬老院老年人晚年的生活质量，并将逐步实现老年人“老有所养、老有所医、老有所教、老有所学、老有所为、老有所乐”的积极老龄化的目标。

（指导教师：孙士玲）

社会工作介入农村机构养老研究——以双河村C养老院为例

聂振威

“空巢老人”是指没有子女照顾、独居或者夫妻同居的60岁以上的老年人。主要分为三种情况：一是没有子女的老人（子女夭折或者未婚单身）；二是子女外出务工留守在家的老人（包括照顾孙辈的老人）；三是子女都住在农村，但是子女住新房，老人住老房子，不共同生活在一起。在C养老院中80%以上的老人都是属于第二种情况，极少数属于没有子女的老人。

一、研究的背景和意义

（一）研究背景

据统计，我国2015年60岁及以上人口达到2.22亿，占总人口的16.15%，并且我国老年空巢家庭数量为1561.64万户，占老年人家庭总数的22.83%；空巢老人数量为2339.73万人，占老年人口总数的26.51%。其中，农村空巢老人数量为1632.90万人，占空巢老人总数的69.79%。

当前我国老龄化趋势严峻。第七次全国人口普查数据显示，我国60岁以上老年人口达到18.7%。而老龄化速度的加快，老龄人口的增加，则会使得国家和政府的压力大增，我国目前属于发展中国家，是发展经济的重要时期。从改革开放到现在来看，我国积极融入经济全球化这一发展趋势，发展中国特色的社会主义，工业化和城市化进程逐步加快，经济的高速发展，人们也想追求更高的物质生活水平。所以，很多农村的青壮年都外出去大城市发展。但是，这也致使农村的老人独守空巢，面对这么多的老年人口，显然政府的压力也是巨大的，如何满足老年人口的生活需要已经成为国家和各级政府关注的重点问题之一。

（二）研究意义

针对我国目前老龄化严重这一问题，本文从现实角度出发，帮助人们更好地了解农村养老院真实的状况。帮助社会各群体认识农村养老院现在的处境，更全面地了解养老院存在的问题，打消他们由于对农村养老院不熟悉所产生的顾虑，让养老院更好地为老年人服务。

同时，我国正处于全面建设小康社会的重要时期，社会保障体系也还不完善，正在不断摸索的过程中。在人口老龄化趋势不断加剧和家庭养老结构发生变化的背景下，研究我国农村地区养老院老人生活服务问题，有利于更进一步完善社会工作为农村养老院提供居家养老服务专业理论，改善我国农村空巢老人的各项养老服务内容，深刻地认识和加快我国养老服务建设，推动我国农村养老服务事业稳定发展。

二、我国农村养老院情况及C养老院介绍

（一）农村养老情况概述

就目前我国现实的情况来说，专业的社会养老服务机构在城市中发展较好，基础服务设施完善，体系也很完整，住在养老机构的老人生活很幸福，身体和心理都会得到很好的照护，而且老人住在养老院被更多的城市家庭接受。但是在广大的农村地区就大不一样，多数农村的老年人养老都是靠自己务农或者依靠家庭，这是因为专业的养老机构数量极少。对于农村地区来说，政府对于公益性养老机构不够重视，对基础设施投资也不到位，私营的养老机构费用太贵，这是很多农村家庭负担不起的。私营机构昂贵和公立性机构不完善，使得养老院在农村的发展受阻，所以目前居家养老模式在农村是最广泛的。一方面，居家养老鼓励和支持老人通过自己的劳动能力来获得养老资金，另一方面，老人也能获得家人的照顾，心里也能得到安慰，这不

样仅能减少家庭养老的负担，同时也肯定了老年人的自身价值。

（二）我国农村养老院总体情况

第一，农村养老院设施不完善。乡镇、农村养老机构配套设施普遍比较简陋，基本上只配备了必需的住房、食堂、公共卫生间、活动室等，主要用于满足于吃、住两个方面的需求。很多养老院连医疗室、阅览室等都没有设立，在医疗保障和精神娱乐方面都有待加强。

第二，农村养老机构护理人员专业水平较低。农村养老机构的护理人员大多是来自周边村镇的村民，他们的文化程度比较低，没有受过专业的培训，而且有的甚至没有护理人员资格证，护工的年龄结构也参差不齐，有50岁的，也有20多岁的，工作内容只是限于对老人的日常护理，帮助照顾老年人起居饮食，并没有其他的文化活动，也不懂得对老年人心理方面的慰藉照顾。

第三，农村养老院微薄的利润及财务资金不足，导致养老机构自我发展力量薄弱。农村养老院由于大多数都是由村或者乡镇出资建立的，只是满足空巢老人居住和吃饭的问题，再加上收取空巢老人的费用很低，入不敷出，很难有盈利，这就导致机构自身发展力不足，难以扩大规模。

（三）C养老院基本情况介绍

双河村位于湖北省的东北部接近河南省，地势多丘陵。双河村总占地面积为66平方公里，辖6个村民小组，全村总户数317户，人口1025人，常住人口为621人，老年人数量有380人，青壮劳动力大部分都外出打工或者在外地居住，而据调查，双河村现有空巢老人138人，危旧房屋58户，耕地5.6万亩，牲畜总共1万多（头）只，是人口比较集中，基础设施比较齐全的试点村，同时也是空巢老人比较多的村。由于受自然环境和地理位置的制约，双河村经济不发达，村内没有乡镇企业或工厂，村民主要收入来源就是畜牧和种植，经济作物的种植基本只能满足村民的吃穿住用行，没有多余的收入来源。因此，村内大部分的青壮年劳动力都外出务工，到县城或者临近城市打工，同时随着乡村学校的裁撤合并，原本留守的大量学龄儿童均进城上学，乡村空心化加剧，留下了更多的空巢老人。

为解决村内空巢老人养老问题，村镇合资建造了C养老院，养老院的房屋结构类似于四合院，南北对称建的是两层小楼供老人住，东边是一个一层的活动中心，西边的两层楼是供服务和工作人员住的地方，院中间是一个小广场。养老院目前配置院长一名、副院长一名、会计一名、后勤一名、保安一名、两名医生、三名护士，总共十人，为入住的老人们提供服务。目前该养老机构入住老人68位，平均年龄达74岁，其中，占70%以上的是由于子女去外地务工而无人照料的空巢老人。他们中很多人的身心状况都还不错，但是老年人的身体机能毕竟是衰退的，多多少少还是有疾病的困扰，当身体出现的问题导致心理上产生无力感和无用感时，老年人就会产生烦躁情绪和对机构的反感，更加渴望得到家人的关心和照顾。

本文采用访谈法，通过拟定好的访谈问题，对C养老院内的空巢老人和工作人员进行访谈，了解养老院内老年人的基本需求，并对访谈结果进行综合整理，通过访谈，得出了一些除我国农村养老院共有问题之外的C养老院存在的问题。

三、C养老院目前存在的问题

（一）工作人员的流动性比较大

通过对院长和工作人员的访谈得知，C养老院的医生和护士的流动量相当大，尤其是护士。一方面，因为现居住在养老院的空巢老人有68位，所以护士的工作量很大，根据询问得知，三名护士每天要轮流值班，平均每个人要照护20多名老年人，虽然有些只是简单的照顾吃饭、起床及基本的按摩，但是一遇到早晚高峰期也是忙不过来的，有时还需要其他工作人员的帮助，护士及护工的工作强度大，导致养老院的工作人员频繁跳槽。另一方面，C养老院为了降低运营的成本，存在着一些违反劳动法的行为，他们没有按照国家规定为员工办理医疗保险和养老保险，这是人才流失的原因之一，这也是很多农村养老院都存在的一个问题。第三方面，由于C养老院是村镇合资建的，基本不盈利，员工的工资很低，医生护士每个月只有800块钱，加上工作的“磨人”的特性，造成护工心理上的抵触性和厌恶性，他们在照顾别人的同时，自己也需要心理疏导。

（二）忽略老年人的精神需求

C养老院的护工不懂得如何去帮助空巢老人解决心理障碍，也不知道如何满足他们的精神需求。通过和老人们的谈话，笔者知道了他们内心的真实想法。首先，养老院中大部分老人是因为子女外出打工无人照顾而住进来，子女为了生活在外打拼，基本每隔一年回来一次，有的甚至三五年才回来一次，这对于住在养老院的老人来说，缺乏子女亲人的呵护关心，会对老人造成心理阴影，危害他们的身心健康。其次，养老院有个别老人是因为子女去世无依无靠才居住进来，他们没有亲人，形单影只，对未来丧失了活下去的信心，整天一个人发呆，也不跟别的老人交流，活在自己的世界中。

（三）传统的养老思想观念制约养老院的发展

受到我国传统文化以及“天下之人、不孝不教”“百善孝为先”等这些思想的影响，我国一直提倡老年人在家养老，因为人老了就想有寄托，家庭就像是一个港湾，可以给自己提供一个歇息的地方。而目前居住在C养老院的很多老年人也并不是心甘情愿来养老院住的，而是被家人送进来的。尽管C养老院对老人的照顾尽心尽力，但是近年来，随着空巢老人的增多，养老院护理人员的不足，还是产生了很多矛盾和分歧，这就导致很多老人还是想回家里与子女住在一起。

四、老年社会工作介入农村养老院的建议

（一）提升工资待遇，注重员工关怀

对于C养老院来说，人员的流动不利于养老院的发展。稳定并且专业的工作团队能提高养老院的服务水平，这样就能增加C养老院的吸引力和竞争力。而目前C养老公寓工作人员流动最主要的原因还是工作压力较大和薪资较低，所以，一方面，老年社会工作者要扮演引导者，护工在照顾老年人的

时候，他们自身也需要别人的精神鼓励，在帮助解决护工内心的压力问题的同时，也可以传授一些专业的社会工作技巧，帮他们减轻一些工作压力。另一方面，老年社会工作者要扮演咨询者和政策影响者。社会工作者要及时地向政府反映C养老院的问题，以充分真实的资料和具体的目标来争取得到政府资金的支持或者其他福利项目的倾斜，帮助解决资金难题。

（二）开展志愿活动，加强亲人沟通

对于老年人心理精神需求，老年社会工作者要运用专业的工作技巧结合具体情况去解决老年人的问题。具体来说，针对那些丧子的老年人，社工可以做一个沟通者，开展关爱空巢老人的活动，拉近他们的距离，让他们也可以享受天伦之乐。社工通过怀旧和生命回顾这些方法，鼓励老年人将自己曾经最开心、最重要的事和自己的人生经历说出来，从回顾中让老年人重新找回快乐和开心这些有利于身心健康的情绪，并且可以减轻他们内心的空虚和压力。而对于那些子女不经常回家看望的空巢老人，社工要做一个协调者，要多与他们子女做沟通，使其多来看望老人，避免长期疏离造成家庭矛盾。

（三）加大宣传力度，正视农村养老

C养老院要多做宣传，让社工人员、医生在街上开展宣传讲解，解答大家心中的疑问，让人们知道养老院也可以像一个家一样，可以让老人们健康快乐地生活。社工人员要深入了解空巢老人真正的需求是什么，不应该只是把生活层面的工作做好，也要多关心老人们内心的想法。同时充分发挥广播、电视、报刊等大众传播媒体的宣传和引导作用，社会大众媒体要做好事实的考量，正确看待农村养老院的作用和优势，通过教育引导，积极做好宣传，帮助社会大众解除心中对养老院的误解，消除人们对于农村机构养老的恐惧，从而接纳这种适应社会发展的养老模式。

五、总结

目前形势下空巢老人不断增多，而我国农村养老院的养老模式才刚起

步，体系尚未完善。从社会工作角度来解决空巢老人生活精神照护等方面的问题，不仅要根据当地的实际情况来调查，同时要利用好政府和社会的力量，加强农村空巢老人养老服务队伍专业化建设，探索居家养老和养老院养老模式相结合的方式，给予空巢老人更多的关注，将老年人的养老需要落到实处，让他们能够真正安享晚年。

（指导教师：王建珍）

农村空巢老人互助养老模式发展的困境与对策探析

张雪梅

一、研究概述

（一）本文选题的背景和意义

1.背景

在经济快速发展和医疗卫生技术与水平逐步提高的背景下，我国的老年人口在总人口中所占的比例越来越高，老龄化问题越来越严重。从全国老龄办的官方数据来看，截至2017年底，我国60岁以上的人口数量已达2.41亿人。据第六次人口普查的数据显示，在我国农村65岁以上的老年人中，共有1495.79万户的空巢家庭，占了农村家庭总户数的7.68%，而农村空巢老年人口数占农村老年人口数的32.69%。在现代社会观念更新、家庭“少子女化”、大量农村青壮年离开农村进城寻求好的发展的背景下，农村空巢老人的人口数量逐渐增加，农村空巢老人的养老问题亦是日益严重。让老人安享晚年，既是社会保障所必需，又是中华民族优良传统美德的要求，更有利于促进社会和谐稳定。因此，我们应该采取相应的措施，尽可能地满足农村空巢老人的生理、安全、归属与爱等需求，妥善解决农村空巢老人的养老问题，充分探究并积极应对我国人口老龄化问题，从而促进社会在和谐稳定中发展。

2.意义

农村“空巢老人”是指农村家庭中的子女们因为学业、结婚、工作等各种原因离开家后独自生活在家的老人。空巢老人独自在家居住，在日常生活、精神慰藉等方面存在缺口，且容易产生问题。而互助养老模式作为对社区养老模式缺口的补充，既弥补了家庭养老的不足，又缓解了农村空巢老人的养老问题。

我所理解的互助养老是指，生活在同一区域的居民，基于邻里之间的友好互助、相互信任的传统下，强调居民之间相互帮助、扶持与慰藉，在政府部门或者是居委会等相关部门的支持与指导下，依靠社区里的相关资源（如：空置房屋、广场等场地，居民志愿者等资源）以及老人自身的能力与力量，形成一个个的以养老为主题的互助小组，在互助养老的小组内，通过开展各式各样的互助活动，去满足老人在养老过程中生理、心理、社会与生活等各个方面的需求，组员之间相互帮助、相互扶持，共同解决养老问题，弥补子女不在身边养老的缺口。以下是互助养老模式应对农村空巢老人养老问题的优势：

（1）养老成本低，减轻养老负担

互助养老在农村空巢老人们最熟悉的居住环境中进行，互助养老成员自愿参与，依靠社区与老人自身拥有的能力与资源去解决养老中存在的问题进行养老。对于互助养老的场地，可以在村委会与居民的允许下，充分地利用现有的空闲房屋、场地等，降低开展互助养老需要的费用，而且农村空巢老人们参与互助养老不需缴纳费用，参与互助养老的成员在日常生活中会进行自我管理，成员之间互帮互助，解决问题。从整体上来看，互助养老的养老成本低，既弥补了农村空巢老人子女不在身边养老的尴尬与不足，使子女对父母养老的顾虑有所减轻，又有助于缓解农村空巢老人的养老问题。

（2）弥补政府在养老方面的缺失

互助养老是依靠社区与老人自身拥有的能力与资源去解决问题进行养老。互助养老运行的过程中，在人力、财力、物力等各个方面，政府的公共投入上相对较少，在一定程度上分担了政府在财政资金上的压力。同时互助养老成员们通过自我管理，能够充分认识到养老的需要与存在的问题，也能够照顾到政府还没有涉及的方面，弥补了政府在解决养老问题上所存在的缺失。

（3）丰富农村空巢老人的精神生活，提升自我

互助养老使农村空巢老人之间不仅在生活上相互照应、互帮互助，在精神生活中，排解农村空巢老人独居的孤独与寂寞。老人们可以共同生活，把成员当作家人与友伴一起参与活动，相互学习、下棋、跳舞、锻炼身体等，既丰富了老年人的日常生活，又让农村空巢老人在互助养老的过程中感受到家人般的温暖，排解了心中的孤独与寂寞。参与互助养老的成员们在互相帮助过程中，既能够相互交流、学习他人的技能，又能学习一些护理他人也包括护理自己的知识，提升老人独居的能力，丰富老年生活。

总而言之，互助养老模式在改善我国农村空巢老人的养老现状，减轻国家在农村空巢老人方面所面临的养老压力，以及促使农村空巢老人安享晚年等各个方面起到了辅助的作用。因此，我们要不断深入研究农村空巢老人的互助养老模式发展困境与对策，不断探索互助养老发展的新模式，逐步改善互助养老模式在发展过程中产生的问题，这样不仅可以为农村空巢老人提供良好的养老服务、养老环境与养老选择，又可以促进农村空巢老人养老问题的解决，促进社会和谐。

（二）农村空巢老人互助养老的国内外研究现状

1.国内研究现状

近些年来，全国各地的农村以及民间组织在农村养老问题上进行了大量的实践与探索。比如，在肥乡实施开展的农村互助幸福院，已经作为互助养老模式典型在全国各地普遍推广。还有天津市的结对互助养老模式也在运行与发展中。还有一些政界、学界人士等专业人士对于农村空巢老人的养老问题、农村空巢老人养老状况，以及对于互助养老模式在农村地区的发展所产生的相关问题进行了探讨，并针对这些问题提出了相关的理论指导和政策建议。

但是农村空巢老人互助养老模式作为一种新型的养老模式，学界的研究与关注度依旧比较低。截至2019年2月26日，通过中国知网以“农村互助养老”为主题检索出的相关文献仅有257篇，其中期刊文献154篇，博硕士论文

74篇，会议论文6篇，报纸文献21篇，统计数据有2篇，而以“农村空巢老人互助养老模式”为主题，检索出的相关文献仅有22篇。

从理论研究方面来看，赵志强对农村互助养老从文化社会学视角与制度嵌入性视角出发对其进行分析、探索，并且对农村互助养老模式发展的困境与对策进行讨论，认为在当前的压力型体制下，农村互助养老工程在拥有许多的先天优势的同时，在发展过程中也遇到许多的发展困境，这需要各界人士共同努力去逐步完善农村互助养老模式。陈莹从优势视角出发，运用优势视角分析了社区与老年人个体取向，从社区、老年个体方面对“老年互助”居家养老进行优势分析，充分探析了互助养老模式，并提出把赋权、成员资格、对话与合作等运作优势发挥到最大化，以期促进“老年互助”居家养老模式的养老优势达到可持续发展的状态。

从实践探索方面来看，牛博杰以河北省某县N乡为研究对象，以社会支持理论、新公共服务理论、马斯洛需求层次理论为理论支撑，通过运用问卷调查以及对研究对象进行实地访谈等研究方式，探究了该地区空巢老人的养老方式的选择与原因，探究该地区互助养老的可能性。从政府、社会、农村相关组织机构以及农村空巢老人家庭和个人方面提出相关对策建议。王伟进从我国现在活跃着的肥乡农村互助养老幸福院、据点活动式互助养老、结对组圈式互助养老以及时间银行式互助养老四类互助养老模式进行分析阐述，借鉴了国际经验，分析互助养老运行过程中存在的问题，并从社区、政府与社会三个层面提出相应的建议与对策。申毛毛以“积极老龄化”为背景，以陕西农村空巢老人为研究对象，从空巢老人生活现状与养老困境，发现互助养老方式从费用、互助传统和认可度等方面具有一定的可行性，并从政府、社会、空巢家庭与老人方面提出相应的对策与建议。

2.国外研究现状

西方国家的工业化发展进程与城镇化发展相对于我国来讲既早且快，空巢老人现象的出现也比我国要早。对于空巢老人的养老问题他们有自己的认知与解决对策。

Marshall Kapp提出，在人口老龄化日渐加深的时代背景下，为了给人们参与社会生活提供更好更有效的保障，政府需要在法律和政策上采取措施去保障老年人的日常照料和医疗卫生保健。

Rhonda J.V. Montgomery把欧洲各个国家开展养老工作的经验在对比后进行了讨论，指出传统家庭在经济社会逐步发展的情况下，养老负担越来越重，以至于很难承受。因此Rhonda J.V. Montgomery认为，养老责任应该由国家与社会共同去承担，同时，社会机构也应该参与其中并且充分发挥它们自身的能力和优势，借助多方力量解决养老问题。

Chappell认为我们应该从生理、心理、社会等多个方面去考虑老年人的养老与社会保障问题，政府不仅要做到督促子女对父母的养老生活照顾，还要去思考子女在赡养父母时可能会遇到的问题与困难，政府更应该正视这些问题与困难，并借助现有的优势提出相应的解决措施。

（三）研究方法

根据论文的研究内容，本文主要采用了文献分析法、访谈法、比较分析法以及案例研究法等相关调查研究方法对农村空巢老人互助养老模式的发展、农村空巢老人互助养老模式发展过程中遇到的困境以及解决对策进行研究分析。

1.文献分析法

文献研究法是指对自己收集来的相关文献资料进行分析研究，从而得出自己对该事实的认知。在本文动笔之前，笔者首先在临沂大学图书馆借阅了《外国社会学史》《社会工作概论》《老年社会工作——生理、心理及社会方面的评估与干预》等相关书籍，充实自己的理论知识，为接下来的具体分析打下坚实的理论基础。其次，浏览了全国老龄办、民政部等各大政府部门的官方网站，查阅并分析了与我国农村空巢老人互助养老相关联的数据资料、调研成果和政策文件等。再次，在中国知网上阅读并下载了大量与农村空巢老人互助养老、农村空巢老人养老等相关的文献材料。最后，把收集来的所有资料进行汇总，并在分类、整理的过程，对我国农村空巢老人互助养老模式优化发展有了较清楚的认识，形成自己的认知，从而为提出优化方法奠定了基础。

2. 访谈法

访谈法是指与访谈对象面对面交流，通过受访人在交流过程中的表现与言语，来收集相关信息。在本论文动笔之前，本人对周边的邻里与亲朋好友针对互助养老模式进行了简单的调查与访谈，访谈的内容主要围绕着互助养老来展开的。如："知道互助养老吗？""对互助养老有什么了解与认识？""如果在您的社区运行互助养老您愿意吗？"等问题，初步了解农村居民对互助养老的认识与看法。

3. 比较分析法

比较分析法就是对收集来的资料信息等进行比对分析，从而得出结论。本文把从各个专业渠道得来的相关资料信息，运用比较分析法进行综合对比，同时总结借鉴国内外关于互助养老模式的发展以及互助养老模式运行推广的一些方式方法，并结合我国农村空巢老人互助养老发展的现状，整理出自己的思路，为农村空巢老人互助养老模式发展困境提出相应的解决对策。

4. 案例研究法

案例研究法是通过对之前的经典案例进行研究分析，得出自己在研究方面的看法。本文通过对我国现存的几种农村互助养老类型的研究，如农村互助幸福院、互助养老服务站、"时间银行"互助养老模式等互助养老具体实践活动进行研究，分析它们在发展过程中存在的困境，探索应对我国农村空巢老人互助养老发展困境的相关对策，总结出自己的观点与建议。

二、互助养老模式的理论基础

（一）需求层次理论

马斯洛需求层次理论认为，人的需要由低到高分为五个层次，依次是生理需要、安全需要、归属与爱需要（即社交需要）、尊重需要和自我实现需要。每个人都有每个人的需要，农村空巢老年人有他们自己的需要。从养老的角度来说，家庭养老、机构养老满足了农村空巢老人"老有所养""老有所终"的需要，即满足了生理与安全的需要。但农村空巢老人也有满足社会交往、尊重与自我实现需要，家庭养老与机构养老等模式在这一方面上是有欠缺的，互助养老在满足归属与爱、尊重和自我实现需要上发挥了重要作用。在互助养老过程中，不仅让农村空巢老人的养老得到保障，满足了生理与安全的需要，又在互助养老的过程中服务了别人，也满足了自己社交、受尊重、实现自我的需求。

从日常生活的现状来看，农村的青壮年离家外出求学、务工，无法照料家中父母的生活起居，农村的空巢老人也无法享受子孙在跟前的天伦之乐，生理需要和安全需要存在缺口。通过互助养老，互助养老成员之间相互照顾、一起生活，有助于弥补老人生理需求与安全的需求。从精神生活来看，空巢老人独自居住，缺少休闲娱乐活动，内心充满孤独与寂寞，精神空虚，通过互助养老，成员彼此之间相互交流，排解孤独与寂寞，相互学习与扶持，共同解决问题。老人们一起参加休闲娱乐活动，丰富其精神生活，弥补农村空巢老人归属与爱的需求。

（二）社会交换理论

社会交换理论中所理解的“互助”可以看作是一种“交换”。在交换时，每个人都会选择一种能够给自己带来最大报酬和最小惩罚的方式进行。社会交换理论认为人们的付出就是为了某种意义上的获得。

互助养老在一定程度上也是基于交换的形式进行，而它进行交换的媒介不单是物质与金钱，还包括劳务、时间、奉献与尊重的精神之间的交换，精神上的嘉奖等多个方面。农村空巢老年人在选择互助养老后，成员之间便存在“交换”关系，彼此之间进行时间、劳务、精神奉献与尊重上的交换，从而获得生活与精神上的满足与获得，从而弥补自己在养老方面存在的缺陷。

（三）互动小组模式理论

互动小组模式理论强调人与人的交互反应关系，强调成员的互相帮助，强调个人从群体生活中学习，获得成长，小组的目标在于小组成员之间的交互影响，共同活动，情感交流。

互助养老模式中的互助养老成员之间相当于是组成了一个以养老为主题的互助养老小组，它强调互助养老成员在日常生活与活动中，通过一起生活、组员间的互帮互助，相互交流与分享，共同成长，从而获得心理支持，缓解空巢老人独自居住所造成的养老危机与问题。

（四）社会互动理论

在社会互动理论看来，人一出生便进入了人际交往的世界，个人的学习与发展就发生在他们与其他人的交往与互动过程中。空巢老人的日常生活处于社会互动中，他们在日常生活中只有伴侣或者是自己生活，社会互动活动相对较少，而作为空巢老人是更需要社会互动的。互助养老，通过互助的形式，成员之间互相帮助、互相照料，增加了人们之间的互动活动，促使空巢老人更快地适应空巢后的养老生活，更好地养老。

（五）老年亚文化理论

从老年亚文化理论来看，社区空巢老人作为同一领域的群体，空巢老人通过彼此之间的交往与互动认识到彼此的共同利益，当农村空巢老年群体和其他年龄群体进行交往时，就会显现出空巢老人独有的文化的特征。在老年亚文化群里，老年人彼此更容易找到共同语言，就好比空巢老人在空巢老人群体中会较少遭受年龄的歧视，会有较多的交流与认同感，在空巢老人群体中空巢老人会较好地形成自我概念，从而增加农村空巢老人对社会的认同感。

三、农村空巢老人互助养老模式发展的基本情况及困境

（一）基本情况

我国农村空巢老人互助养老模式的发展处于初级探索阶段，部分地区已经开始推行互助养老模式进行养老，比如在肥乡实施开展的农村互助幸福院，已经作为互助养老模式典型在全国各地普遍推广。还有结对互助养老模式、“时间银行”互助养老模式也在运行与发展中。有些乡镇地区，为了缓解农村空巢老人的养老问题，建立了相应的互助养老合作社、互助养老服务

站等。而政府在《中华人民共和国老年人权益保障法》《国务院关于加快发展养老服务业的若干意见》《“十三五”国家老龄事业发展和养老体系建设规划》等政策中指出，要依托农村地区原有的、空置的房屋与场地，建立日间照料中心、托老所等，大力发扬社区邻里互帮互助的优良传统、邻里间互相关心、帮助有困难的老年人，解决农村老人现存的养老问题。

（二）农村空巢老人互助养老模式发展存在的困境

农村空巢老人互助养老模式作为一种应对农村空巢老人养老问题的低成本应对策略，对于缓解政府与农村空巢老人子女的养老压力，解决农村空巢老人养老困境具有辅助作用。但是，目前农村空巢老人互助养老模式的发展仍处于较低的水平，农村空巢老人互助养老模式在实际运行过程中，在农村空巢老人方面、政府方面、社会方面以及农村空巢老人互助养老的发展项目等方面，存在一些困境亟须优化。

1.农村空巢老人方面

（1）个人认知方面——对于互助养老的认同感低

自古以来，人们对于养老的认知都停留在子女养老，虽然随着时代的进步与发展，机构养老、社区养老逐一出现，人们的养老观念也在不断地更新。在个人认知上，对于传统养老是自古以来就有并延续至今的，是先存在于脑海里的，有一定的优先选择性。对于机构养老、互助养老等是后来衍生出来的养老方式，老人总体上对它们不了解、认同感低。因此相比较来看，农村居民比起选择互助养老或是其他方式的养老，人们更愿意选择在家养老的传统养老模式。同时，笔者在平时曾经寻问过周边农村居民中的老年人群对互助养老的了解与认识，大多数对互助养老表现出不了解，没听说过的状态。由此可见，农村居民们对互助养老方面的认知还存在一定的欠缺。

（2）经济方面——经济收入低或无经济来源

在农村，家庭的主要经济收入是通过农作物种植获得的，而农作物的附加值是比较低的，因此家庭收入是比较低的。作为老年人的他们，不论是人生阶段还是身体机能都进入后期，生理机能逐渐衰退，劳动能力下降，甚至有的丧失了劳动能力，农作物的种植能力大大下降，导致收入低或是没有收入来源。有子女的部分空巢老人，可以定期从子女那里得到一定的赡养费，但是大部分的空巢老人考虑到自己的孩子在外打拼不容易，在很大程度上都是自给自足，不愿意向子女透露自己的养老问题，不愿意给子女添麻烦，增加子女的负担。没有子女的空巢老人除了依赖之前的积蓄以外，没有其他经济来源，只有从政府那里得到补贴。总之，农村空巢老人的家庭收入比较低，生活水平比较低，生活比较困难，在经济方面面临很大的困境。

2.政府方面

（1）政府对互助养老模式发展的扶持力度不够

对于互助养老，政府在宣传力度与执行力度上都是比较弱的，这使得人们对于互助养老的认同感更加低，更不愿意接受这些新的养老模式。由于农村在经济发展、医疗卫生等方面都存在许多的问题，政府在多个方面上分散精力，对于互助养老方面精力较低，动员能力不足。而且，有些政府部门存在选择性应对与敷衍性应对的问题，使得农村居民对互助养老的不信任，从而阻碍了互助养老模式在农村社区的发展。

（2）投入资金不足

农村空巢老人的互助养老资金来源主要是由政府扶持补贴，其次是村集体、社会力量支持。从国家层面上来看，国家还未建立专门的互助养老专项资金，针对农村空巢老人互助养老的专项资金更是不存在。从省级政府来看，财政资金的扶持只是倾向于基础设施的建设，导致政府在对农村空巢老人的互助养老方面难以提供充足的资金来满足当地的互助养老需求。

（3）制度缺失不健全

政府、社会与居民对互助养老认可的时间并不长，与农村互助养老模式相关的具体法律法规还不健全。在中国知网的政府文件搜索入口查询互助养老，仅有八项文件。在政府的法律法规搜索入口查询互助养老，查询结果出现420条结果，且在420条结果中大部分都是关于社区养老的相关法律法规，极少有法律法规涉及互助养老。总之，对于农村互助养老的相关政策是不健全的，专门针对农村互助养老的扶持政策与制度比较匮乏，农村互助养老模式作为一个刚起步发展的养老模式，需要制度的保障与支持。

3.社会方面

互助养老的发展都是依靠政府资源，社会投资力量不足。随着互助养老模式的发展以及农村空巢老人数量的增加，政府承担的压力太大，仅依靠政府是满足不了现在的互助养老发展需求的。社会力量作为促进互助养老发展的一大支持性力量，是不可忽视的。社会力量的投资具有强大的潜力，我们应该多多发动社会的力量，汇集各方资源与支持，促使空巢老人拥有更好的养老环境。

4.互助养老的发展项目方面

互助养老模式运作发展过程中，互助养老的具体内容、形式、活动等都比较单一，缺乏创新性。有些地区只重视政府财政资金的投放，忽视了资金具体的支出方向；有些地区只注重基础设施的建设，忽视了休闲娱乐方面相关设施的建设，使得农村空巢老人休闲娱乐活动缺乏，可用于排解孤独感与寂寞感的活动方式较少；有些地区只注重满足物质层面的需求，而忽视了精神文化层面的发展。

四、中国农村空巢老人互助养老模式发展对策与建议

农村空巢老人互助养老模式对于解决农村空巢老人的养老问题，减轻政府、家庭子女的压力等方面具有一定的作用。因此，在农村空巢老人互助养老模式运行发展过程中，应该依据现有的困境提出相关的解决对策与建议，不断完善与优化农村空巢老人互助养老模式的发展，促进农村空巢老人更好地养老，更好地生活。

（一）扩大宣传，提升农村空巢老人对于互助养老的认同感

“邻里互助”的观念自古就存在，我们可以在“邻里互助”等原有观念的基础上，对农村居民进行互助养老模式的宣传与引导，居民会更愿意接受。一是通过电视广告、报纸、广播、微信、微博等各种平台大力宣传，向农村居民传递关于互助养老的各种信息。二是依靠相关组织在各乡镇、农村地区

召开以“互助养老”为主题的公益宣讲会，宣传互助养老模式，向空巢老人推行互助养老模式实施的必要性与重要性，让居民认识到互助养老对于减轻子女养老压力、保障老年生活的优点，从而逐步改变农村社区居民对于互助养老模式的认知，逐步接受并采用互助养老模式进行养老。

（二）充分发挥政府的职能，大力发展经济，不断完善相关政策

农村互助养老作为一种以政府为责任主体的社会福利性服务，应该从相关场地的配置与建设到资金、政策支持等各个方面发挥政府的职能与作用。一是不断发挥政府的政治职能，不断完善农村互助养老相关方面的法律法规、行政体制，提供强有力的法律支持，降低互助养老模式发展过程中的风险，同时也要加强对政府相关部门的监督与监测，为农村互助养老模式的发展提供一个良好的社会环境。二是大力发挥政府的经济职能，向农村地区引进扶贫企业，鼓励农村居民自主创业，大力发展农村经济。三是大力发挥政府的文化职能，大力弘扬互助文化，充分发挥文化对经济、政治的反作用。四是保障用于互助养老发展的资金来源的稳定性。例如，通过出台相应的优惠政策，调动相关企业、组织的积极性，鼓励、引导社会企业、社会团体参与到农村互助养老农村的发展建设中去，为互助养老事业的发展贡献自己的力量。

（三）充分调动社会力量去支持互助养老的发展

仅仅依靠政府去解决农村空巢老人的养老问题是远远不够的，需要调动各方的力量共同去解决。社会作为一个大集体，隐藏有强大的潜力与巨大的力量。一是要充分调动社区精英和社区组织的领导作用，在社区里对互助养老模式进行宣传与介绍，协助整理实行互助养老实行的相关资料，促进互助养老相关场地设施建设，带头参与互助养老，共同帮助互助养老组织一起发展。二是充分发挥社会公益团体、社会组织以及相关专业人员所拥有的专业资源与专业技能，为互助养老的开展提供资源，为参与互助养老模式相关人员进行专业培训，等等。总之，我们应该充分调动社区、社会组织、企业等社会各方力量，共同促进农村互助养老模式朝着更好的方向发展，共同为农

村空巢老人的养老做出力所能及的贡献。

（四）促进互助养老资金来源多元化

农村空巢老人的互助养老资金筹集主要是由政府扶持补贴，其次是村集体、社会力量支持，资金的来源没有具体的保障。一是政府可以通过出台相应的优惠政策，充分鼓励与引导企业出财、出力，为互助养老发展提供物质与资金支持。二是国家和省级政府着手建立农村空巢老人互助养老专项资金，扩大国家财政补贴覆盖人群与地区。充分发挥社会、政府与组织的力量，进一步保障互助养老发展所需资金的来源渠道的稳定性。

（五）创新互助养老新形式，增强吸引力

互助养老模式运作发展过程中，互助养老的具体内容、形式、活动等都比较单一，我们应该不断发挥想象力与创造力，创新互助养老具体内容、具体活动，增强互助养老模式的吸引力，吸引更多的人参与互助养老。例如，每个地区有每个地区的特色文化与传统习俗，我们在农村开展互助养老的过程中，学会因人而异、因地制宜，吸收借鉴当地的文化与习俗，制定出创新性的具有本地特色的互助养老活动，增强互助养老的吸引力。

五、总结

相较于机构养老、家庭养老，互助养老模式具有自愿、低成本、自助、互帮互助等优点，基于农村的发展现状，在农村实施互助养老具有可操作性与可行性，且互助养老模式对缓解农村空巢老人的养老问题有一定的辅助作用。虽然现在农村的互助养老模式在发展过程中出现一些困境，存在一定的缺陷，但只要我们在农村空巢老人互助养老模式运行的过程中，不断发现问题，优化环境，逐步完善农村空巢老人互助养老模式，一定会在解决农村空巢老人的养老问题上大放异彩。在这一过程中需要家庭、社会、政府等多方力量共同努力，让农村空巢老人感受到爱与温暖，鼓励他们发挥余热，去感受老年生活的美好。

（指导老师：翟秀海）

农村医养结合养老模式的问题与对策研究

鲁达

专家预测，到2025年，我国60岁以上的老年人口将超过3亿，到2035年，将突破4亿，约占总人口比例的30%，步入超老龄化社会。目前，我国共有4000多万失能、半失能老年人，长期照护压力不断攀升。约有50%左右的老年人处于空巢或留守状态，大城市养老难题尚未有效破解，农村养老短板还未补齐，亿万老年人对美好生活的向往，仿佛一道道改革“动员令”，新时代养老服务创新发展仍然在路上。

一、绪论

（一）研究背景

1.现实需要

（1）受传统思想影响，过去人们养老普遍依赖儿女，加之家庭平均规模维持在4.3—4.6人之间，家庭赡养功能相对完善。这一时期，60岁以上老年人口占比不高，家庭养老几乎是百姓的唯一选项，形成了我国由城镇孤寡救济，农村五保供养构成的政府包办、城乡分割的救济型老年人福利制度。

（2）近年来，党和国家对农村养老的关注度一直很高。2019年政府工作报告指出，我国60岁以上的人口已达2.5亿人。“银发浪潮”扑面而来，加之农村地区经济基础薄弱、条件艰苦，多数农村地区青壮年劳动力外出务工，致使农村地区的老年人留守和空巢现象严重，他们的赡养问题正成为社会关注的热点。周松勃表示，医养结合能够有效缓解“医院不能养、养老院不能医”难题，政府可结合当地农村老年人特点，探索建立富有中国特色和地方特点的农村医养结合保障机制。

（3）十九大报告中指出：“实施健康中国战略，人民健康是民族昌盛和国家富强的重要标志。”没有全民健康就没有全面小康。自2016年以来，国家先后在90个城市开展医养结合试点，在日常照料的基础上，为老年人提供医养康护服务。医养结合型养老模式有效地将现代医疗服务与养老服务相结合，开放共享医养资源，已成为满足农村老年人养老需求、解决农村人口老龄化的有效途径。

2.政策支持

（1）国务院办公厅《关于印发全国医疗卫生服务体系规划纲要（2015—2020年）的通知》（国办发〔2015〕14号）提出：推进医疗机构与养老机构等加强合作。建立健全医疗机构与养老机构之间的业务协作机制，鼓励开通养老机构与医疗机构的预约就诊绿色通道，协同做好老年人慢性病管理和康复护理。支持有条件的医疗机构设置养老床位，支持有条件的养老机构设置医疗机构，在养老服务中充分融入健康理念，加强医疗卫生服务支撑。

（2）为了让老年人拥有幸福的晚年，国家卫健委联合民政部等多部门印发的《关于深入推进医养结合联合发展的若干意见》于2019年公开发布。“此次医养结合文件的出台回应了人民群众关心的热点痛点问题。”北京协和医学院公共卫生学院院长、中国老年保健协会会长刘远立表示。国家卫健委老龄健康司司长王海东表示，将按照意见要求，重点加强社区和农村医养结合。加强社区和农村医养结合服务设施的数量，提高服务质量。开展社区医养结合能力提升工程，在农村统筹乡镇卫生院和敬老院、村卫生室和农村幸福院的资源，统筹规划，毗邻建设，融合医养结合服务。

（3）2019年4月16日，国务院办公厅《国务院办公厅关于推进养老服务发展的意见》提出，促进农村、社区的医养结合，推进基层医疗卫生机构和医务人员与老年人家庭建立签约服务关系。同时还明确提出，建立村医参与健康养老服务激励机制。

（二）研究意义

（1）从保护对象方面来看，医养结合养老模式更适合处于严重疾病、慢性病等无法在传统养老模式中得到良好康复的失能、半失能老人。

（2）从服务内容方面来看，医养结合养老模式在提供传统养老模式的基础上，引入现代医疗技术，并可以与一些老年医疗机构和福利院等之间开展合作，它可以提供更加专业、便捷的养老服务，有效提高老年人的生活质量，实现了传统养老服务与现代医疗服务的结合。

（3）从人性角度方面来看，医养结合养老模式同时考虑了老年人的养老服务和医疗需求，符合现代老年人“医养共需”的基本需求。

因此，医养结合养老模式不是一种独立的养老模式，从更大的意义上说，这是一种提供老年服务的新方式。

（三）研究内容与思路方法

1.研究内容

主要以我国农村老年人口为主要对象，其中包括处于严重疾病、慢性病等无法通过传统养老模式中得到良好康复的失能、半失能老人。对“农村医养结合养老模式”的定义做出解释，结合我国国家政策和老年人养老的现实需求说明“农村医养结合养老模式”发展的意义。分析我国“农村医养结合养老模式”的不足与困境，并且提出相对应的策略和建议，针对这些困难的发现以及解决措施是研究的重点。

2.研究思路与方法

在我国老龄化日益严峻的今天，养老问题成为社会关注的焦点，农村养老问题尤为突出。“农村医养结合养老模式”为解决我国农村养老问题提供了行之有效的办法。首先，通过分析我国“农村医养结合养老模式”发展的背景（现实需要和政策支持）和发展意义两方面，说明此模式在我国农村发展是可行的。但是目前在我国来说，了解此模式的老年人少之又少，所以之后对“农村医养结合养老模式”的相关概念和基本理论进行了介绍。然而，农村医养结合养老模式在我国的发展道路上必然有很多的困境与阻碍，因此，最后着重对我国发展此模式的现实困境进行剖析并针对问题提出相对应的解决措施，助力农村医养结合养老模式的顺利推进，缓解我国农村养老困难现状。

（四）创新点与不足

创新点：从医养结合的视角探讨农村养老问题。如今我国的老年人口大多数都居住在农村，解决农村老年人养老问题，对缓解我国养老问题具有重大意义。把养老机构和医疗机构相结合，实现养老资源利用最大化，例如建立“农村全科医疗站”。老年人通过医养机构，“医”和“养”两方面全都能实现，老年人的身心健康等方面的压力都可以得到很大缓解，既可以减少家庭养老的负担，也可以减轻社会养老的压力。

不足：由于笔者自身知识的储备有限以及对问题深入探讨能力的欠缺，对我国国家政策与我国农村地区发展状况了解不充分，可能会在“农村医养结合养老模式”研究的困境困难与解决措施等方面存在不足。

二、相关概念与基本理论

（一）相关概念

1.人口老龄化

一是指老年人口数在总人口数中所占的比例不断上升的过程；二是指社会人口结构呈现老年状态，进入老龄化社会。60岁及以上的老年人口占总人口数的10%及以上或者65岁以上老年人口占总人口数的7%及以上即表示进入老龄化社会。人口老龄化会引起社会养老负担过重，劳动力不足，老年人生活困难孤单等问题。

2.医养结合养老模式

医疗的“医”与医养的“医”不同，医疗的“医”的目的是诊断和治愈疾病，主要是挽救生命。医养的“医”目的不是治愈疾病，而是医疗康复和保健服务，例如健康咨询服务、医疗服务、疾病诊治和护理服务、健康检查服务、重病康复服务以及临终关怀服务等。“养”包括生活护理服务、文化活动服务和精神心理服务等。利用“医养一体化”的发展模式，将养老机构、社会福利机构和医院的功能相结合，把医疗救助、生活照料、康复关怀和亲情满足融为一体，以提高因病、因残、因老无劳动能力的贫困户的生存和生活质量。

“农村医养结合养老模式”是在农村建立一种新型养老护理模式，也是一种有病治病，无病疗养，把养老和医疗相结合的新型养老模式，是为了实现国家政策、社会资源利用效能的最大化。

农村医养结合新型养老模式主要是把握好一个“合”字，通过打通共享医养资源，提高医养结合养老的服务能力和水平，使其成为满足广大农村居民养老需求、化解农村人口老龄化风险的有效途径，让老年人安享幸福晚年。

（二）基本理论

1.社会重建理论

社会重建理论是指通过改变老年人的生活环境，帮助他们恢复信心。该理论的基本模式是：首先让老年人意识到现在社会对老年人的偏见。第二是改善老年人的生活环境，通过政府补助解决养老等方面的问题。第三是激励老人提高自我决定和解决问题的能力。

2.社会支持理论

社会支持理论重视人对环境的适应性及其对周围环境的利用。通过广泛使用社会资源来改善现在的生活条件，将个人的发展与社会因素和环境因素相结合。该理论所支持的主体是社会弱者，包括生理性、自然性和社会性社会弱者，包括老年人、残疾人和困难儿童等。该理论对社会工作发挥的作用，可以使社会资源能够为受助者提供直接帮助，满足当前紧急需求，并且还可以帮助受助者提高利用社会支持网络的能力。

3.社会福利理论

社会福利理念从广义上讲，是指为改善公民生活条件，促进社会的发展和提高社会的道德水平所开展的相关服务活动。从狭义上说，是指国家（政府）针对社会有需要的群体或个人提供社会服务，通过资源的分配与再分配提高公民收入，改善受助者的生活素质，促进人与人之间的和谐，促进社会平等目标的实现。

三、农村医养结合养老模式的困难

当前，中国农村的老龄化形势严峻，一些“老年病”的发生，失能、半失能和患病老人的治疗问题困扰着千家万户。农村医养结合是积极应对人口老龄化的重要途径。但就目前农村现状来看，推进医疗卫生与养老服务融合发展，还面临着一些困难和问题，亟待研究解决。

（一）农村传统养老观念落后

就现阶段农村地区的老年人而言，其在养老观念方面依然停留在“养儿防老”“家庭养老”层面，大多数的农村家庭都认为居家养老是解决老年人养老问题的最好方式。其中一些老年人不愿意住在养老机构，也有一部分老人的儿女未对家中老人养老进行准确的规划。受传统文化影响，农村老年人会觉得住进养老机构是儿女的不孝。加之入住养老机构对农村老年人来说会加重儿女的经济负担，能够自食其力的老人一般选择居家养老，失能、半失能老人大多数会跟着自己的子女居住。村中无儿女赡养的孤寡老人会由政府送往当地的养老机构进行照顾。根据调查结果显示，我国农村地区70%的老年人不愿意入住养老机构。

（二）农村医养服务模式及设施落后

目前，在农村无论是养老机构还是医疗机构，其基础服务设施均较为落后。以基本生活照料为主的低层次养老是大部分养老机构的主要形式，农村养老机构规模较小，基础设施不健全，管理水平和服务专业化程度低，多数养老机构只提供基本的生活服务，大部分老年人日间照料、慢性病诊疗养护、失能康复护理得不到保障，其能提供优质服务的少之又少。而对医疗机构而言，为老年人提供治疗、康复和护理一体化服务也存在困难。医疗机构结构单一、科室少，只能提供常见病的治疗及配药，且未能与附近的养老机构密切联合养老服务，医与养的分离很难给老年人提供优质的养老服务。农村老年人对医与养的需求越来越高，落后的医养服务设施，导致无论是医疗机构还是养老机构，提供医养结合服务的基本条件均不足，很难满足老年人医养结合的具体需求。

（三）农村医养结合专业人才匮乏

专业医疗人员的匮乏也是目前农村医养结合养老模式存在的一个较为突出的问题。老年人的养护和照顾需要大量的专业人才，与传统养老模式不同，医养服务工作对人才的需求更高，专业人员队伍整体技术水平影响养老服务业发展的速度。农村地区由于工作条件辛苦、医护人员工作量大、薪资待遇低等，再加上城乡工作环境、工资水平等方面的差距，很多康复专业、护理专业的应届毕业生以及高水平专业人才不愿到农村地区从事医养服务，导致农村医养结合机构的医护人才队伍不稳定，人才流失严重。现有农村养老机构的工作人员大多都是临时聘用的农村妇女，年龄偏大，专业化程度低，很少接受专业训练和教育培训。她们只能提供简单的护理服务，很难满足老人对于慢性病防治、长期护理及卫生保健等方面的需求。

（四）农村养老经济负担重

随着城镇化进程的不断加快，大量“空心村庄”出现。一方面，如今有些农村的年轻人也是好吃懒做，或者没有掌握好赚钱的技术和门路，导致日常生活中还需要老人的帮助去实现结婚买房的目标，老人根本剩不下用来养老的钱。另一方面，由于如今独生子女比较多，农村还有一些“二女户”，夫妻双方照顾四个老人的压力特别大，一旦某位老人出现重大疾病，就更容易把整个家庭都拖垮。而且农村养老院、福利院等设施还是比较匮乏的，加上相对昂贵的费用，基本上老人还是得依靠自己的子女，由子女负责照顾。跟城市有着各种相关的福利保障不同，城乡二元体制使农村地区的医疗保障体系与城镇的医疗保障体系也有着很大的差异，农村老年人收入和积蓄过低，大多数老人不像城镇老年人有固定的退休工资作为保障养老金，多数还依赖土地赚取微薄的收入，一些失能、半失能老人无稳定收入来源，更多依靠子女支持，虽然国家给予大量的资金支持，但农民还是要自己负担一部分费用。

（五）农村医养结合部门配合缺失

农村医养结合特色养老模式的顺利开展，需要多个部门的协调平衡与全面配合。民政部门负责养老机构相关工作，卫生部门主管医疗机构，医保部门管理医保定点和报销工作，三者因业务范围不同、管理结构差异等问题，使得政策难以实现协同，阻碍养老和医疗资源的衔接，不利于医养结合工作的顺利开展。在建立农村医养结合养老模式的过程中，可以在养老机构中建立医疗机构，或是在医疗机构中建立养老机构，但是医疗机构和养老机构都无法很好地协调配合。另外，农村医养结合的经营部门和和管理部门的协调合作也需要进一步加强。目前政府没有明确各部门在医养结合上的职能定位，部门之间功能缺少联动，各部门之间尚未形成合力，无法合理有效地为农村医养结合养老模式打通横向和纵向联系，难以有效承担引导扶持、政策制定、监督管理的重任，制约了医养结合养老模式的发展。

（六）农村医养结合资金投入不足

目前，虽然国家创造了相对稳定的政策环境，但由于缺乏合理的财政支持体系和具体的财政支持计划，农村基层政府积极性并不高，投资明显不足。一方面，政府鼓励公共、私人和社区养老机构积极转变和改善医疗功能。然而，由于高标准的建设，财政补贴不到位，资金回笼周期长，对资金的支持不足以及缺乏总体投资计划，造成农村医养结合服务成本增加。另一方面，筹资渠道单一，社会力量参与不足，没有采取合理的政策指导。目前，将养老金与医养结合起来的筹集资金的形式还不是立体化、系统化和多元化的，筹资和使用机制有待完善。医养结合的持久性筹措机制，养老基金预算机制，基金对接制度，医养结合养老金申请批准制度和资金使用监督机制等方面需要进一步完善。

（七）农村医养结合政策法规不完善

政策法规是农村医养结合养老模式结合顺利实施的坚实后盾、有力支持和有力保证。但是，在实现农村医养结合养老模式的道路上，相关政策和法律建设需要进一步完善。在传统医疗保障模式下，基本医疗保险主要保障农村老人的住院费用，家庭和社区的医疗保障仍然空白，与医养结合有关的养老、医疗保险政策受资金限制，对高龄、失能半失能老年人的生活护理和医疗保障都不够，许多护理项目不能纳入医保支付，养老机构中设立的医疗机构也难以纳入指定的医保定点单位，难以实现医疗保险的报销，养老机构也难以免费做到为老年人提供有效的服务，增加了老人医疗的经济负担。同时，长期护理医疗保险制度仍处于起步阶段，在筹集资金和保障人群等方面还不令人满意，不利于医养结合养老模式的发展。

四、农村医养结合养老模式困难的对策建议

在农村人口老龄化日益加剧的情况下，适度发展农村医养结合养老模式十分必要。但是，农村医养结合养老模式的发展困境也不容忽视，必须结合农村实际，努力采取精准措施，在农村医养结合养老模式的供给与需求等方面长期努力，找到一条突破之路，才能发挥应有的作用。

（一）转变农村传统养老观念，提高宣传力度

农村医养结合养老模式是积极应对农村人口老龄化和老龄化趋势的有效措施，是发展农村医疗保健和老龄化产业的关键措施。在这一过程中，第一，对农村地区进行实地考察，然后根据医养结合的具体特点，结合农村老年人的实际情况，总结出适用于广大农村地区易于接受和理解的材料进行宣传。第二，政府必须在整个社会中发挥引导作用，大力破除传统的医疗和养老观念，加强对医养结合的宣传，并通过村民喜闻乐见的方法，可以使用乡村广播、乡村公告栏和其他形式宣传和普及有关医养结合的知识，以改变农村老年人的传统养老观念。第三，农村中青年要积极改变传统的养老和育儿观念，树立新的现代老年人思维。对于农村老年人而言，更加重要的是要意识到医养结合机构可以保护老年人并减轻子女负担。住在养老机构并不是孩子孝与不孝的标志，而是适应新的社会形势发展的一种措施。第四，政府应积极建立与完善与农村医养结合养老服务有关的法律，确保我国农村医养结

合养老模式的有效发展。

(二)优化农村医养结合机构，创新农村医养服务模式

依托农村社会环境资源，规划建立农村医养结合养老机构。在规划建设农村医养结合养老机构之前，要事先计划建设适合农村老年人的生态养殖园和有机蔬菜种植园。除了疗养外，老年人还可以自己种植和生产，以使他们能够获得幸福和成就感。建立基于农村卫生服务中心和全科医疗站的农村社区医疗性护理服务网络。全科医疗站可以为农村老年人提供基本医疗服务，还可以开展家庭访问和家庭护理等医疗服务。全科医疗站可以根据老年人的病情提出治疗方案和建议，并及时向患者反馈，使老年人可以及时得到治疗，最大限度地满足农村老年人的需求。同时，全科医疗站还可以提供门到门服务，为老年人建立档案，以确保有针对性和持续的工作。县级以上人民政府积极领导各镇公立私立养老和医疗卫生资源的积极整合，统一分配，协调发展。

(三)加强农村医养结合专业人才建设

缺乏专业护理人才是一个瓶颈问题，制约了农村地区医养结合养老模式的发展。首先，要加强从业人员的培训，提高养老服务水平。消除对老年护理的偏见，并为养老护理人员树立正确的职业观。其次，完善医养结合护理人员评价机制，维护医护人员稳定性。农村医养结合养老机构的工作环境相对较差，为了维持专业人才队伍的稳定，给予其良好的福利保障和良好的职业保障尤为必要。因此，在职称评估、工资制度、职业风险保护等方面，有必要加大对农村医养结合人才的政策倾斜力度。第三，激活医养结合人才流动机制，鼓励高素质的老年护理人才流向农村一线艰苦地区和岗位有效流动，鼓励和支持离退休医疗护理专家在农村医养结合机构发挥余热，施展才能。第四，有条件的农村医养结合养老机构要定期派人员外出培训，提高从业人员的专业素养，不断提高养老队伍的工作水平和素质。

（四）增加农村老人经济收入，完善农村医疗保险体制

农村老年人的生活质量直接取决于他们的家庭收入状况，农村老年人的低收入和储蓄少，以及其子女的低收入严重限制了农村医养结合政策的发展。提高老年人和家庭的收入水平是发展农村医养结合养老的前提。发展农村地区的产业经济，避免大量的中青年劳动者涌向城市，以谋取令人满意的经济收入，促进青年人在家门口就业，以便他们能够照料在家中老年人的生活。不断完善农村医疗保险机制。国家应将医养结合养老机构纳入医疗保险制度，明确政府的相关责任。在政策上，政府应完善医疗保障制度，适当提高农村老年人的社会养老金水平。医养结合的政策应适当地偏向农村地区，并建立绿色通道以报销医养结合养老机构内老年人的医疗保险，并应适当放宽报销条件以减轻农村地区老年人的养老负担。改革开放以来，全国建立新型农村社会养老保险制度，采取个人缴费、集体补助、政府补贴相结合的筹资方式。党的十八大以来，逐步提高了农村养老服务能力和保障水平。

（五）构建科学的农村医养结合体系，促进相关部门功能联动

“九龙治水”的交叉管理结构和部门职责模糊，是阻碍中国农村医疗和养老模式发展的主要障碍之一。为此，我们应加紧建立管理机制，以促进农村医养结合养老模式的发展。首先，要打破体制机制的障碍，理顺和规范民政、卫检、医保等部门在医养结合中的职责范围，防止出现业务混乱和重叠范围，避免浪费农村医养结合资源。第二，加强部门之间的沟通与合作，统一管理，简化流程，在信息共享的基础上实现部门利益的协同，同时还要加强监管。第三，农村基层政府在医养结合养老模式的规划中要立足当地实际，避免统一。同时，在建设农村医养结合养老机构设施的过程中，有必要充分利用闲置的医养资源，以最大限度地节省建设成本。

（六）拓宽融资渠道，加大农村医养资金投入

在农村医养结合的发展过程中，可以采用中央转移支付，地方财政补贴和社会投入相结合的多元投入模式作为参考。中央政府，地方政府和社会

组织要明确各自的职责，形成合力，共同促进医养结合养老模式的发展。首先，中央政府应增加财政转移支付，增加对农村医养服务的投资。中央政府的财政投入应投向经济落后的农村地区，并增加对农村医养结合养老机构的财政投入。其次，地方政府应将农村医养结合服务的发展纳入社会发展规划，将农村医养结合服务所需的发展费用纳入地方财政预算，并设立专项资金，为农村老年人提供医养服务补贴。向农村生活困难的老年人发放医养补贴，不仅可以减轻家庭负担，而且可以增加老年人医养服务的购买力，从而促进农村医养结合养老模式的发展。同时，地方政府必须综合考虑当地经济发展的实际情况，明确补贴标准。最后，政府鼓励社会力量参加农村医养结合养老服务。政府可以通过优惠政策鼓励民间资本参与农村医养机构和设施的建设，并通过与政府合作，为农村老年人提供多元化的综合服务。

（七）完善相关政策法规，保障农村医养结合养老开展

建立健全农村医养结合养老的规章制度，深化医疗保险制度改革，加快建立长期护理保险制度，以法律形式制定具体的政策计划和促进措施。根据国家发布的有关医养结合的政策，有效实施监督管理，并根据地区差异完善政策法规，确保农村医养结合养老能够顺利实施，保证农村养老事业的发展。有必要增加政府资金投入，扩大对农村医养结合养老的财政支持，并增加对农村地区老年人的相关补贴。加大税收和土地等优惠政策，吸引更多社会资本参与农村医养结合养老机构的建设。政府和有关机构要加强医保政策体系的建设和完善，为老年人提供合理的医疗指导，优化老年人的生活环境，提供重要的政策指导和服务支持。同时，政府应联合福利部门和慈善组织，加强医疗救助体系的建设，让老年人在健康和谐的环境中过上幸福的生活，提高生活幸福指数。

（指导老师：秦力）

下　篇

第五章　城市养老现状

城市社区老年人身心健康发展对策研究——基于Z社区老年人健身方式的调查

张春雨

随着中国经济的快速发展，人口老龄化以及老年人的身心健康问题成为社会关注的热点。城市社区是老年人退休后主要寓居、生活的环境。以城市社区为依托发展老年人事业，在社区中完善老年人生活的方方面面，对于老年人身心健康发展有重要的现实意义，在今后的社会发展中拥有广阔前景。本文运用了文献资料法、问卷调查法、数理统计法、逻辑分析法等研究方法提出了促进社区老年人身心健康发展的对策。

一、对城市社区老年人及老年人身心健康的认识

发展健康老龄化是全社会的责任，全社会应踊跃响应党中央对人口老龄化“老有所养、老有所学、老有所为、老有所乐”的方针政策。人口老龄化不单是人口结构的变动，它对我国的政治、经济、社会、心理和精神都将带来较大影响。因为城市社区是老年人退休后的主要活动场合，关注社区中老年人身心健康就显得尤为重要。由于心理学在我国起步较晚，加上人们普遍

受传统观念的影响，使得对老年人心理健康领域研究的进程与社会老龄化的进程不相匹配，在满足老年人心理需求方面有待完善。老年人的身心健康问题已成为老龄化社会中必须关注的一大问题。

（一）社区及老年人的含义

虽然社会学家对社区下的定义各不相同，但在构成社区的基本要素上认识还是基本一致的，普遍认为一个社区应该包括一定数量的人口、一定范围的地域、一定规模的设施、一定特征的文化、一定类型的组织。社区，注重内部成员之间的维系力和归属感。城市社区经济、政治活动集中，以工业、商业、服务业为主。人们居住和工作的场所非常集中，人口密度大。本文中社区主要指一定数量的居民生活在一个稳定的区域，居民共用基础设施，接受社区机构的管理。

对于老年人，东西方存在不同的定义。西方国家认为65岁以上为老年人，东方认为60岁以上为老年人。我国历来称60岁为“花甲”，并规定这一年龄为退休年龄。世界卫生组织也对老年人做出了定义：44岁以下为青年人，45到59岁为中年人，60到74岁为年轻老年人，75以上的才称为老年人，并把90岁以上的老人称为长寿老人。本文中的老年人主要指的是60岁以上的城市社区退休老年人。

（二）关注老年人身心健康的重要性

我国著名的老年心理学专家许淑莲教授把老年人心理健康的标准和表现概括为五条：有正常的感觉、知觉、思维，有良好的记忆；有健全的人格；有良好的人际关系；能正确地认识社会，与大多数人的心理活动相一致；在生活、工作、学习中能保持正常的行为。随着身体机能的下降和社会参与的减少，老年人有着独特的“老龄”心理。由于当前经济社会各个领域的变革程度是前所未有的，老年人承受着更大的生理和心理的双重压力。老年人由于生理机能退化和生活环境的改变，心理上需要调节和适应，处理不好就容易形成不良的心理。社会上普遍关注的是老年人要注重身体健康，认为衣食无忧、身体没有疾病就是健康。可是老人们心灵的空虚，自我价值感的失去，与社会的脱节带来的失落感远比我们看到的要严重。其实，很多老年人的身体疾病是不健康的心理因素导致的。因此，关注老年人身心健康已经成为重要的课题。心理学研究与生活实践表明，积极的情绪有利于身体健康，而消极的情绪则对健康带来反作用。这是因为情绪有它的生理机制，当人处在情绪状态时，会引起身体外部和内部一系列的生理反应。因此，我们要做到关爱老人心理健康。

二、Z社区老年人健身方式调查结果分析

为了了解城市社区老年人的健身方式，进而为促进老年人身心健康提出对策，笔者对Z社区500名老年人进行了问卷调查，从调查结果中了解到城市社区老年人健身方式的思想观念和行为，以下为具体内容。

（一）重视老年人健身的必要性

马斯洛需求层次理论将人类需求分为五种，分别是：生理需求、安全需求、社交需求、尊重需求和自我实现需求。随着人们的温饱、居住、医疗等条件逐步改善，人们的寿命逐渐增长，人们对生活质量的要求也逐步提高，人口老龄化也成为人类历史发展的必然阶段。老年人作为特殊群体，是疾病特别是慢性疾病的高发人群，生活在社区的空闲时间的增加，又增添了他们的孤独感与失落感。老年人健身作为一种走出家门的锻炼方式，以社区为单位，以公园、广场等为活动聚集地，对老年人在一起进行各种身体锻炼和思想交流具有重要作用。老年人健身不仅能够促进身体健康，还能在健身过程中与他人沟通交流，进而提高他们的获得感和幸福感。以社区为单元组织发展老年人健身，将是促进健康老龄化的重要组织形式。老年人的“健身”与“锻炼身体”存在区别，老年人健身致力于提供一种科学化系统化的锻炼方式，而不仅仅是活动身体，但很多人对这种区分了解不足，因此，老年人健身需要得到更多的关注与发展。

（二）Z社区老年人健身方式调查结果分析

笔者独立完成了调查问卷的设计、发放、收集、整理等工作。所用调查工具为自编《Z社区老年人健身与身心健康发展问卷调查》，内容包括对老年人健身活动形式、老年人对健身项目与构成的了解程度以及社区环境评价等，为保证本次调查的真实有效性，均采用不记名的方式。现将调查研究结果做出如下总结：

1.老年人健身活动形式

在对“老年人健身活动形式”的调查中，有68%的老年人是选择了独自锻炼，有32%的老年人选择了进行集体锻炼。

2.老年人对健身项目与构成的了解程度

在对“老年人对健身项目与构成的了解程度”的调查中，对健身项目与构成有所理解的老年人占总人数的67%，不了解健身项目与构成的老年人占总人数的28%，只有5%的老年人了解并知晓健身项目与构成。

3.社区组织老年人身心健康讲座情况

在对“社区组织老年人身心健康讲座情况”的调查中，只有11%的社区进行老年人身心健康讲座，有86%的社区是不进行老年人身心健康讲座的，还有3%的社区没有组织过老年人身心健康讲座，并且不希望社区组织老年人身心健康知识讲座。

4.社区老年人健身活动场所

在对“社区老年人健身活动场所”的调查中发现，老年人在公园和广场进行体育锻炼活动的人数最多，社区老年人活动中心也是老年人进行体育健身活动的主要场所。但是，很多社区并没有设立社区老年人活动中心，也有一部分老年人选择去健身房锻炼身体。

5.老年人对自己所住社区提供的运动场馆的满意度

在对“老年人对自己所住社区提供的运动场馆的满意度”的调查中，65%的老年人认为自己所居住的社区提供的运动场馆并不合格，只有35%的老年人对自己所居住的社区提供的运动场馆感到满意。

6.社区设立心理咨询室需求

关于“社区设立心理咨询室需求”地调查结果显示，社区里设置心理咨询室的只有3%，80%的老年人表示，社区设立心理咨询室是有必要的，还有20%的老年人觉得没有必要设立心理咨询室，对他们的身心健康没有帮助，所以不支持设立咨询室。

三、城市社区老年人健身与身心健康发展中存在的问题

本文对Z社区500名老年人的调查真实、有效，能在一定程度上反映城市社区老年人健身与身心健康发展中存在的问题，具有代表性。通过对调查结果的对比分析发现，城市社区老年人在健身及身心健康方面普遍存在以下几点问题：老年人自身的问题、社区的问题、社会政策的问题、公众意识的问题。

（一）老年人的“思”与“行”不相协调

老年人自身的问题主要表现在活动强度把控不足，健康意识不强，健身形式、健身方法有待完善三个方面。

1.活动强度把控不足

有些老年人认为活动身体就是健身，每天走几步就能强身健体，存在形式主义的想法。也有些老年人存在急功近利和半途而废的做法，或者采取一些高强度但并不适合自己的锻炼方式，或者锻炼了几次之后身体的反应没有很快表现出来，就产生挫败感放弃运动。这些都是不全面的、需要完善的健康意识。

2.健康意识不强

社会的发展带来人们生活水平的提高，如今不再是以前为温饱奔波的年代了。这就导致许多老年人认为衣食无忧、体无疾病就是健康，自身无病痛，体检无超标便可放心。心理上的健康看不见摸不着，并无大碍，心理需要靠自己调节，不需要他人帮助，对心理咨询机构存在不信任感。这是妨碍老年人身心健康发展的意识问题。

3.健身形式、健身方法有待完善

调查结果表明，老年人健身形式过于单一，主要以散步、慢跑、太极

拳、广场舞等为主，只选择耳熟能详、比较简单的个人喜好方式，很少尝试其他多样化的锻炼方式。对于健身项目的不了解，是制约健身发挥出它应有作用的一个因素。当前老年群体健身的活动量、锻炼时间、锻炼效率等方面都比较随意，无规律、效率低，缺乏科学性、系统性，很多老年人不懂什么是科学的健身。不科学的健身方法容易造成盲目跟风、半途而废，甚至对身体健康产生反作用，难以实现强身健体的目的。

（二）社区的“管”与“放”效率不高

社区的问题主要是城市社区老年人健身场地不足、设施不够完备。随着政府对大众运动的重视，许多运动场馆应运而生，然而我国人口基数大，人均占有运动场馆面积不足，运动场馆的赛事作用、教学作用大于公益作用。老年人更是成为运用运动场馆的“弱势群体”，具体表现为：公园、广场户外运动场地居多，受自然条件制约较大；器材部件缺失，年久失修，不够整洁；场馆有使用限制，缺乏对老年人运动场馆的关注；社区内部运动场馆少，遥远的路途也是对老年人健身很不便的因素。

（三）社会政策的“扶”与“帮”落实不力

社会政策方面存在的问题是城市社区缺乏老年人健身指导员。目前，我国社区体育管理机构不够完善，缺乏科学的老人健身安全体系，不利于老年人体育活动的开展。人体随着年龄的增长会产生眼花、耳鸣等问题，老年人本身对于健身器材的了解有限，如果仅是文字解释器材的使用方法，会对一些老人造成不便。有些健身项目的使用强度需要控制，老年人并不知道，这反而会对身体造成反作用。有些老年人在健身过程中可能出现突发情况，例如头晕、呕吐或者休克等，这都需要社区配备老年人健身指导员。

（四）公众意识的“助”与“推”依旧片面

意识需要通过实践来进行落实。但城市社区中存在对老年人身心健康重视度不足、推动老年人身心健康的实践不完备的问题。城市社区是老年人退休后的主要活动区域，社区很少组织专业知识讲座，没能对老年人的身心健康发展做出科学指导。大多数的老年人还是希望社区能组织一些身心健康方面的知识讲座的，但也存在无所谓不感兴趣的老年人，这是需要进行意识指导的。城市社区没有心理咨询室，忽略了老年人心理健康发展。老年人由于生理和心理方面的双重压力，会产生很多心理问题，也许不是肉眼可见，但持久下去会对人的身心健康产生影响。设立心理咨询室提供了一个解开心理疑虑、与他人沟通的途径，社会应当关注老年人的心理问题。

四、促进社区老年人身心健康发展的对策

老年人的身心健康与上述因素密不可分，笔者根据此次调查结果分析整理，对促进老年人身心健康发展提出了以下对策。

（一）开展老年人身心健康科普教育，丰富老年人健身项目

健康的生活方式来自全面的健康意识，只有拥有了良好的健康意识，人们才会懂得调控自己的生活。对于健身和心理健康知识的缺乏是阻碍老年人选择健康行为的重要因素之一，老年人需要改变不恰当的健康意识。加强老年人健身文化素质培养，通过社区广播、社区阅读、志愿者上门等方式让老年人不需要付出多少脑力和体力活动，就可以接受健康科普教育。利用门诊对老年人进行健康教育，不仅能够提供正确的健康指导，也缓解老年人对社区心理咨询机构的不信任程度。加大对老年人自我保健常识的宣传力度，利用大众传媒的方式，完善预防保健健康部门，增加健康机构的投入，满足老年群体的心理需求。

选择合适的健身方式有助于老年人提高获得感。老年人参与的体育项目可以分为四类：身体类、器材类、棋牌类、教养类。身体类是以四肢为主的运动，例如太极拳、武术、球类等项目，形式简单，容易上手，动作缓慢柔和，运动强度适中。器材类是指需持有健身器械来实现的活动，包含技巧性，对提高老年人身体协调性，预防脑血管疾病有很大的帮助，但运动时需要注意安全。太极柔力球、毽子、陀螺、空竹、太极剑、龙凤棍等是比较推

荐的健身方式。棋牌类主要是脑力活动，例如麻将、纸牌、军棋、五子棋等，对老年人的智力健康有很大的帮助，但不要长时间进行，要劳逸结合。教养类主要指养花、养鱼、绘画、书法等，能够缓解压力，舒展心胸，对缓解负面情绪有很大帮助，同时也能陶冶情操。老年人可以根据自己的需要有选择地开展体育锻炼。

（二）构建良好的老年人健身环境

公共健身场地设施需要满足老年人体育锻炼的需要。一方面政府要加大运动场馆建设的投入，缓解资源分配不均问题，竞技比赛、职工活动区域与居民锻炼场地分开，建设室内活动场地，重视老年人对健身的需求。另一方面需要社区对社区内的健身设施进行修理、加样、换新，查修设施安全隐患，防止老年人在使用过程中发生意外，坚持以发展和提高社区老年人身心健康为目的，坚持把社会效益放在第一位。社区附近的学校、公园、广场应充分利用，社区管理部门可以给予协调，提高公共设施利用率，让更多的老年人参与到健身的队伍中来，为促进老年人身心健康做出贡献。

（三）社区管理机构运行应便民高效

《中华人民共和国老年人权益保障法》明确指出，地方各级政府和有关部门的首要任务是保障老年人的生活水平和身心健康，而最直接的管理部门就是社区管理部门。关注老年人身心健康，发展社区体育建设，让社区里老年人有一个良好的健身环境，为老年人提供最基础的物质条件，是社区管理的基本职责。推动社区体育管理机构的发展，构建科学的老人健身安全体系，配置城市社区老年人健身指导员，这是开展社区体育活动的重要保障之一。城市社区加强对健身指导员的专业化培训，或者与体育学校沟通，选派专业人员，必要时选派医护人员并给予相应报酬。健身指导员应当是理解老年人，关心老年人，爱护老年人的，并对老年健身项目有所了解，给予老年人科学的健身方式指导，针对不同的老年人、不同的健身项目制定不同的活动量和锻炼时间，达到不同的锻炼目的，协助老年人养成规律、高效、科学、系统的健身习惯。

（四）社区环境多样化、健康化发展

社区应开展多样化的文体活动，加大对老年人健康知识宣传，定期开展健康讲座或科普广播，宣扬敬老爱老的传统美德。社会应该关注老年人心理健康问题，社区应当开设心理咨询室，社区卫生服务部门做好宣传和管理工作，使居民对心理咨询有正确的了解和信任感，愿意接受心理咨询，并切身感受到心理咨询室的实际意义。社区应当定期组织专业的知识讲座，参加讲座还能够增加人与人之间的交流，通过老年人实际案例或现场交谈，对那些对于老年人心理健康及咨询存在误解甚至有反对心理的老年人给予和风细雨的引导纠正。社区可以建设“老龄小食堂”，主要针对能自理，但不想自己单独在家做饭的单身老年人或者偶尔不想做饭的老年人。社区卫生服务站应做好社区老年人身心健康的监测，每年定期组织健康体检，把控老年人身心健康。

五、结语

对社区老年人健身方式调查的目的是为了帮助老年人正确认识身心问题并解决其身心困惑，要想实现健康老龄化不仅要有健壮的体格、开朗的性格，还要有健康的心理状态。经过对社区老年人健身现状的调查分析，使社会及各社区可以及时了解老年人的心理状况，预防老年人心理危机的产生，促进其身心健康，从而有助于实现健康老龄化社会。

（指导老师：宋娟）

城市老年人养老方式选择的影响因素分析——以D社区为例

毕淑婷

伴随着人口红利的消失，我国步入了老龄化社会。孝敬老人、赡养老人是我国的优良传统，构建和谐社会，满足老人生活需要，提升老人老年生活品质是我们的奋斗目标。但如今我国的养老保障制度还处于逐步完善的阶段，社会养老服务体系尚未形成，随着老龄化进程的不断加快，家庭面临的养老压力已经成为社会问题。研究发现，城市老年人的养老方式较为单一，主要是家庭养老。为打造科学养老方式，不断完善养老服务产业，提高老人的幸福感，本文通过探究城市老人养老方式选择的影响因素，为优化城市老年人养老方式提出建议，推动城市养老服务科学发展。

一、绪论

（一）研究背景

如今我国人口老龄化程度加深，已经成为非常严峻的社会问题。国家统计局数据表明，2019年我国有17603万65岁及以上的人口，占总人口数量比重的12.57%；有25388万60岁及以上的人口，占比为18.1%。老龄化程度会随着时间的推进而渐渐加深。随之而来的老人患病、失能、丧偶、无人照料等一系列问题不断增加，养老需求更加丰富且迫切。为清除养老服务的发展障碍，要健全养老市场机制，持续完善政府、社会、家庭等全方位支持的养老服务体系。通过透视我国城市的养老方式，发现大多数老人还秉持着“养儿防老”的理念采取“家庭养老”的形式，这已经不能适应当今养老需求，社区居家养老等社会化养老方式逐渐兴起。为顺应社会发展需要，研究老年人养老方式选择的影响因素，应深入探究老年人的需求，以期优化养老方式，缓解社会压力，解决养老难题。

（二）研究意义

在城市化进程加速与老龄化问题加剧的双重压力下，家庭结构的变化使传统的家庭养老方式受到挑战，解决养老问题刻不容缓。研究我国老年人养老方式选择的影响因素能够明确未来发展方向。另外，养老已成为民生热点话题，对我国老年人的养老方式选择影响因素的探讨是符合国家、社会及个人利益的尝试，可以有针对性地制定城市相应的养老服务政策，对国家在养老体系构建、养老政策制定和养老工作开展具有一定的指导意义。

人口老龄化理论以问题为导向，研究社会形态转变进而把握人口老龄化的治理路径。以人口老龄化理论为基础，探讨城市老年人个体因素、社会环境、家庭因素等对其养老方式选择的影响作用，丰富既有研究内容，探究当前养老方式存在的问题，给养老方式的优化提出一些意见。

（三）国内外研究现状

国外学者认为影响老年人养老方式选择的因素包括人口统计学特征、自身条件和经济资源的可及性及家庭规模与结构的变化等方面。研究老年人养老方式选择的常规因素主要指年龄、性别、健康和婚姻等。收入的增加降低了老人与其子女居住在一起的意愿。国内学者总结出老年人养老方式的选择主要受个人、家庭和社会三个方面的影响。个人因素方面，龙书芹、风笑天在调查老年人养老意愿时指出，年龄和教育水平对老年人的养老意愿存在着明显的影响。杨晓龙、李彦印证了此观点：有一半较年轻的老年人表示乐意选择机构养老，而年龄大的老年人不愿选择到养老机构养老。陶涛、丛聪提出心理因素是影响老年人选择养老方式的关键因素，老人注重心理感受，而不是受客观条件限制。对于代际支持和家庭氛围因素，学者们给出了基本统一的结论：（1）子女把老人照料得越周到、给予的经济支持越充足，老年人选择家庭养老的意愿越大；（2）家庭关系越融洽，家人尊重老人，老年人选择家庭养老的意愿越大。在社会因素方面，肖云、随淑敏从福利经济学角度出发，调查失能老人后分析得出，政府是否给予老年津贴，影响着老人是否选择机构养老。

随着社会的发展，老年人在养老方式的选择上也发生了一些变化。面对各式各样的说法，笔者在其他学者研究的基础上对养老方式选择的影响因素进行合理筛选，对其进行了分类研究。在我国，城市的经济收入、医疗保健、健康服务、社会福利保障、家庭结构等方面都会对老年人养老方式的选择产生影响。因此，本文以城市老人为研究对象，结合对D社区的调查，探讨城市老年人个体因素、家庭因素和社会因素对其养老方式选择的影响。

（四）研究思路方法与可行性分析

1.研究思路与方法

本文采用了文献法和调查研究法进行探究。运用文献研究法对可能成为城市老人养老方式选择的影响因素进行梳理，再对这些因素进行合理的筛选和归纳，研读老年学的相关理论，搜集了解相关政策，夯实文章的理论基础，提升文章理论性。在文献研究的基础上，运用问卷调查和访谈调查并行的形式，以D社区的老年人作为调查对象开展研究工作，自主设计调查问卷，问卷分为老年人基本情况调查和老年人养老方式调查两部分。

2.可行性分析

自我国迈入老龄化社会以来，老年人口迅速增长，养老问题作为老龄化的核心议题，研究其解决措施刻不容缓。针对养老服务，学界以往的研究重点放在关注城市孤寡、独居、贫困等处于弱势的老年群体上，城市中的其余老人被广泛看作是享受体制内资源和福利的强势群体，因此往往会被忽视。实际上，城市的老年群体对于高标准、高层次的养老服务需求与现存养老服务体系不完善之间也存在着突出的矛盾。

本文选题符合科学研究的正确方向，积极响应了国家要求，通过研究城市老人养老方式选择的影响因素，思考解决负面影响因素的措施，从而满足老年人多元化需求，具有理论价值和现实指导意义。笔者利用所学的社会福利政策及社会学、老年社会学的知识，发挥自己的专业优势，结合中外学者丰富的学术理论对城市老年人养老方式选择进行了深入研究。

二、城市老年人养老方式的相关概念

（一）养老方式

养老方式是养老模式、养老制度的具体运作过程。根据现有的关于养老方式的文献，学者从养老方式的不同角度提出了不同分类。张栋在研究中把养老方式划分为居家养老、社区养老和机构养老。胡冬梅着重研究了选择机构与非机构两种对立的养老方式的影响因素。穆光宗根据养老资源供给者分成自我养老、家庭养老、社会养老。朱冬梅按照经济、生活、情感的提供者划分为社会养老和家庭养老。本文按照养老服务提供的不同方式，将养老方式分成家庭养老、社区居家养老和机构养老。

（二）家庭养老

家庭养老是以家庭为载体，由家庭成员，主要是由子女从经济方面供养老人、生活方面照顾老人、精神方面对老人进行慰藉。反映了父母抚养子女，子女赡养父母的一种互惠关系。家庭养老又可以按供养者分类，分成子女供养、夫妻互助养老和自我养老。家庭养老方式在生产力水平低的时代背景下起到了稳定家庭的作用。

（三）社区居家养老

社区居家养老是老人居住于熟悉的家里，得到家人照料以及享受社区组织提供的各种服务的一种养老方式。它是位于家庭养老和机构养老之间，以社区作为依托，以正规机构和社会组织作为支撑，整合社区内各种服务资源，为老人提供饮食、清洁、沐浴、医疗等服务的一种养老方式。

（四）机构养老

机构养老是老人居住在养老机构，老人的经济来源大部分依靠国家、家人或自身，养老机构为老年人提供福利性、非福利性、营利性的养老服务。机构养老可以有效保障老年人晚年生活。

三、城市老年人养老方式选择的现状分析

在分析影响因素之前，先对城市老年人养老方式现状进行了整理和总结，同时针对养老现状对D社区的老人进行了调查。为了保证数据收集的有效性，考虑到D社区老年人文化水平和认知能力，此次调查采用线下问卷调查和电话调查相结合的方式，并对老年人理解起来有困难的问题进行解释说明。从整体上看，家庭养老是目前城市的主要养老方式，选择社区居家养老和机构养老的老人占比较小，调查的结果与之相符。

（一）家庭养老方式仍占主导地位

长期以来，受传统思想的影响，家庭养老是主要的养老方式。随着家庭结构的变化以及家庭养老功能的弱化，家庭养老面临相当大的压力，养老方式社会化是基本趋势。但是目前看来，家庭养老还是多数老人的选择。通过调研数据发现，选择家庭养老的老年人数量占总体数量的74%。

性别分布方面，男性老人占48%，女性老人占52%，女性老人选择家庭养老的比例与男性老人差距不大。从年龄分布来看，75岁以上的老人占68%，60—75岁的老人占32%，其特点是年龄越大的老人选择家庭养老的比例越大，年龄大的老人往往需要更细致的照料，养老全权由家人承担，这也意味着子女需要付出更多的精力在老人身上，养老的负担加重，对年龄大的老人来说是一种不科学的养老方式。从身体健康情况看，健康老人占56%，状况不佳及不能自理的老人占44%，两者选择家庭养老的比例差距并不大。收入方面，月收入1000元以下的老人占82%，月收入2000元以上的老人占18%，收入低的老人在缺少经济支持的情况下没有主动选择养老方式的权力，对于老年的生活质量没有过多要求，对于服务也没有购买力，只能靠家人养

老，这也加重了家庭养老的经济负担。思想观念方面，调查“是否赞同养儿防老观念”时，选择赞同的老人占80%，回答不赞同的占20%，说明思想传统的老人更倾向于选择家庭养老。从教育程度看，初中及以下学历的占比78%，其余为初中以上学历。本次调查的老年人均是60岁以上的老人，因而整体文化程度不高。从子女的数量情况来看，有1个子女的老人占62%，多子女的老人占38%。从社区和机构的角度来看，社区不能提供服务或对服务不满意的占86%，社区提供服务且满意度较高的占14%。城市老人对机构养老和社区居家养老的需求不一样，这就需要机构和社区做出相应努力。

（二）新型的社区居家养老方式尚未普及

理论上，社区居家养老将家庭照顾责任分解成社区、机构和家庭共同承担，是科学高效的养老方式，能够在很大程度上减轻家庭养老的沉重负担，且又能整合利用既有的社区资源，减少社会投入。但是选择社区居家养老的老人仅占总样本的9%，此情况值得我们去思考和探究。

思想观念方面，在选择社区居家养老的老人中，表示赞同社会养老的占84%，其余16%的老人表示不赞同社会养老，他们之所以选择居家养老基本是因为缺乏家庭供养和机构养老条件。选择社区居家养老的老人，往往是受教育程度高、思想观念比较先进的老人，逐渐接受依靠自己和社会资源养老，不再完全依靠于子女的供养，这是一种良好的现象。从收入来看，月收入2000元以上的老人占69%，2000元以下的老人占31%，收入高的老人往往能支付得起社区各种各样的服务。从健康状况来看，身体健康的老人占85%，身体状况不佳的老人占15%，对于很多半失能、失能的老人来说，社区居家养老不能给他们带来良好的照料服务，因此他们不选择社区居家养老服务。在老年人的婚配方面，与伴侣共同生活的老人占样本总数的67%，而不与伴侣共同居住的老人占样本总数的33%。这说明，夫妻之间可以相互照顾和慰藉，对于没有伴侣的老人来说，社区居家养老无法给老人带来充分的精神慰藉，选择社区居家养老会感到孤独，还是希望能够寻求子女或其他亲人的陪伴，因此对社区居家养老的积极性不高。对社区居家养老服务的满意程度是选择社区居家养老服务的关键因素，对社区居家服务不满意的老人，只有3%的人选择了社区居家养老。

(三)机构养老方式逐渐被更多的老年人接受

机构养老具有自身的优势，能够为老年人提供系统化的照顾服务，尤其是针对身体状况不佳的老人，能够提供比较专业的医疗照顾和康复服务等。从数量上看，选择机构养老的老人占总样本的17%，能够承担机构服务费用、观念比较先进的老人选择机构养老是为了满足多样化需求，因此机构提供的服务质量应该更高。

从健康状况来说，身体状况良好的老人占29%，身体状况不好的老人占了71%，他们需要得到专业护理人员更细致周到的照料因而选择机构养老，但机构代替不了家人，这类老人往往也需要家人的关怀，很多机构因为选址比较偏远，加上老人子女工作繁忙，不能经常看望老人，这使得老人更加孤单。从家庭关系来看，家庭不和谐的老人占了61%，剩余39%的老人家庭较和谐。家庭关系不良的老人为了避免家庭矛盾而拒绝家庭养老，这些老人在晚年得不到子女的孝敬，心里往往比较空虚寂寞。从老年人的婚配情况来看，与伴侣共同居住的老人占样本总数的23%，而不与伴侣共同居住的老人占样本总数的77%，很多单身老人选择机构养老的意愿比较高，他们对于有他人陪伴的需求很大，这也对机构养老的精神慰藉服务做出了要求。

从上述现状分析得出，目前城市老年人的养老方式选择仍然以家庭养老为主导，社区居家养老和机构养老所占比重过低，这与老龄化进程及家庭养老压力是相悖的，体现了养老方式选择的非理性。因此，我们需要进一步分析养老方式选择的影响因素，明确其中导致选择出现偏差的消极影响。

四、城市老年人养老方式选择的影响因素分析

养老方式选择意愿的影响因素众多，现有的研究已形成一些有价值的观点，比如，张栋把老年人养老方式选择的影响因素分为了主观因素和客观因素两个方面。主观因素指老年人的思想观念，客观因素指经济条件、自身健

康状况、家庭状况和客观环境。本文把影响养老方式选择的因素进一步细化为老年人的个体因素（年龄、健康状况、思想观念、经济条件等）、老年人的家庭因素（婚姻状况、子女数量、家庭和谐度等）和社会环境因素（政府政策、社区服务水平、机构发展情况等）三部分，使研究内容更加丰富全面。

（一）老年人的个体因素

年龄因素对于养老方式的选择具有明显影响。随着年龄的增长，老人们不希望入住机构养老，原因是他们对新鲜事物已经没有了好奇心，不想再接受新的养老模式，他们更希望得到家人的照料，更想在家安度晚年，追求平静安宁的生活。但是年龄越大的老年人，自主选择的能力越差，往往会出现意愿与现实的不一致。

老年人对养老方式的选择也受到身体健康状况的影响。从个人偏好上看，身体状况较好的老人比健康状况差的老人具有更多的选择权，身体不健康甚至失能的老人更倾向于选择家庭养老。而现实情况是，健康老人更倾向于社区居家养老，不健康的老人更倾向于机构养老，社区居家养老不能满足老人对于医疗和照料的更高需求，且他们认为在能自理的前提下，在家生活更加自由方便，身体不健康的老人更需要得到机构的专业照料和陪护。

思想观念对老人的养老方式的选择也有影响，思想观念与文化水平密切相关。思想保守的老人会受传统观念影响较深，不易接受新兴的养老方式，尤其是教育水平比较低的老年群体，对入住养老机构有刻板偏见，认为机构养老是子女不愿养老、丢人的表现，对于“养儿防老”持支持态度，认为三代同堂才是最幸福的生活状态。

影响老人养老方式选择的另一个重要因素是老人的经济条件，包括经济收入和财富状况。相比农村老人，城市户籍老年人的退休收入较稳定，很多老年人还能得到子女的经济支持，拥有房产、存款、股票等一些资产的老年人在养老方式选择上更具自主权，这使得城市老人开始有意识地考虑独立居住的养老方式。但现如今我国的老年福利事业还存在着立法不全面、覆盖面狭窄、服务水平低的问题，有一些居住在城市的老人没有经济收入，享受不到福利政策，在消费水平高的城市生活无法购买社区以及机构的相关服务，只能依靠家人维持基本生活，因而选择家庭养老的方式。

（二）老年人的家庭因素

在现代社会，家庭的形式和结构虽然发生了改变，由传统的联合家庭转型为核心家庭，但家庭的重要性和地位没有发生改变，中国传统的家庭文化不可能随着时代的变迁和家庭的结构变化而土崩瓦解，家庭代际支持关系发挥着无可替代的作用。因此，我国最主要的养老方式还是家庭养老，并将在短时间内持续占据主要位置。

在家庭因素中，老人的婚姻状况会对其养老方式的选择造成一定的影响。就婚姻状况而言，有伴侣的老年人比单身的老年人更愿意选择家庭养老，老人对于陪伴的需求较大，他们更倾向于和伴侣互相陪伴度过晚年，老年伴侣在生活上互相照应，在心灵上更相通，一起生活更自由轻松。缺少配偶陪伴的老年人则更倾向于社区居家养老或者机构养老，以获得更多的社会性服务和精神慰藉需求。

子女的数量对老年人养老方式的选择影响较明显。一般来说，老年人对子女有一定的依赖，更倾向于得到家人的照料，尤其是家里有孙子（女）、外孙子（女）的老人，更希望和子女住在一起，得到家人的照料，同时还能照看孙子（女）和外孙子（女）。但是，并不是子女数量越多越偏好家庭养老。子女越多的老人，选择社区居家养老和机构养老的意愿反而越高。从理论上看，子女越多，父母本可以获得更多养老资源，但实际上，子女越多，家庭情况越复杂，子女间可能会互相推诿养老责任。如果子女在父母养老问题上难以达成共识，会产生家庭矛盾，老人为了避免此现象，往往选择不和子女居住。再者，子女的性别对老人养老方式的选择也有影响，有儿子比有女儿的老人更容易选择家庭养老，因为受传统观念影响，儿子发挥的养老作用更大。

老年人居住方式的选择在很大程度上取决于与家人的关系是否和睦。处于和谐氛围家庭里的老年人更愿意选择家庭养老，与子女同住，家庭较不和谐的老年人不愿意选择家庭养老，因为在家庭中得不到应有的温暖和照料。

另外，老人养老方式的选择往往决定于家庭而非个人，子女的意见是影响老人养老方式选择的另一个因素，他们往往呈现出一种正向关系，子女支持老人入住养老机构，老人选择机构养老的可能性就大。在代际关系和谐的家庭，老人往往乐于倾听子女的想法，而子女也尊重老人的意愿，会综合考虑各种利弊共同进行养老选择。

（三）社会环境因素

经济社会发展状况及社会保障制度为养老方式选择提供了基础。对于城市老年人来说，城市经济社会发展水平高，个人经济收入可以自主灵活分配，同时社会公共设施、医疗资源、养老机构相比于农村比较完备，养老机构数量上不断增多，这就使得城市老年人对家庭的依赖逐渐减小，养老需求呈现多元化趋势，老年人选择机构养老和社区居家养老的比例逐渐升高。政府在养老机构和社区服务方面的政策支持系统并不完善，政府出台了鼓励养老机构和社区发展的政策，但很多未得到严格的执行和细化落实。比如政府对养老机构有相应的财政补贴和贷款优惠，现实情况是，政府每年都会给公办养老机构大量的资助经费，而民办养老机构却很少获得政府的资本注入。再者，社区和机构在资金来源上比较单一，仅靠政府的支持远远不够，尤其是很多民办养老机构运营困难，无法享受到政策优惠，贷款融资困难，运营风险大，负担沉重。此外，由于政府的补助工作没有落实到位，很多贫困的老年人没有能力长期接受机构和社区的养老服务。

社区居家养老服务发展状况对于养老方式选择的影响较大。社区居家养老需要整合社区内外资源，构建非正式支持系统和正式系统共同为居家老年人提供针对性的服务，这样的养老方式更科学。但目前来看，社区居家养老发展整体滞后。社区的养老服务场地面积小，服务项目少，服务设施不完善，服务模式单一，服务人员整体专业素养低且数量不足，缺少具备专业技能的社工、心理咨询师等专业养老服务人员，老年人想选择社区居家养老但不具备相应的条件，大部分受访老年人表示从未或较少享用过社区养老服务，对社区居家养老缺乏体验，因而只能选择自己信任的家庭养老。

市场化养老机构的价格和服务内容对养老方式选择具有较大影响。养老机构自身发展能力不足，收费较高，但不能满足老年人多样化需求。养老机构提供的床位有限，很难满足数量巨大的老年群体，因此市场价格较高，使得部分老人无法承受。同时，养老机构的服务内容具有局限性，多数只是为老人提供吃住和简单的照料，缺少对老人心理上和精神上的慰藉。很多机构护理人员专业素养不强，社会资源整合不到位，服务难以辐射到周边社区，这些都使老年人选择机构养老的意愿很低，很少有老年人能够真正发自内心地向往养老机构内的生活。

五、城市老年人养老方式的优化对策

城市老年人养老方式的选择受到多重因素的共同影响，这些影响既有积极的推动作用，也有消极的阻碍作用。为了使老人能度过幸福的晚年，引导老人选择科学的、适合自己的养老方式，应积极探索养老方式的优化对策。

（一）政府完善相关制度政策，推进科学养老方式

虽然城市老人整体收入比农村老人高，但是也依然存在很多收入不高的老人不能长期购买养老服务。政府应推出针对老年人各个方面的福利政策，鼓励社会各方力量参与推动养老服务的发展，加大人力、物力、财力的支持，保障老年人基本生活需要，满足老年人的养老需求。医疗方面，不仅要保障老年人的住院诊疗，还要保障老人的日常护理、体检，为老人提供足不出户的医疗服务，做到真正的“老有所医”。不仅要关注老人的身体健康，也要关注老年人的心理健康，如招募社会志愿者和社会工作者提供精神慰藉，开展各类活动，使得老年人的生活多姿多彩。另外，收入保障是福利政策的重要方面，完善城市老人的养老保险、养老金制度，使其惠及更多老年人。对于城市中的特殊老年人提供免费养老服务，对于有经济能力主动购买服务的老人，给予适当补贴。

政府政策的引领与扶持对养老机构特别是民办养老机构的发展起到了至关重要的作用，要制定有效的措施来促进养老机构的发展，使养老机构形成

一个专业的服务团队，为老人提供更科学的养老服务。政府要依据相应的地方标准进行严格的监督，对资质审批严格要求，加强机构养老设施在运营上的管理和把控，使资源得到有效利用，建立规范的行业体系。此外，政府在选择投资合作对象时，还可以拓宽选择范围，引进社会组织、企业参与养老机构投资支持。

社区居家养老可以缓解老龄化带来的问题，既可以弥补政府财政负担过重的问题，也可以解决家庭养老的压力大的问题，因此，发展社区居家养老势在必行。面对社区居家养老发展缓慢的问题，政策支持是关键，政府要完善法律制度，使社区居家养老服务制度化，明确规定服务内容和质量标准。在具体实践过程中，政府需要根据地区差异，制定不同的方案推进社区居家养老的发展。除了政府方面的支持，还应开发多种投资渠道，鼓励社会资本对社区居家养老模式的投资，支持单位、企业、社会组织等为选择社区居家养老的城市老年人提供专业化、多样化的养老服务。

（二）依托社区，加快发展社区居家养老模式

就目前来看，中国社区居家养老模式发展相对落后。针对此情况，社区需要构建多元化的供给体系：在生活照料方面，为老人提供购物、饮食、家政、辅助出行等服务；在医疗保健方面，社区要建立完善的医疗服务体系，为老人提供高效的医疗护理服务，如临终关怀、定时体检、医疗康复等，还应提供医疗上门服务，让不方便的老人足不出户就能享受服务；在文化娱乐方面，引导老人参与社区活动，为老人提供老年兴趣课程，这样可以丰富老人的精神生活；在法律援助方面，为老人提供法律咨询，对老人进行法律宣传，预防老人上当受骗。

老人的精神慰藉需求也不可小视，社区需要构建社会支持系统，联合社会组织、社会工作者等各界人士进行无偿公益性养老服务，为老人提供心理咨询服务。其次，还要发展亲友、邻里互助养老服务模式，根据老人的自身情况进行一对一配对，让健康老人帮助失能老人，年轻老人帮助年长老人，满足老人日常交往和渴望理解的需求。

社区应整合各类资源，实现资源利用的最大化。首先要和机关、团体单位和个人合作，利用居住区附近闲置的场所和设施，开放更多的服务场所，给老年人提供医疗、文化、娱乐、健身服务，与家政、物业等企业合作，发挥行业优势，扩大养老服务覆盖面，给社区老人提供专业的多元化养老服务。其次，加强社区养老专业人才队伍建设，做好专职服务人员的上岗培训、监督管理等工作，形成完整的培训和管理体系。社区对各类养老服务也要给予宣传，创造社区爱老、敬老、助老的优秀社区气氛。社区还要因地制宜不断探索，按时进行工作总结，及时发现需要改进之处，并提出有效的解决措施，推进工作的有效开展。

（三）改善机构养老方式，提升服务水平和质量

养老机构和其他机构的不同之处在于，它是提供“全人、全员、全程”服务的机构，“全人”指的是机构会满足老年人从身体到心理各个方面的需要，“全员”指的是全体员工共同努力，给老人提供科学、专业的优质服务，“全程”指的是当老人入住养老机构的那一刻起，机构全体人员会提供优质服务一直陪伴老年人度过晚年生活。为顺应时代发展，应把“互联网+”加入养老服务的体系中，推进智慧养老产品和服务的试点工作，运用互联网技术，节省人力成本，也更高效地为机构老人提供良好的服务。

正是养老机构专业性和科学性的服务决定着它的不可替代性，但现有的养老机构尚未发展完全，无法满足养老需求，许多老人在寻求养老机构时依旧面临着很大难题。城市老年人在经济水平、年龄、健康状况等方面存在着个体差异，因此他们对服务水平、医疗水平等存在着不同的需求，机构养老需要按老年人的不同需求提供不同的服务模式，放宽准入门槛，比如为空巢独居老人安装“一键求助”紧急呼叫装备，为经济条件好的老人提供外出旅游、老年教育等内容，为失能、贫困的老人提供免费或者低收费托养服务等。

机构应顺应时代发展，整合社会资源，与附近幼儿园、小学合作，定期组织学校的孩子陪伴老人，缓解老人的孤独感。与医院进行合作，向医院寻求更科学的诊疗并给居住在机构的老人提供优惠政策，定期为老人安排体检

等服务，真正做到医养结合。鉴于有些老人既有到养老机构接受照料的需求，又不希望离家太远，为此，养老机构需要辐射周边社区，为周边社区提供居家和社区养老服务，或改建为社区嵌入式小型养老机构，不仅能够满足老人在家附近养老的需求，方便子女进行看望，还让老人享受到专业的服务。

（四）引导老年人转变思想观念，提高家庭生活质量

自古以来，受经济发展社会水平和传统观念的影响，家庭扮演着养老主要承担者的角色，但受计划生育政策的影响，“4—2—1”家庭结构也越来越普遍，传统的家庭养老方式面临着经济压力，也面临着服务供给的压力，靠子女养老的方式与社会现实脱节，几代人差距较大的思想观念产生的代沟容易破坏家庭和谐，因此，改变传统的养老方式迫在眉睫。社区居家养老和机构养老可以一定程度上承担传统家庭的养老服务压力。但很多老人受传统观念影响深远，认为家庭养老才是子女孝顺的体现，坚持与子女同住。针对此问题，政府要运用舆论手段对养老机构和社区居家养老进行大力的宣传，对居民进行思想教育，从而转变其对机构养老的错误认知，认识到脱离子女的养老方式并不是子女不孝的体现，而是减轻子女负担的方式，为老年人选择机构和社区居家养老提供心理基础，使越来越多的老人能够接受和认可社区居家养老和机构养老。为吸引老年群体尝试机构养老，政府可以提供新型养老方式的体验服务，真正让老人从内心体会到新型养老方式的优势，从而接受新型养老方式。

在未富先老的背景下，子女有自己的家庭且工作繁忙，往往忽略了对老人的关注，出现了很多“空巢老人”，这也大大增加了老人身边的安全隐患，孤独、敏感脆弱的情绪甚至可能导致老年人心理和生理产生严重问题。家庭网络是老年人最直接、便利、可靠的资源，家人成员的地位是无法替代的，无论选择什么样的养老方式，子女都应在条件允许的情况下，多看望、陪伴老人，对于老人的需求尽可能地满足，本着“尊老、爱老、孝老”的原则，指引老人参加各种各样的活动，积极参与社会生活。

老年人的婚姻状况对家庭养老模式产生的压力起到调节作用。配偶在幸

福的老年生活中占据着重要地位，老年人的孤独感、精神空虚可以通过配偶的陪伴来缓解，配偶还能及时处理遇到的紧急状况，保障老人的安全。家人要鼓励老人根据自己的意愿选择婚姻的重组和再建，政府也应把老年人的晚年婚姻纳入关注和保障的范围，宣传新时代的自由恋爱观，破除封建婚恋思想的束缚，为老人的婚姻自由创造大环境。

六、结论

当前，城市老年人的养老方式呈现多元化发展态势，社区养老、机构养老被越来越多的老年人接受，但是现实选择仍然以家庭养老为主导，家庭养老并不能满足老年人的多样化需求。社区居家养老是符合当今社会大背景的科学的养老模式，值得大力推广，通过发展社区居家养老可以在很大程度上解决我国人口老龄化带来的诸多问题，但是社区居家养老模式正处于起步阶段，任重而道远，构建完善社区居家养老模式，不仅需要政府的引导和宏观调控，也需要社会各个组织和个人的努力。发展养老服务要综合考虑各种现实因素，加大对老年人养老意愿需求的调查与评估，摸清区域内不同层次、不同特质的老年人的养老服务需求，家庭、社区、机构共同提供高质量、专业化服务。同时要规范各类养老市场，促使各类型养老模式协调发展，发挥各自优势，兼顾各类养老服务需求。以一元为主，多元共存，构建一个完整的养老服务体系，促进各类养老服务尤其是社区居家养老快速健康发展。

（指导老师：宋娟）

城市老年人长期照护服务发展对策研究

王思淇

一、引言

人口老龄化问题已经成为全球性问题。自20世纪80年代开始，随着社会经济的飞快发展和科技进步，人类的平均寿命增长速度加快，高龄老人的数量快速上涨，各国开始重视老年人照料护理的社会问题，并逐步探索各具特色的老年人长期照护服务的发展对策。

中国在改革开放后实现了经济的快速发展，已跃居为世界第二大经济体，老年群体范围庞大，老龄化问题日益突出。全国老龄工作委员会办公室布的相关数据显示，2017年我国60岁以上的老年人口新增数目首次超过一千万人，2019年我国60岁以上的老年人口达到2.72亿人，占据全国人口总数的18.3%。按照现有的人口寿命增长和出生率预估，在2050年左右，我国老年人口将占据全部人口的35%左右，总计人数达到5.1亿人，届时我国将成为完全的老年社会。为应对高速老龄化社会的到来，我国需要制定完备的城市老年人长期照护服务发展对策，以促使城市老年人接受良好的长期照料护理，缓解社会矛盾。值得注意的是，中国社会受制于传统思想和家庭经济情况，大多数老年人依然将家庭护理作为首选，因此，向大众普及长期照料护理的服务发展对策，具有极大的社会意义。

二、绪论

（一）研究背景

我国改革开放40多年来实现了经济腾飞，已跃居为世界第二大经济体，随着经济发展，人民生活水平日益提高，使得居民的平均寿命大幅度延长。同时，随着社会城市化的发展，居民生活压力不断增加，导致社会人口出生率停滞不前，社会老龄化问题突出。在社会经济转型的当下，老年人口比重不断提高，给社会和家庭带来了巨大的经济和精神压力。家庭作为传统长期照护的基本保障单位，在现行的社会形态下，难以承担老年人长期照料护理的重担，因此社会盼望普及面向老年人照料护理的服务发展对策，以提升全社会的福利水平。

（二）研究意义

从理论角度看，本研究能够丰富城市老年人长期照护的理论体系。对于现行的中国社会而言，大多数老年人依然选择传统的家庭养老模式，而家庭对老年人长期照料护理的承担能力有限，缺乏对老年人生活照料、精神慰藉的社会化途径和模式。

本研究通过分析老年人晚年生活的物质和精神需求，对长期护理照料提出多元化、全方位的要求，以此提升人们对城市老年人照料护理需求的认知，为解决我国老龄化社会的社会矛盾，完善城市老年人养老保障体系，提供一定的思路和方案。

（三）研究方法

本文采取文献研究法、问卷调查法和归纳总结法进行研究。

文献研究法：通过查阅互联网和图书馆地相关资料，阅读国内外关于城市老年人长期照料护理领域的相关研究成果，以此形成本文研究的基本理论基础。

问卷调查法：通过实地调研社区内老年人长期护理的基本模式、对长期护理的需求、对社会护理照料模式的认知，分析我国老年人长期照料护理的现状，以此提取存在的若干问题。

归纳总结法：通过归纳总结我国老年人长期护理存在的问题，分析产生这些问题的原因，提出具有针对性的对策建议。

三、城市老年人长期照护服务的相关概念

在现行的社会形态下，对城市老年人长期照护服务的研究至关重要，以下是城市老年人长期照护服务的相关概念，包括对人口老龄化和长期照护的研究解释。

（一）城市老年人

我国城市老年人是指非农业户口居住在城镇社区年龄六十岁以上的老年人。随着经济的发展和医疗技术的进步，人类寿命逐渐延长，同时人口出生率显著低于死亡率，因此导致老年人口在人口比例中增加。高龄人口增多、增长速度较快、数量较大是人口老龄化的最主要特征。城市老年化现象更为严重，年轻人更多地追求生活品质，出生率持续走低。城市人口老龄化会带来严重的社会问题。以中国为例，中国在经济尚未达到中等发达国家水平时便暴露出的人口老龄化问题，导致社会经济发展的人口红利消失、劳动力资源减少、社会福利支出增加等经济问题，同时家庭结构变迁、社会负担增加、老年人护理问题突出、养老社会体系不完善等社会问题需要尽快解决。可以说，城市人口老龄化带来了老年人长期照料护理的难题，引发社会关注老年人生理和心理护理服务，将传统家庭长期照护服务发展为社会长期照护服务发展，在政府政策引导下，引入社会力量和公益机构，多方促进养老产业发展，满足老年人的养老需要，维护社会稳定。

（二）长期照护服务

长期照护就是在较长一段时间内对患病老年人、丧失活动能力或从未有过活动能力的老年人，进行一系列的健康护理、专业照料的社会项目。

长期照护以服务地点划分，可以分为在机构住宿照顾和居家社区照顾两种形式。

机构住宿养老就是由专业护理人员，对老年人进行身体和心理上的护理和照料，让老年人获得幸福的晚年生活。机构住宿的照顾，同时又分两个级别：一是高级别的护理院照顾，可以为身体虚弱者或是需要连续看护的人进行专门服务；二是低级别的宿舍照顾服务，提供住宿和较为一般的个人护理，比如穿衣、洗澡，可以偶尔进行个人的看护护理。

居家社区照顾首先是社区的服务，是对居住在本社区的身体不便或身体有残疾的老年人提供的帮助服务，具体有：第一，居家清扫、料理、洗衣、家庭设施维护等；第二，个人护理，如沐浴、穿衣、帮助外出等；第三，餐饮的服务，如送餐上门等；第四，身体健康服务，如家庭护理、物理医治和推拿等治疗服务。其次是社区护理综合治疗方案，其目的在于帮助那些有复杂护理需求的人群，经过老年护理的评核小组来进行评定其照护资格，服务是根据老年人每一个人的需求差别、环境差别而特定的。

老年人长期照护服务具有以下四个特点：其一，具有长期性，一般认为在半年以上；其二，差异化，针对不同的老人采取差异化护理方式；其三，专业性，由具有专业能力和素养的机构针对老年人采取护理行动；其四，具有综合性，长期护理模式不仅包含医疗照顾和基本生活照顾，还包括针对老年人的精神照料体系。

四、城市老年人长期照护服务存在的问题

目前，随着人口高龄化的速度加速，老年人的各种慢性病日益增多，生活自理能力随年龄增加下滑明显，我国老年人对长期照护的需求不断增长。而我国人口老龄化发生在“未富先老”的特殊背景下，导致社会资源在老年人长期照护服务上难以倾斜，家庭和社会提供的长期照护服务还处于比较滞后的阶段，存在的问题主要表现在以下三个方面。

（一）城市老年人长期照护服务的供给量不足

随着居民生活水平的提高以及医疗条件的改善，老年人的平均寿命不断延长，但是庞大的老年人群体中有照护需求的比例也日益提高。笔者对临沂市兰山区60岁及以上的老人进行了调研，发现其能够完成的基本生理活动的情况如下表所示。

表5-1 老年人自行完成基本生理活动统计

生理活动名称	能完成	不能完成	偶尔能完成
行走	84%	16%	0%
使用交通工具	73%	22%	5%
家务活动	51%	43%	6%
打电话	64%	33%	3%
穿衣梳妆	69%	27%	4%
洗澡	48%	43%	9%
吃饭	83%	17%	0%
如厕	72%	24%	4%

上述分析结果表明，我国老年人自行完成基本生理活动的能力普遍较弱，且不同生理活动的表现结果有所差异。其中上述完成度最高的是行走和吃饭，分别有84%和83%的老年人能够顺利完成，而表现最差的分别是家务活动和洗澡，分别只有51%和48%的老人能够自行完成。由此表明，我国的老年群体自行完成基本生活所需活动的能力堪忧，需要接受长期照护服务的老年人数量庞大。

老年人长期照护服务本质上就是医疗卫生服务体系与养老服务体系的有机结合，为失能、部分失能老年人在年老后提供生活照料及生理康复、心理健康等方面的帮助。而现在，我国的老年人长期照护首先以家庭为主，社区照护和机构照护总体上发展缓慢，致使专业的长期照护服务没法覆盖全部有照护需求的老年人群体。家庭照护依赖于子女的照料，受制于中国特有的计划生育政策，家庭照护的覆盖度逐步下降，由于社会负担较重，子女需要兼顾自身事业发展和育儿成本，因此，难以付出较大的时间成本和精力去照顾老人。近年来，我国加大了老年人照护机构的建设，针对老年人的照护机构如雨后春笋般出现，然而供给依然难以有效覆盖城市老年人的需求。以北京为例，截至2019年，北京市总计各种养老院793家，床位116973张，而北京市60岁以上老人约571万人，供给与需求之间存在巨大的差距。普通养老机构缺少专业的护理人员，品质上佳的养老机构价格昂贵，普通民众难以负担。上述问题造成我国老年人长期照护服务供给总量不足的现状。

（二）城市老年人长期照护服务的供求结构失衡

目前我国的老年人长期护理体系存在明显的供求失衡问题，服务供给与需求不相匹配，长期照护服务内容比较单一，老年人的多样化需求无法满足。供求失衡主要表现为：

首先，老年人长期护理机构数量较少、分布不均匀，主要集中在发达城市，农村几乎没有长期照护服务机构，南方城市的照护机构比北方城市的照护机构数量多，但长期照护服务机构场地有限、床位不足，难以覆盖我国规模庞大的老年群体，老年护理机构的床位难求，使更多的老年人选择家庭长期照护。

其次，老年人护理体系当中存在较大的业务缺陷，大多数老年人长期护理体系仅仅关注老人的基本生活需要，比如饮食起居、娱乐休闲，而并未有效涉足医疗保健和生理健康领域，缺乏对现有护理模式的创新和护理范围的扩展。现有的护理人员数量存在较大的缺口，由于待遇较低，长期照护人员团队不稳定，专业护理人员数量的数量较少，素质水平良莠不齐，很难留住老年人长期照护服务方面的人才。很多照护人员没有接受过任何培训无证上岗，年龄偏大，学历水平低下，专业技术水平有限，缺乏专业素养，遇到突发问题不能及时有效地解决，无法为老年人提供高品质的服务质量，而且多出现消极怠工，甚至会出现虐待老年人的现象，使老年人更加拒绝加入专业的长期照护服务机构，形成长期照护服务行业的恶性循环。

最后，老年人长期护理体系的建设还仅仅是依靠家庭模式，忽视发挥社会力量和社区力量，长期照料服务机构难以获得正确的市场信息和政策的优惠，阻碍了老年人护理体系的完善和发展，老年人的需求因而得不到满足。

（三）城市老年人长期照护服务的专业性不足

当前，作为长期照护服务的主要供给主体，家庭能够提供的长期照护服务有限，大都集中于基本生活照料方面，缺乏康复训练、精神慰藉等专业性服务。对于主要依靠家庭照护的老年人来说，家人对专业照护知识的匮乏，使老年人难以获得专业化、规范化的照护。而且老年人长期照护的内容广泛、时间投入大，家人往往力所不及。家人照护主要方面就是饮食起居、健康护理，对于康复治疗、心理健康治疗、基本护理知识有很大的盲区。

机构、社区专业照护人员数目不足，并且工作人员的专业素质不高。对临沂市兰山区某老年机构护理人员的调研发现，护理人员掌握的知识和技能非常有限，比如，关于老年护理的基本常识问题，尚有很多人员不能做出正确回答。

表5-2 机构护理人员基本常识问题的回应情况

护理题目	正确	错误
老人一日的饮水量	54%	46%
老人一餐的食用量	78%	22%
应限制摄入的食物类型	49%	51%
应急救援电话	59%	41%
老人睡觉翻身的目的	53%	47%
老人睡觉翻身的间隔时间	41%	59%

上述调查结果表明，长期照护机构服务人员也对老年受护理群体的基本护理常识存在较大的盲区，表现最为突出的问题是“老人睡觉翻身的间隔时间”，回答正确人数不到50%。而诸如饮水量、限制食用的食品类型、睡觉翻身目的等问题的回答结果也令人担忧。上述问题充分表明我国的护理人员缺乏对老年人护理的基本常识，更不必说护理所必备的素养和专业技能。部分长期护理人员难以有效分辨老人的基本生理需求，缺乏专业护理能力和基本素养。长期照护机构设施不够先进，建设不够完善且数量有限，无法满足失能与半失能老人的康复需要。对于居住在养老机构的老年人来说，护理机构专业护理人员不足，护理设施和饮食居住环境也没有跟上。且对于长期护

理而言，除了照料老人的基本生活之外，关于医疗护理和心理护理的层面仍然存在较大的空白，我们国家在这方面的学科专业建设及人才培养还存在很大缺口。总之，当前城市老年人长期照护服务的家庭照护缺少专业性，社区照护、机构照护的资源有限，专业照护服务人员数目不足，致使长期照护服务发展缓慢。

五、城市老年人长期照护服务发展问题的原因分析

当前我国城市老年人长期照护存在的各种问题，主要是因为宏观社会环境的影响，家庭照护能够发挥的作用有限，而社区照护、机构照护等社会化照护服务尚未充分发展，同时在专业服务人才方面也比较缺乏。主要包括以下几个方面：

（一）长期照护服务的家庭功能弱化

随着时代的发展，家庭结构变化了，但是传统观念还是以家庭照护为主，家庭负担沉重。受中国传统观念的影响，老年人在患病或者失去自理能力以后，往往希望由配偶、儿女进行照护。并且相对社区、机构照护来讲，家庭长期照护服务成本更低、更人性化。但是这一代老年人受独生子女政策影响，大多是一个孩子，一对夫妇要赡养四个老人甚至是八个老人，还要照顾自己的子女，压力可想而知。家庭长期照护服务，主要以照顾老人日常生活为主，护理康复、心理健康、基础设施等问题得不到切实保障。面对日益膨胀的照护需求，我国长期照护供给能力明显不足，亟待需要建设完善的长期照护服务体系。

（二）长期照护的社会化服务发展不力

社区照护是目前社会长期照护的新型模式，它首要是社区工作者提供上门或在社区服务机构进行照料的模式。但这种服务模式由于运行时间不长、发展不够成熟，其运行模式、发展机制都存在一定的局限性。同时，社区长期照护服务首要针对的是身体健康的老年人，缺少对失能老人的特殊照

料服务，因此社区对失能老人的照护服务还需大力发展。就机构照护来说，目前中国的机构照护覆盖率很低，养老服务中心、养老服务站没有充分利用起来，社会福利机构数量不足，基础设施建设不完善，缺乏管理，工作人员照护水平低下。据调查显示，老年人对社区、机构照护并无明显反感，他们认为可以减轻后代负担，可是许多失能老年人表示高昂的照护费用使他们不愿意去机构或社区进行长期照护。我国社区长期照护发展还有很大的提升空间，应提高养老机构的覆盖率。

（三）长期照护服务的专业人才不足

社区医生、护工、社会工作者、志愿者目前是我国从事长期照护工作的主体，从管理水平来看，从事老年人长期照料护理服务的专业人员非常缺乏，并且总体水平偏低，呈现出学历低、平均年龄大等问题。老年人照护机构缺乏专业的管理人才，长期照护服务队伍不稳定，人才流失现象严重，服务人员学历集中在专科、本科，专业知识储备量不足，专业技能差，遇到突发状况很难自行解决，也无法应对老年人的医疗问题。老年人照料机构专业管理人员很多都是无证上岗，服务质量得不到保障。调查显示，失能老人或者生病老人心理承受能力更低，往往会有抑郁、烦躁等症状，生活质量比其他正常老人更低，而长期照护人员的专业性不足，往往忽视老人的心理，使老年人的需求得不到满足。照料护理机构待遇不高，人员流动性大，大家对此服务职业缺乏认可，仅把此领域作为临时性就业，高校毕业生往往拒绝参加老年人照护的服务工作，许多人认为照料老年人生活健康职业发展渺茫，也抗拒加入此行业发展，因此高素质、高学历毕业生加入较少，无法培养专业的护理人员。专业人才不足，专业素质较低，团队不稳定，阻碍了长期照料护理行业的长期发展。

六、城市老年人长期照护服务发展对策

我国要借鉴发达国家的长期照护发展对策的经验教训，坚持建设政府为主导、社会介入的长期照护服务模式，积极支持社会各方力量的参与和资源

整合，慢慢创立与中国社会主义初级阶段相适应的老年人长期照护服务发展模式、对策、管理方式和运行机制。设立种类齐全的管理部门，分工明确，又相互制约，形成老年人长期照护的服务网络。以长期照料、护理康复和社区照顾为重点，重视养老设施建设，提高老年人的幸福指数。增强家庭长期照护、社区长期照护、机构长期照护与医院之间的接洽，以满足老年人对长期照护的需求。发展对策主要包括以下四个方面：

（一）构建完善的老年人长期照护服务体系

老年人长期护理问题是社会保障体系建设的重要组成部分，需要政府加强重视，建立以政府为后盾的老年人长期护理体系。具体做法有以下四点：首先，社保和养老金办应当合力制定长期护理行业的申办条件、实施办法，规范行业发展。其次，应当完善老年人长期护理服务的相关法律法规，规范《老年人权益保障法》当中的若干条款，以适应当下社会发展的需要，并同时针对长期护理市场做出法律规定，为行业发展提供健康的法律环境，引导行业走向制度化。再次，转变现有的管理模式，在社区层面上建设完善的长期照护平台，提供优良的、持续的、一体化的长期照护服务。最后，加强对老年人长期护理行业的政策支持，必要时可以采取减税、资金扶持等方式，加大对长期照护服务行业的资金投放力度，推动社会资源向长期护理行业倾斜。只有这样，才能有效发挥政府的宏观调控作用，推动全社会关注老年人长期护理体系的建设，使老年人长期照护服务更好更快地发展。

（二）引入社会资本充实老年人长期照护服务内容，并加强社会监管

老年人长期照护问题已经成为社会的重要问题。目前我国的老年人长期护理体系存在明显的供求失衡问题，因此，需要通过引入社会资本的方式完善老年人长期护理体系。具体做法有以下四点：首先，应当引入社会资本，扩大现有市场中长期护理机构的规模和数量。只有增加床位、扩大护理机构规模，才能缓解现有市场中老年人寻求护理困难的问题，使想要得到长期照护的老年人可以得到满足，进而促进长期照料护理机构的良性循环发展。其

次，加快产业体系建设，扩大行业中护理机构的业务范围，推动护理模式和护理范围创新，结合医疗体系增添更多关注老年人医疗和心理健康的服务内容，全方位满足老年人长期护理的生理和心理需求。再次，引入商业护理保险，鼓励高收入老年人群体采纳多元化的长期护理模式，为老年人长期照护服务行业注入资金活力，最终将潜在的需求转化成有效的需求，增进行业成长，提供更加全面的长期护理保障。最后，要与科技创新相结合，将高科技产品用于老年人长期照护行业，更加方便老年人平时的康复治疗、心理健康治疗等活动。

（三）推动老年人长期照护服务主体的多元化

养老事业是公益性事业，政府、家庭、社区、机构等主体都要共同参与，共同承担老年人照料护理，发挥各自的作用。构建以家庭为根本，社区为支持，专业服务机构为保障的长期照护服务体系。按照老年人失能情况和个人意愿，提供适合的长期照护服务。自理能力较好的老人可选择家庭照护，自理能力一般的老人可以选择社区照护，对照护依赖水平较高的老人选择专业机构长期照料护理，由专业的工作人员进行饮食起居、健康检查、照料护理。社区老年服务主体联合家庭和机构做好全面的评估工作，建立评估标准，对老年人的身体状况、经济能力以及照护者做好全面的评估。社区作为重要的桥梁和纽带，紧紧地将家庭和机构联系在一起，发挥至关重要的作用。充分调动社会资本和企事业单位的积极性，投资建设老年人长期照护的各种养老服务机构和基础设施，坚持“政府主导、社会介入、市场运作”的原则，一环扣一环，政府做好搭建社会和市场的桥梁，使得社会资金能够迅速流入长期照护服务行业，使老年人不仅老有所乐，还老有所养，最终取得共赢的局面。

（四）全方位推动老年长期照护专业人才体系建设

老年护理人才良莠不齐是目前我国老年长期护理行业存在的一大问题。针对专业护理人员少、护理人员综合素质较低的问题，可以通过以下几个方面进行改进：第一，推动相关高校建立健全长期护理服务专业，通过高校建设专业课程与考试，培养具备专业知识和技能的高素质人才，拓展行业队伍。第二，制定用人标准和服务准入门槛，通过建立长期护理人员的等级体系，完善行业内人才的晋升机制。第三，对现有行业内的从业人员进行再教育，并且做出严格规定，只有通过培训考试才能持证上岗，以此提高现有人员的综合素质。第四，通过完善行业监督，实施服务打分制度，激励约束护理人员的日常护理工作，严格纪律，禁止有违法乱纪违背道德的行为，比如收红包、虐待老人等，发扬尊老爱幼的优良传统美德。第五，提高老年人照料护理服务人员的工资水平，留住人才，稳住长期照护服务团队，促进长期照护服务行业的茁壮成长。只有如此，才能全方位推动老年护理人才体系的建设。

七、结论

中国社会老龄化问题日趋严重，且“未富先老”，可能会激化社会矛盾，城市老年人长期照料护理问题成为突出的社会问题。本文以此为研究对象，首先通过阅读相关文献，明确该问题的基本概念和相关理论，提出福利多元化理论作为本文的指导理论基础。其次，通过问卷调查的方式对我国城市老年人长期护理现状进行了考察，并阐明我国现有的老年人长期护理模式存在的诸多问题，包括缺少政策支持、长期护理体系供求不均、缺乏高水平护理人才等等，并有针对性地提出政策建议：建立以政府为支持的老年人长期护理体系；引入社会资本完善老年人长期护理体系；全方位推进老年护理人才体系建设。上述建议，或许可以有效减缓目前我国老年人长期护理模式存在的诸多问题，建立健全我国老年人长期护理体系，为解决我国社会人口老龄化问题、完善社会保障体系尽献绵薄之力。

（指导老师：宋娟）

城市独居老人养老现状与需求分析

吴晓莹

《2017年国民经济和社会发展统计公报》显示，我国已经进入老龄化社会。第七次全国人口普查数据显示，中国超过60岁以上老年人数量达到2.64亿，其中，空巢老人、独居老人超过一半，且数量在不断增长。而且城市独居老人比例高于农村。同时，很多独居老人面临着丧偶之痛，他们的心理可能会出现不良情况。独居老人身体逐渐衰老，对家人与朋友的依赖性日益增强，但由于传统养老模式的衰弱、社会人际关系淡漠等原因，他们在与人交往、获得朋辈支持方面却面临着困境。

一、概念界定

（一）城市独居老人

城市独居老人是指在城市中生活，年龄超过60周岁，身边没有子女等其他照料者，而独自一人居住的老年人，既包括无子女的老人，也包括有子女但是与子女分开居住的老人，既包括丧偶老人，也包括未丧偶但是夫妻双方分居的老人。

（二）社会工作

社会工作，是专业工作者遵循基本的价值理念、运用科学的专业知识和技巧，以运用个案工作、小组工作、社区工作为三大工作方法，为遭受困难的个人或家庭提供物质和心理方面的支持与服务，以帮助受助者减低压力，解决问题，挖掘生命潜能，提高个人和社会的福利水平。

（三）养老服务

养老服务，指为老年人提供必要的生活服务，包括医疗卫生、精神慰藉等服务，满足其物质生活和精神生活的基本需求，从而帮助老年人度过晚年生活的专业化服务模式。

二、理论依据与研究方法

（一）理论依据

1.社会生态系统理论

社会生态系统理论是系统理论的分支，它把人类生存着的社会环境，如家庭、团体、社区等，看作是一种社会性的统一的生态系统，强调生态系统对于分析人类行为、解决人类问题的重要性，注重观察人与环境各系统的相互作用及其对人类行为的重大影响。社工注重从服务对象所处的整体生态系统出发，改善服务对象与外部系统之间的互动，帮助社会生态系统进入良性运行的状态。

2.优势视角理论

优势视角理论，关注人的内在力量，它是指在社会工作者助人过程当中，注重关注人们周围环境中的优势和资源，而不是仅仅关注案主的问题和病理。其理论基础，是指每个人所拥有的先天能力和周边资源可以让他们有效地应对生活中的困难而不至于陷入困境。

3.社会支持理论

社会支持是指利用一定的物质资源和精神力量为社会弱势群体提供免费的帮助。社会支持理论认为，拥有越强大的社会支持网络就可以更好地面对生活的挑战。社会工作者可以运用社会支持理论，提高受助者运用社会支持网络的能力，改变生活状况。

（二）研究方法

1.文献研究法

在实地调查的过程中，积极搜集独居老人养老方面的相关文献，包括查找相关书籍、在知网上搜索相关主题等，了解国内外学者关于独居老人生活照料、居家养老模式、社区照顾等方面的研究成果，梳理出相关研究资料。

2.访谈法

社工深入独居老人的家庭及社区，亲自进行调查分析，深入了解社区内独居老人在生活照料、精神慰藉等方面的现状，掌握第一手资料，分析独居老人所处境地的形成原因，构成本文重要的研究支撑。

3.问卷调查法

对B社区内独居老人发放调查问卷来搜集社区内老人的信息，经过社工的分析，掌握社区内独居老人的基本情况信息、需求和面临的问题，使社工更好地根据社区内独居老人的具体需求提供服务。

三、城市独居老人养老服务现状及问题

（一）独居老人生活需要照料

老年人身体健康状况下降，自理能力减弱，尤其是独居老人，更加需要周围人的照顾。城市独居老人比一般老人更特殊，他们的亲子联系比农村的独居老人家庭更为淡薄，更加需要家庭成员的生活照顾与关怀。

身体状况不好的独居老人，连基本的活动，如洗衣、做饭等都需要别人的看护与帮助。身体状况还可以的老人，尚且可以自理，但是他们一旦遇到突发疾病，如意外磕碰、急性发烧感冒等，就很难自己一个人去医院，这时候需要一个照料者为独居老人提供服务。另外还有一些独居老人，他们患有严重的疾病，这意味着服务者不仅仅要提供日常照料服务，还需要兼具医疗者的角色，为他们提供特殊的医疗护理。

（二）精神慰藉难以得到满足

面对新的人生阶段，老年人身体机能下降，新陈代谢减慢，身体各部分比较脆弱，对各种风险的承受能力降低，会给老人带来焦虑、忧郁的心理压力。家庭对于老人的精神健康发挥了十分重要的作用，人到晚年，会对家人产生依赖的情感，独居老人独自生活，本来就与家人联系较少，无亲无故者更是不能得到家人的关怀，负面情绪难以排解，特别容易产生孤独的心理倾向，迫切需要精神慰藉。但是老人们年纪比较大，活动不便，有一定程度的出行困难，这使得老人们也较少与朋友、邻居等联系、交往，社会支持网络很不完整。

独居老人还要面对一系列的问题，如退休后的生活适应问题，会产生焦虑的心情，丧偶或者失去子女的悲痛情绪，与子女的相处问题，等等，都会使老人感到焦虑、压抑，严重者可能要接受心理治疗。

（三）社会经济支持程度较低

独居老人面临的经济问题也很突出。虽然城市内的独居老人可以便捷地接触社会资源，但是这并不意味着他们的经济状况得到了改善。

独居老人经济来源主要依靠退休金和社会救济、子女的支持。城市里依靠退休金的独居老人比例相对较高，他们年轻时是各行各业的主力军，为社会发展做出了贡献，但是养育子女可能花去了他们大部分积蓄，而且退休金也存在很大的差距。对于依靠补助金生活的独居老人来说，如果子女能够不定期地提供生活金来源，他们的经济状况就会好一些，但是那些无子女或者与子女不来往又丧偶的独居老人，仅仅依靠每个月的生活补助金，扣除日常生活费用、看病检查的花销，基本就是所剩无几。他们遇到小的疾病，因为身边缺少照料者，往往会选择拖延，小病就会发展成大病。一旦遇到突发状况，如重病、急病，就可能使老人处于无钱治病、无人看管的局面。

（四）社区专业化程度不高

社区不仅仅是独居老人生活的主要场所，而且还是老人获得社会支持的主要来源之一，社区在老年人精神文化方面发挥着日益重要的作用。现在城市社区养老功能刚刚兴起，能够提供的养老资源非常有限，B社区设施缺乏、基础薄弱，仅有的活动室也处于闲置状态，没有得到有效利用，服务效率极低。社区内工作人员缺乏专业的培训，服务水平仅限于入户走访等基础的服务，难以满足独居老人多样化的养老需求。

四、造成独居老人养老服务问题的原因分析

（一）照料提供者面临困难

B社区内独居老人的子女对老人提供的照料往往受到现实因素的诸多阻碍。B社区内老人的子女基本都事业有成，他们大多在外地定居，很难抽出时间陪伴父母，往往有赡养父母的孝心，但心有余而力不足。他们也面临着生活的重重压力，只能不定期地给老人养老费，弥补照料上的不足。

随着自身的年龄增大，独居老人与亲属朋友之间的走动越来越少，社区内老人腿脚本来就不灵便，而邻居间的来往，也仅限于平时出门打个招呼，聊聊天，而涉及具体的生活照料，邻居则无法发挥家人的不可替代的作用。

目前B社区尚不能发挥日常照料的功能，但调查发现，由于该社区规模小、社区内老人年龄大、活动不便等原因，老年活动室基本处于荒废状态，B社区除了几位工作人员偶尔入户走访，平时没有系统的日常照料活动。

（二）社区养老力量薄弱

目前，独居老人养老服务的内涵很广泛，不仅包括社区日间照料服务、日常慰问，还包括看病照顾、医疗护理等服务，最重要的是为独居老人提供精神陪伴与支持。社区养老刚刚兴起，社区内工作人员一时难以转变角色，侧重于行政事务的处理，缺乏相关的专业知识，忽视独居老人多方面的养老需求。笔者通过走访，发现目前社区中，独居老人主要依靠自身满足精神需求，社区难以扮演好服务提供者的角色。因为子女难以抽出时间陪伴父母，所以，社区更应该积极创新，提供多种照料方式，满足老人不同的精神文化需求。

（三）政府对独居老人养老问题认识不足

随着我国进入老龄化社会，政府出台了一系列专门针对老年人的政策法规，这些政策法规缺乏具体化的要求，单独针对独居老人的政策很罕见，但是独居老人群体具有特殊性的需求，这些需求没有在现有的政策中体现。B社区是L市内比较先进的社区，受到政府很多政策支持，但是政府在社区独居老人的养老问题方面有很多认识漏洞，没有给予足够的重视。社工在实地开展工作时发现政府的扶持资金只有很小一部分用在了养老服务方面，难以满足社区内的养老照料需求。

我国的医疗保险制度也存在缺陷，使得很多独居老人享受不到国家政策的福利，经济状况更加恶化。政府应该加大资金支持力度，培养专业化人才，积极开展社区内的养老服务，为老人安度晚年提供良好的保障。

社区照顾对于独居老人的养老保障具有举足轻重的作用，而资金主要来源于国家的补充性拨款和其他社会组织的无偿捐助，资金呈现出明显的间断性和不确定性，对社区养老服务的持续发展非常不利。

五、城市独居老人养老服务对策与建议

（一）加强对独居老人的生活照料

加强对独居老人的生活照料，需要亲属、社区、社会工作者和志愿者的共同努力。

传统的孝道观念仍旧深深地影响着目前的养老方式，亲属尤其是子女对独居老人的晚年养老发挥着巨大的作用，他们是独居老人的精神支柱。但是因为子女与父母生活方式的差异和就业等原因，独居老人越来越被排斥在核心家庭之外，子女在老人养老照料方面发挥的作用越来越有限。因此，应该在全社会提倡养老、敬老、爱老的观念，宣传“孝”文化，鼓励他们多抽出时间陪伴父母。比如社区开展“孝顺儿女”的评比活动，鼓励子女对独居老人的照料，更要强调精神赡养的重要性。对独居老人有照料意愿的亲属，应该尽可能地给老人提供日常照料，陪伴在他们身边，这也有利于独居老人的精神健康。

社区应该为独居老年人提供多样化的社区服务，不断拓展社区服务的内容，丰富社区服务的形式。首先，社区要开展专门的日间照料服务，如上门打扫卫生、起居照料、理发等，为独居老人提供完善细微的服务，保障老人的日常生活。其次，社区也可以联系医院、养老院、福利院、精神病院及各种康复中心，解决好老年人最关心的健康问题。最后，社区可结合自身的特点以及老年人需求的具体情况，采取各种方式为老年群体提供服务，实现资源的合理利用以及老人生活满意度最大化。如果社区是军队离退休中心，住户对红歌都有特别的情感，可以在社区内开展一系列的红歌会活动，既拉近了老年人之间的距离，又增加了他们的生活幸福感，排解了老年人的烦闷。

目前我国社会工作还处于起步阶段，还面临着许多困难，发展一支既符合社区需求，又满足独居老人照料需求的专业队伍应该是未来的目标。首先，应该加强社会工作者的专业训练，比如社会工作者队伍和高校合作，将一线社工的经验与先进的理论结合，相互借鉴与交流的同时，形成一套本土化的职业训练模式，并推广到全国。其次，要提高行业准入门槛，规范养老服务行业，建立健全社工职业资格考试制度，并在可能的情况下细化成老年社工考试、青少年社工考试等，提高行业的规范程度。最后，社工在解决案主的问题时，不可避免地会接触到志愿者资源，志愿者队伍与社会工作的开展应该是相辅相成的。应该鼓励社工与志愿者队伍相互促进、共同发展，规范志愿者队伍，聚集医院、法律等相关行业的专业人员到志愿者队伍中来，吸收他们的专业思想，建立一个多层次、专业化的志愿者服务团队，形成服务照料社会化的大格局。

（二）完善独居老人的社会支持网络

要鼓励老人树立正确的自我价值观，消除他们对自身的歧视，养成良好的心态，积极地融入社会。

对于有子女的独居老人，应加强子女和老人的联系，强调精神慰藉，宣扬养老、敬老的传统文化精神。对于无子女的独居老人，应当引导他们树立正确的人生观和自我价值观念，也可以根据独居老人的兴趣，鼓励他们广泛地、积极地参与社会活动，建立新的人际关系网络，结交更多的朋友并建立属于自己的交际圈，比如可以建立唱歌小组、绘画社，满足自身的情感需要，排遣孤独寂寞的心理，使他们获得强大的精神支持。

老年人很容易对自己的身份产生自我怀疑与否定，如果社会上充满了对老年人的歧视，那么老年人会更加孤僻，独居老人更是如此。应该尊重独居老人，尊重独居老人的思想观念和生活方式，理解他们的心理，形成养老、敬老、爱老的社会氛围，引导他们消除自我歧视，融入社会，用自身力量发挥余热。

（三）加强对独居老人的经济支持

独居老人的经济收入主要来自退休金，它对保障城市独居老人晚年生活质量具有重要的意义。因此，政府要健全退休金制度，保证养老金按时、足额发放，跟上当地的物价水平。各个单位还要根据运营与盈利状况，开展离退休职员的访视活动，成立困难独居老人的补贴基金，给予生活遭遇突发状况的独居老人以帮助。对于没有经济来源的独居老人，要建立养老保险制度，落实“精准扶贫”的政策，把他们作为重点扶贫的对象，建立专款专项资金，保障基本生活水平。

独居老人对于身体状况很关心，看病住院的费用占据了独居老人生活开支的很大一部分。改善独居老人的经济状况，必须降低医疗开支在独居老人生活开销中的比例。政府要想办法解决独居老人“看病难、看病贵”的问题，扩大独居老人医疗保险的支持力度，对于独居老人的看病和住院费用给予适当比例的报销，还可以与重点医院结合，为独居老人开展免费的体检与诊疗服务。

（四）发挥政府的主导作用

政府要重视独居老人这一群体，加强政策引导，针对独居老人制定一系列法律法规，完善社区照顾、老人养老等方面的政策法规，并且出台相关的实施细则，提高法律规范的执行力，保障独居老人的生活水平。比如，将

“常回家看看”作为法律义务要求人们遵守，确实体现出了政府对子女养老义务的强调，但是更为关键的是在制度上进一步明确相关法律责任，完善实施细则，真正提高司法实践中的可操作性。

政府还要加大资金投入，拓宽养老照料服务的渠道。养老服务最大的资源是政府的支持，政府可以通过“购买服务”或者政策倾斜的方式，吸引社会资本的加入，减轻政府的负担，比如政府和非营利组织合作，为独居老人发放生活用品等活动，既完善了社会养老保障体系，又可以促进社会力量的积极参与，也有利于社会组织的发展。

（指导老师：李艳丽）

第六章　城市居家养老模式

城市居家养老服务资源拓展的社工介入分析——以临沂市J社区为例

姜彦利

一、引言

随着生活水平的普遍提高，老龄化逐渐成为全球社会共同面对的问题。我们国家近年来为了解决老年人养老问题提出了一些政策方案。随着现代社会的逐步发展，养老真实需求仅仅依靠传统的家庭养老模式和机构的养老模式已经无法得到满足。基于这种情况，社区居家养老模式应运而生。由于养老服务资源供给是决定社区居家养老水平的一个重要因素，因此社区居家养老需要多元主体的参与，来提供不同的服务资源，更好地服务社区居家老。但现实面临的情况是服务资源不足，需要社会工作者的介入，不断发挥社工的优势来拓展养老服务资源。本文以临沂市J社区的老年人口为例进行研究，分析J社区的居家养老问题，以及相应的解决措施。

二、概念界定

（一）城市社区居家养老

城市社区居家养老的意思是让老年人在家中养老，在家中享受社区服务资源，比如说社区带来物质上的、精神上的、医疗保健上的一些服务资源，是家庭和社会两者相互作用的模式。社区居家养老模式是一种能够让老年人在自己熟悉的生活环境中根据自己的养老需求来享受到的养老服务，既让老年人可以待在居住了一辈子的地方舒服地度过晚年生活，又可以方便地享受着社区的养老服务，为老年人提供一定程度的心理舒适满足感。

社区居家养老与家庭养老虽然都是在家中进行养老，但是从根本上讲是不同的，它们之间有着本质的区别。社区居家养老的模式是指老年人住在家里，所享受的养老服务是在社会各方面协助的基础上建立居家养老体系，其体系是可以运用到实际中的，并且是以家庭作为基础，以社区养老服务网络作为外部支撑，以养老制度为切实保障，能够以老年人需求为先，最终协助老年人实现自助。

最主要的，是这种形式的居家养老重在养老机制的革新。与普通的家庭养老和机构养老的不同在于，它是对传统家庭养老模式的改革和创新的新兴产物。

（二）社区居家养老服务资源

“老年人在晚年时期能够安然生活的保障是有养老服务资源的支撑，这同时也是国家在面临老龄化挑战时所依靠的支撑。”穆光宗的《家庭养老制度的传统与变革》中阐述养老服务资源是指养老所需要获得的总和条件，即健康、伦理、经济、时间和人口的总和条件。养老服务资源在支持养老事业的发展和解决养老问题上发挥着重要的作用。从养老服务资源供给的主体来看，养老服务资源的供给需要多种主体的参与完成。因此，养老服务资源的不断拓展可以推动城市社区居家养老服务模式朝着更好的方向发展。社区居家养老服务资源包括很多，本文以J社区为例，从政府资源、家庭资源、社区资源三个方面，着重研究J社区的养老服务资源。

（三）养老服务资源拓展

拓展养老服务资源就是针对当下养老服务资源需求很大的情况，需要整合各方资源解决养老服务资源供给不足的问题的一个过程。随着当前老年人口数量不断增多，老年人的养老服务需求也在增多，不仅表现在数量的日益增长上，还呈现出服务需求多元化的趋势。然而，我国养老形势严峻，拥有的养老服务资源远远不足。为了满足老年人的养老需求，社会工作的介入发挥了优势，运用专业的"为老服务"的养老服务理念，同时运用个案、小组、社区工作的专业方法，发挥协调整合各种服务资源的功能，来解决养老服务资源供需不平衡的问题，不断拓展养老服务资源，解决供需矛盾。

三、临沂市J社区的居家养老服务资源的供需现状

（一）临沂市J社区简介

临沂市J社区位于山东省临沂市北城新区南坊办事处，入住人口有五千人。据调查，60岁以上的老年人有1818人，老年人口居多，因此J社区的养老问题需要引起重视，高度老龄化的现状表明了J社区养老形势的严峻。

（二）调查方法

基于对临沂市J社区的基本了解，在J社区居委会的帮助下通过问卷调查的形式，入户走访来了解J社区老年人的养老服务资源供给现状，以及当前老年人养老服务资源需求，实现社会工作介入J社区居家养老资源拓展。本次调查问卷共发放了100份，回收100份有效问卷。主要调查社区老年人家庭状况以及老年人对养老服务的要求。其中有80位老人都是自己居住，不与子女住在一起。有26名老人的收入来源于养老保险金，60名老人的收入来源于退休金，其余老人的经济来源由子女提供。其中63名老人身体比较健康，没有什么额外的医疗费用需要承担，但是另外37名老人，平均每月需要500元以上的医疗费用。调查发现，有88名老人都希望可以在家中进行养老，希望社区可以提供养老服务。67名老人比较注重精神上的满足，希望社区可以多提供精神文化上的服务资源。调查发现，社区内只有19人听说过社会工作，但并不清楚社会工作具体的工作内容。

（三）J社区老年人居家养老服务资源的供给现状

1.政府供给资源不足

调查发现，J社区老人的收入来源主要是退休金，养老保险金占的比例较小，政府给予老年人的资金支持力度较少。在所调查的100位老年人中有大部分老年人不知道政府所提供的具体养老服务都有哪些，感受不到政府对老年人养老服务的重视。

在解决人口老龄化问题的过程中，能够提供政策、经济以及监督支持的政府起到了核心的作用。然而在资金方面，J社区的养老建设服务主要依靠政府，但是目前依靠政府的资金太少。在监管方面，J社区会存在一些监管问题，一个项目真正实施下来，具体负责人发挥不了明确的作用。

2.家庭供给资源存在空缺

相关调查显示，2018年临沂市J社区60岁以上老年人中，有80位老人子女不在身边，有23位老人丧偶，有32位老人丧失生活自理能力，J社区中老人的子女数量少，在赡养老人方面子女负担较重。由于自己住的老年人数量较多，来自子女的关怀和照顾也比较少，一些简单的生活照料以及精神上的养老需求无法从子女处得到满足，医疗支出在一定程度上也加重了子女的经济负担。

3.社区供给资源配备有待丰富

在J社区中，所调查的100位老人中只有40人听说过社区居家养老服务资源中心，但是仅有21人享受过居家养老服务资源，这说明社区养老服务资源对老年人的覆盖程度并不高，社区内部资源没有得到有效利用。有73位老人表示社区内的娱乐活动设备太少，平常社区举办的休闲娱乐活动不足以满足老人的精神文化需求。69位老人表示没有参与社区组织的相关医疗卫生活动，没有享受到来自社区专业的养老医疗服务。100位老人中只有11名老人接受过来自社会工作者的帮助，有27名老人仅仅听说过社会工作，剩下的62名老人都没有听说过社会工作者，对社会工作的具体内容了解不足。

（四）J社区老年人养老服务资源需求分析

1.国家政府政策方面

调查发现，J社区100名老年人中有14个人的资金来源于自己的子女，给子女造成较大的经济压力，需要政府针对一些贫困的没有退休金的老年人进行一些财政上的补助。另外，调查结果显示，J社区有37名老人每月的医疗支出高达数千元甚至上万元，需要政府制定相关政策对这部分老年人进行补助。

2.家庭养老服务资源方面

据调查发现，J社区的100位老人中有80位都是自己居住，基本得不到子女在生活方面的照料。子女的工作比较忙,加上与老一辈的思想观念有差别，导致与父母之间的关系不是特别紧密。社区大部分老年人希望得到子女经常的照顾和看护。

3.社区养老服务资源方面

调查发现，J社区老年人对当前社区的文化娱乐项目不满意，希望社区可以提供更多的养老服务设施以及养老服务项目，比如一个可以跳舞的舞台、棋牌室、台球桌、老年健身器材、唱K房和图书阅览室等一些老年人能够享受的精神文化服务项目。另外老年人对社会工作的认识不足，对社会工作的期待不高。

四、基于临沂市J社区的供需现状分析其存在的问题

（一）政府供给资源不足

1.我国针对社区养老服务的财政政策尚未系统建立，国家没有出台针对社区居家养老的专项政策，因此缺乏顶层指导设计。

2.对于社会养老服务机构组织的服务质量、组织实施规范上不够到位，目前也没有形成一套相对来说比较完整的社区养老监管机制。

3.在政策方面，针对临沂市J社区的情况，发现政府的参与度并不高，没有建立一些完善的监督管理机制对已经提供的养老服务进行监督和评估，指导服务的进程和效果的监督管理都做得远远不够，政府的参与度有待提高。

（二）家庭供给资源存在空缺

1.子女对老年人提供的养老服务资源不足。中国的传统观念“养儿防老”可以表现出大部分老年人还是想依靠自己的子女来赡养自己。中国的传统文化观念是要求子女孝顺父母，赡养老人，但是现在的实际情况是年轻的子女大都为了养家糊口奋斗自己的事业，工作压力大，空余的时间也很少，另外大部分年轻人成家之后不会选择跟老人住在一起，这样跟老人在一起的时间其实是很少的。所以完全依靠子女来养老是不现实的，家庭对老年人提供的服务资源存在明显空缺。

2.老年人缺乏家人的情感支持。老年人在老了之后最希望的就是子孙满堂、膝下成群，整个家热热闹闹很有家的味道。老年人所希望的就是子女可以做到常回家看看，经常打打电话，回家吃顿团圆饭，一起坐在一起聊聊天。然而现在的年轻人大多觉得与自己的父母有代沟，工作生活方方面面的事情都不愿与老人进行沟通，这使得老年人在晚年生活中体会不到被需要的感觉，缺乏来自家庭的情感支持。

3.老年人的子女缺乏专业的护理技能。一些患有疾病的老年人在康复过程中需要长期护理和照料，虽然有专业护工提供服务，但子女照顾者也须承担护理重任。绝大部分老年人子女在照顾老人方面，经验不足，不具备一些基本的护理知识技巧，没有办法很好地照顾好老年人。

（三）社区供给资源配备有待丰富

1.服务内容比较贫乏，所提供的服务项目与服务需求之间不对等

在生活照料方面，只能满足一些简单的服务，譬如做饭和打扫卫生等，但助浴、陪同购物等个性化服务却少有提供，也缺乏高层次的服务。

在精神服务方面，社区里除了一个公园，其他的娱乐设施都不够完善，比如一个可以跳舞的舞台、棋牌室、台球桌、老年健身器材、唱K房和图书阅览室等一些老年人能够享受的精神文化服务项目还不健全，社区里也很少有针对老年人开展的团体活动，也缺少法律援助和老年教育服务。

在医疗保障方面，临沂市J社区没有提供一些基本的养老保障服务。比

如，设置固定时间为老年人进行基本身体检查和提供保健服务，也没有开设一些专业的医疗卫生知识讲座，只是偶尔会有社工机构组织老年人进行免费的测血压活动等，老人的基本医疗服务需求得不到满足。

2.社区居家养老服务资源有限，供需不平衡

其一，J社区养老意识缺乏。J社区服务资源的缺乏表现在没有辨析清楚当前老龄化形势，也表现在对社区居家养老模式认识不足。

其二，J社区养老功能薄弱。从理论上来讲，社区本身所具备的功能是以老年人的需求为根据进行研究分析以便于整合资源，然而J社区所提供的养老形式，在目前来看，大多是对老人的探望和给予慰藉，不具备实质性的保障作用。

其三，社会资源整合不够。一方面，J社区养老服务场地有限，资源共享和优化配置被属地管理所局限。另一方面，J社区与社工组织在日常的交接工作上还是存在一些问题，社会机构的许多资源无法被有效利用。另外，J社区内部资源不能被老年人充分使用。总的来说，社会资源整合度不高，不能把资源有效地传递到最需要的人手里。

3.忽视社会工作的介入，没有发挥社工的优势

首先，J社区有关部门对社会工作优势认识不足，不仅对社会工作的职责管理不明确，而且缺乏对社会工作者的资格认可。再加上J社区缺少针对社会工作者的培养环境，社工组织、街道居委会的社会工作者不具备养老服务的专业素质，没有专业养老服务知识和相关养老服务工作经验，仅能凭借自己的想象，没有真正解决社区老人的养老问题。

其次，老年人对社会工作介入的认可度不高。我国的社会工作是从外国引进的，相对来说事业起步较晚，发展比较缓慢，在南方地区比较盛行，在北方地区特别是三线城市的宣传不足。老年人对于社会工作介入居家养老认识不充分，认可度不高，这严重制约了临沂市社区居家养老的发展。以临沂市J社区为例，老人缺乏对社会工作者的认可和支持，调查的100人中只有19人听说过社会工作，大部分老年人不了解社会工作的理念和工作内容，不清楚社工与普通养老服务人员以及志愿者的区别，只有少部分人遇到问题会去请求社会工作者的帮助。老年人对社会工作认知的不足影响了他们对于社会工作的认可度，使他们对于社会工作大多持观望、怀疑甚至抵触态度。

五、城市社区居家养老服务资源拓展的社会工作介入路径

（一）充分发挥社会工作的协调功能，拓展政府供给资源

1.社会工作具有协调功能

目前，虽然养老服务资源供给是以社会化为努力方向，但是资源供给主体间及供需双方之间呈现出互相缺乏联系及组织分配不明确等问题。因此，确保养老服务资源合理配置的重点是提升各方的联系沟通能力，社会工作就在其中发挥着协调的功能。

社会工作的协调功能是指为了构建完善的养老服务资源供给机制，结合社会工作专业方式方法与养老服务资源供给，二者相辅相成，促进目标的实现。社会工作充分发挥其特有专业优势，以专业理论和方法为基点，借助于专业的养老服务技术及理念，注重社区老年人的真实养老需求来对社区居家养老服务供给资源进行拓展。

2.充分发挥社会工作介入J社区养老服务资源拓展的功能优势

首先，是要让老人了解社会工作，认可社会工作。调查结果显示，J社区的老年人对社会工作的认识不足，这就需要宣传社会工作的理念以及工作内容，让社会的各个主体，不管是政府、市场，还是社区，尤其是社区的老年人都要认识社会工作，将社会工作的理念深入每个人的心里，不断提高老年人对社会工作介入的接受度，只有如此才有利于社区居家养老服务资源项目的顺利进行，最终使老年人的利益最大化。

其次，我国要真正重视起社会工作，着重宣传社会工作专业优势，譬如“为老服务”专业理念等，为社会工作者提供宣传平台，通过各种新闻、广播、自媒体、网络、报纸等方面来有效地传播社会工作。同时，社会工作者也可以通过多种宣传方式来宣传自己的专业技术优势。初衷就是要让老年人认可社会工作的价值所在，并且能够发自内心尊重和接受社会工作者，如有需求可以主动向社会工作者寻求协助。

最后，社区服务要做到能够以老年人的真实需求及经济承受力为先，在老年人经济可承受的范围内提供满足老年人特定需求的可信赖的服务。同时，社会工作者要时常为社区老年人组织各种有意义的活动，鼓励社区老年朋友踊跃参与，在活动过程中增强老年人群体对社会工作的好感度，并加深他们对社会工作的认可。

（二）充分发挥社会工作的专业服务技术，拓展家庭供给资源

1.社会工作具有专业养老服务技术与方法

关于如何解决在社区居家养老资源供给的拓展中所面临的问题，社会工作所具备的专业方式方法发挥着不可或缺的重要作用。社会工作一方面可以运用个案工作的方法将老年人那些无法得到满足的个性化需求具体问题具体分析。基础的问题解决了，其他不同形式的需要才会有更合理的解决方案。另一方面，社会工作还可以协助养老资源的提供者提升供给养老资源的专业化程度。

社会工作还可以运用在老年社会工作领域已经相对成熟的理论和工作方法，将不能被满足的需求根据不同性质分为特定的小组，让社会工作者根据小组工作的理论知识来帮助社区老年人解决一些养老服务资源供给不足的问题，让社区的老年人可以安度晚年。

2.充分发挥社会工作介入拓展养老服务资源的专业技术优势

一方面，充分利用老年个案工作的方法解决家庭养老服务资源力度不足的问题，社会工作者在做好对案主的需求评估的基础上，与案主构建一对一的专业服务关系。譬如，关于老年人在家庭支持力度不足方面，社工首先需要做好调查研究，针对每个社区里一些情感上得不到家人支持的老年人，进行个性化一对一辅导，及时疏导老人的情感困惑，解决家庭矛盾。现在大多数年轻人不跟老人住在一起，选择在外打拼事业，很少有时间看望老人，与老人进行情感上的交流，这时候社会工作的作用就是来帮助老人走出困境，通过与老人以及子女面对面谈话沟通的方式让双方互相表达需求想法，彼此积极理解，想出问题的对策，达成协议来充分拓展家庭养老服务资源。

另一方面，社会工作者以不同社区的不同老年人需求为依据，通过小组工作的方式来解决养老服务资源供给单一的问题，在小组工作中发挥作为社会工作的功能与作用。增强与老年人的沟通和交流，协助老年人从容面对自身心理和生理上的种种挑战与问题，解决老年人精神空虚、情绪低落的问题。同时根据老人不同的需求分为不同小组，对需要医疗服务的老人也着重划分出来，社会工作介入组织老年人进行定期的身体检查和提供一些保健服务、免费测量血压等基本的医疗保障。

（三）充分发挥社会工作的专业服务理念，拓展社区供给资源

1.社会工作具有专业养老服务理念

社会工作以老年人的实际需求为先，力图激发老年人的潜能，开发老年人的相关资源。同时社会工作是以“助人自助”为理念，充分考虑受助老年人的需要及其主体性，运用社会工作的专业方法帮助和协助受助对象，满足其需要，摆脱困境。

它涉及社会的各个领域，所以针对特殊老年人的特定需求，社会工作者要充分发挥社会工作的优势，利用社会工作专业的理念方法来完成专业理念的渗透、养老资源供给的拓展，为老年人提供可依赖服务。

另外作为社会工作者还要尊重老年人的自主权，抚慰老年人的忧伤消极情绪和协助老年人摆脱感到自身无用的标签意识，寻求并整合有利于老年人安享晚年的各种资源，鼓励老人追求幸福晚年。

2.充分发挥社会工作介入拓展养老服务资源的专业理念优势

社会工作介入可以发挥社会工作专业养老服务理念的优势，来协助处理社区居家养老服务资源供需不平衡的问题，最终实现养老服务资源的拓展。根据当前老年人养老服务需求大于养老服务资源供给的问题，可以积极吸引社会各界力量广泛参与，充分调动各方面的积极性来拓展社区养老服务资源。

针对社会养老服务资源供给不足的问题，首先，重中之重是实现社区之间“强强联手”，在资源互享的基础上冲破养老服务项目管理的局限，社会工作者发挥专业理念优势，为需要特定服务的老年人整合有利资源。

其次，要充分认识社会组织和机构的重要性，加强社区与社会组织或机构的合作与联系。充分借助社区周围福利机构的有力支撑，一些社区可与附近的一些养老福利机构合作，养老服务机构可以提供一些帮助支持，制定切实可行的服务计划。

最后，要充分调动各方资源供给。寻求正式、非正式系统的资源，寻求挖掘社区内部有效资源，譬如医疗卫生、文化教育、法律服务、休闲娱乐等并不为老年人所知却不可或缺的可利用资源，社会工作者发挥专业的养老服务理念，把这些资源引荐给老年人及其家属，使各方资源得到有效利用。

六、结语

随着人口老龄化的加剧，养老问题始终是社会乃至全球亟待解决的问题，满足老年人的养老服务需求，应该追求一种全面完善的养老新方式。在养老服务资源供需产生矛盾的时候，要进行拓展服务资源，充分运用并不断丰富社会工作专业理念及技巧，要让社会工作更好地服务于社区居家养老，发挥社会工作寻求、协调及整合有效服务资源的功能。

另外，老年人养老是整个社会都需要参与解决的严峻问题，满足老年人对社会化养老服务的需求，社会各方都要全力以赴去解决，唯有如此才能更好地落实社会工作“助人自助”理念，才能构建尊老、敬老、孝老的良好社会风气，才能维持社会秩序，保持社会稳定。

（指导老师：包海英）

“互联网+”背景下智能居家养老模式探究

王欣

当前我国人口老龄化的形势日益严峻，如何解决养老问题成为影响我国社会健康稳定发展的关键因素。二十一世纪，我们开始进入了一个智能化的社会，人类的生活方式和医疗水平发生了巨大的变化，互联网渐渐融入人们的生活。随着以互联网为首的云计算、物联网等大数据与智能终端等先进科学技术的高速发展，“互联网+”逐渐成为当今新兴产业革命发展过程中的重要驱动力。知识社会创新不断演进，一方面要对新兴产业进行创造与创新，另一方面还要促进该产业有效跨界融入传统产业中，为产业转型起到推动升级的作用。在此背景下，信息化的智能居家养老开始成为一种新的趋势。

一、智能居家养老模式概述

近年来，我国政府越来越重视老龄化问题，展开了一系列的工作，针对不同地区和不同时期产生的养老问题，提出相应的解决措施。并且，为了表明国家对智能化养老服务的认可与重视，也为了进一步推动我国养老服务业以及智能化的发展，国家也推进了有关智能养老政策的制定和实施。

（一）智能居家养老模式的概念

智能居家养老模式作为一个社会多元参与的新型养老模式，政府实施相关养老政策及制度为其奠定基础，运用规范化的手段使社会企业对运营技术与养老服务提供大力支持。同时，为了智能居家养老模式的有效运行，所在社区承担着举足轻重的组织与监督重任，采用线上线下共同参与的形式，能够有效促进居家养老模式成为智能型、完整信息型的模式。这还需要政府、市场、社会三方共同协作。

（二）智能居家养老模式的优点

相比较于传统意义上的居家养老模式，一般来说，最适合现代老人养老的模式当属智能居家养老模式，它是联通老人与家庭成员亲情升级与优化的结果。它的优点在于将网络远程技术与实时健康管理相结合，通过配合系统平台上的智能化操作，能够使老人与子女随时沟通，使子女随时了解到老人的身体健康情况，就算父母外出，也不用害怕他们迷路或走失。父母万一出现意外状况，子女也能第一时间得到通知，充分缓解了子女对老人身心安全的担忧。不仅秉承了中国儒家文化的“孝”道精神，还满足了老年人对家庭的需要，让老年人在日常生活中可以不被其他条件限制，在自己家中就能享受高品质的生活，增加老年人生活的幸福指数。

二、我国实行智能居家养老模式的可行性

任何一种新型养老模式在一个国家的实施都需要整个大环境的支持，需要科学技术的硬件支持，还需要政府的宏观把控，最重要的是需要有充足的社会需求量。以我国“互联网+”为大背景而产生的智能居家养老模式，在各方面都比较符合我国的发展现状。

（一）科学技术的进步打下坚实基础

在改革开放的浪潮中，中国的科技突飞猛进，位居世界前列，在尖端科学技术的创新、掌握方面打下了十分坚实的基础。互联网开放共享，为各行业提供资源整合平台。比如，作为国内最大的线上购物平台，淘宝为买家与卖家之间的交易提供了一个便捷安全的资源整合的平台。当卖家提供的货源满足淘宝平台的经营要求后，卖家就能够开放地上传货物图片和信息供买家挑选购买。毋庸置疑，“互联网+”所特有的高科技属性，可以随着科技的发

展将先进科技产品在线上推广和售出，这对于“互联网+”智能居家养老服务模式的飞速发展具有关键性的影响作用，更是“互联网+”养老工程可持续性发展的保障与支撑。关于老年人智能设备方面，政府部门积极鼓励社会和企业募捐，投入资金用于研发与推广，并且加倍注重高校与科研机构这股创新的力量，有利于结合产学研更科学高效地运行和推进，为推进智能居家养老模式奠定基础。当前，国内智能终端系统普遍以老年人日常生活中最基本的护理与生理数据作为采集项目，研究项目较少，普及率与采集率不高，有着很大的进步空间。

（二）政府政策的推动提供有力支持

国家大力出台一系列相关政策支持智能居家养老，积极引导社会力量进入智能养老领域，并开始构建养老平台，逐渐完善养老服务。随着养老逐步走向智能居家养老模式，政府部门也逐渐意识到养老领域的开发创新之路，纷纷引导社会力量涉足养老领域。目前大多数大中型企业已逐渐涉及“互联网+”智能居家养老模式，由此可见，该模式有望成为国内推行的养老手段。此外，对于智能居家养老模式所体现出的优势与意义，各地方政府也都开始意识到要努力建设智能化的社区养老平台。比如，合肥市在2015年建立以O2O（Online To Offline）为基础的智能养老平台，该平台运用一套完整的信息技术手段让家政人员能够实时与居家老人的家庭成员进行沟通和联系。“互联网+”新型的养老服务平台建立于深圳市鹿城区，该平台通过整合家政人员、配送配套商品及提供基本医疗服务为一体的服务功能，同时政府部门出资将智能呼叫设备安装于居家老人的家中，以生活服务与紧急救助为主要养老服务。

（三）社会发展的需求产生强大动力

不可否认的是，在这个互联网时代，老年人已经逐渐频繁地开始使用手机、电脑等先进科学技术设备，在老年人养老生活中已经离不开互联网带来的便捷方式，互联网技术已经悄悄融入现代老年人生活中的方方面面，成为不可或缺的部分，并产生了不可逆转的发展趋势。此外，将老年人的养老需求和居家养老服务进行优化和改进，是注重体现以老年人需求为核心的动态匹配理念和过程。

以马斯洛需求层次理论为出发点，除了满足老年人在生活自理与身体健康方面的基本需求外，还要对老年人在情感和社交方面的精神需求进行满足。随着现代生活水平与经济水平的不断提高，老年人在需求方面不再满足于基本的物质生活，而是逐渐重视精神层面的发展，居家老人对于养老需求不再像传统养老方式一样千篇一律，而是逐渐趋向多样化与个性化，传统的养老方式已经适应不了当今老人对居家养老的需求。现代子女的收入水平普遍提高，老年人生活条件变好，对子女的经济状况放心，也更愿意追求高质量、高标准的老年生活。

三、我国智能居家养老模式的发展现状

目前，中国的科技突飞猛进，互联网的发展创新了居家养老模式的发展。我国智能养老服务尚处于起步阶段，政府也在积极推广。为了提高养老的安全感、舒适度和满意度，通过网络将先进的智能技术应用于养老服务的各个环节是重要的核心理念。

（一）互联网发展创新居家养老模式

1.“互联网＋”智能居家养老模式的特点

“互联网＋”背景下智能居家养老模式与传统居家养老模式相比具有鲜明的特点。它依靠“互联网＋”的大背景，紧随信息时代的潮流，突出互联网科技的魅力。政府实施相关养老政策及制度为其奠定基础，运用规范化的手段使社会企业对运营技术与养老服务提供大力支持。同时，为了智能居家养老模式能够有效运行，所在社区承担着举足轻重的组织与监督重任，采用线上线下共同参与的形式，通过使用互联网、物联网等技术手段，建立互联网、手机等平台，随时随地检测老年人血糖、血压、心率等健康数据，并提供适当的治疗和保健方案和护理。此外，通过建立服务互动系统，可以实现24小

时在线互动，通过电话、网络、老年人可穿戴设备、生命体征监测系统等，必要时老年人可以穿GPS定位设备实现老人和家庭、社区、社会之间的沟通联系，从而形成一个智能化、信息化、完整化及规范化的居家养老模式。

2.智能居家养老模式的推广

早在2007年，苏州已开始通过技术手段探索居家养老服务，如苏州沧浪区著名的“虚拟养老院”。最具代表性的项目是由地方政府和电信公司共同开发的“家庭211”服务系统。这种“虚拟疗养院”模式是政府与企业合作的典型模式：政府支持，社区监督，企业经营。面对发展的新形势，国家大力出台一系列相关政策支持智能居家养老，对个别城市进行试点推广，取得一定成效。除此之外，北京市东城区于2013年已借助以综合信息服务平台与五个子平台为一体的北新桥智慧养老综合服务平台，为老年人提供具备家庭服务、健康监测、精神慰藉等多元化的物质与精神需求服务。比如，为了对接老年人在家庭生活的服务需求，提供了运用搜索、定位等一系列高新信息技术整合的多家家政服务企业，让老年人在需要时方便使用。在精神慰藉方面，与清华大学专家学者联合发明了名为“爱乐优”的智能化、科技化服务机器人，能够协助老年人整理家务，与老人语音沟通，给老人唱歌唱戏等。智能养老借助现代信息科技，减轻人力、物力负担，使老年人足不出户就可以享受到满意的养老服务。

（二）面临的严峻问题和挑战

虽然在理念方面社会各界已达成共识，但在实践探索中的一些矛盾阻碍了智能居家养老模式的发展。目前的实施情况还存在诸多问题，进一步推广发展面临很多制约和挑战，需逐步解决。

1.老年人与“数字化”之间存在鸿沟

众所周知，老年人自身的身体机能随着年龄的不断增长会逐渐弱化，记忆力与学习能力相较于年轻人会有一定下降，一定程度上减弱了接受新鲜事物的能力。虽然老年人渴望通过互联网获得更多的信息和服务，但往往力所不及。所谓“数字化”鸿沟就是指信息富有者与贫乏者之间存在的差距，老年人只有跨越了“数字化”的鸿沟，才能获得相应的便利服务。智能居家养老模式互联网线上为老年人提供的高层次养老服务，例如：数字就业、智慧教育等老年人教育平台，针对那些对电脑与智能手机能熟练操作且具备高学历水平的老年人，提供多元化与个性化的学习与教育科学技术的智能型养老服务。但对于有些难以通过互联网取得服务满足需求的老年人来说，“数字鸿沟”是现代老年人亟待解决的重要问题。

2.服务质量欠缺导致社会信服度缺失

尽管这种新型养老模式符合信息时代的发展，但我国智能型居家养老模式仍然处于起步阶段。有些技术，如物联网、信息安全等，仍旧处于起步阶段或空白状态。大数据在“互联网+”时代的背景下，采用先进的信息技术快速剖析国内外最新消息，能够挖掘出信息内在的价值，同时也暴露出越来越严峻的网络隐私泄露问题。

非法网站有可能通过互联网存在的漏洞对人们的个人信息进行储存、利用及泄露。而且，老年人的安全意识相对薄弱，很容易成为网络犯罪分子的犯罪目标。他们用甜言蜜语来欺骗老年人，尤其是那些安全意识薄弱的老年人。所以老年人对这一新生事物接纳度和信赖度不高。另外，有些智能终端检测存在很大的误差，再加上售后服务滞后，采集、存储、处理智能养老数据的能力落后，应用、整合与处理信息数据的水平有待完善与提高，很难满足老年人各方面的需要。

3.专业人才的需求与供给存在差距

促进智能居家养老模式的可持续发展，必然要有一支专业化、多元化的团队与服务人员负责。因此，不仅具备医疗护理操作能力，知道怎么与老人沟通，了解老年人需求，而且懂得心理辅导等方面专业知识的复合型、全能型人才非常急需。现有的居家养老服务还一直停留在满足老年人生活自理能力等需求的层面，对于老年人在爱与归属等高层次精神方面的需求无法满足，因此，老年人对智能居家养老模式的认可度就受到一定影响。此外，因为社会工作领域政策的缺陷，不完善且不成熟的国内社会工作制度，缺乏明确的服务工作标准等均影响专业人才的培养。

四、智能居家养老模式在我国的构建

在我国构建智能居家养老模式是解决国内人口老龄化问题的关键一步，这种新型养老模式适合我国的发展现状，也是社会的迫切需要。想要构建该模式的养老服务，要遵循一定的原则与理念，还要坚持多途径、全方位的构建方式。

（一）构建智能居家养老模式的原则和理念

1.构建原则

构建智能家居护理服务体系是一项重要而艰巨的系统工程，需要我国政府、养老服务机构和社会各界的共同努力。遵循“循序渐进”的原则，通过试点选择和逐步推进，开展规范化试点示范，稳步从上到下、从点到区地推进智能居家养老服务建设。以“以人为本”为基础的智能居家养老服务，根据服务提供者与管理人员的实际情况运用顶层设计与科学规划方案，对信息化养老产业的发展进行引导和指导，以此来协助养老服务业的可持续发展，建立具有优化性和服务性的信息网络平台，能够有效促进行业高速发展。

2.构建理念

为了促进智能居家养老模式的可持续发展，将养老事业经营更加优化，就需要正确处理服务对象与社会环境等多方面的联系与影响，坚持以人为本。智能居家养老服务的特点是公益性和市场化，对于以智能信息为基础的居家养老模式的构建，应秉承如下理念：

服务质量发展理念。随着市场对养老服务需求的不断增长，服务供给能力不足已成为居家养老服务业的突出缺陷。想要发展智能居家养老模式，首先要克服服务上的弊端，增强服务质量，以适应市场需求的变化。

信息专业化服务理念。要把智能居家养老服务模式推向市场，标准化是必不可少的。养老服务对服务效率和服务质量的要求变得越来越高，各类专业服务的发展尤为迫切。要通过构建专业服务平台，建设专业服务队伍，促进公共关系的发展，提高智能居家养老服务的信息质量。

社会多元化参与理念。社会力量参与到居家养老服务中去，是老年养老服务发展的重要思路，也是社会养老发展的重要力量。鼓励社会企事业单位开展多领域的政府采购服务，整合社会资源，扩大社会参与，充分弥补政府和养老服务机构社会服务职能的缺失，实现服务项目的多元化发展。

（二）构建智能居家养老模式的途径

1.夯实基础，重视基础设施建设

（1）在生活照料服务设施方面，主要集中在衣食住行。大多数自理、半自理的老年人都能解决穿衣问题，但对不能自理、需要特殊养老服务的老年人来说，穿衣困难，需要家人或服务人员的帮助。为了确保老年人与其家人或服务人员之间能够及时沟通，有必要配置传唤装置，以便在此过程中与服务人员联系。譬如挂式无线呼叫器，当有服务需求时，按下按钮，就会呼叫主机号码，呼叫服务人员帮忙。在住的方面，要注重细节，需要保证老年人在休息时的生命安全。可配备智能床垫等设备，将老年人的呼吸、心率、睡眠等数据指标送到数据中心，由数据中心实时监测，当数据异常时，数据中心将迅速派出服务人员进行检查，以确保老年人的生命安全。此外，老年人健康状况不佳，他们的活动一般集中在群体或社区，很少长途跋涉，他们经常会遇到的两个不安全因素，就是在行走时跌倒和外出迷路。老年人可穿戴防坠落设备和GPS设备。当老年人意外跌倒时，防坠落设备将自动监测并向数据中心发送警报，数据中心将立即通知医务人员对老年人进行急救。当老年人行走迷路时，可通过手持通信设备实时定位，指导老年人归家或联系其家人。

（2）医疗保健在老年人的日常养老活动中起着重要的作用。鉴于老年人的各种慢性病，为了保障老年人的生命安全，养老机构应以多种方式为老年人提供预防和治疗设备。常见的检测设备有血压仪、血糖仪，以及智能档案系统（通过对老年人实时的数据监测以及过往病史、过敏史和家庭成员基本信息的收录，在老年人发生意外时为其提供最及时的治疗）和智能机器人（在老年人康复训练中，为了满足服务人员实时护送的需要，可以发明机器

人辅助老年人进行康复训练，提高服务效率）等，其他更加专业的医疗设备需与医院合作，由医院单独为老年人提供治疗服务。

（3）在文化娱乐服务设施方面。现代老年人的生活变得更加多样化，主要室内活动集中在棋牌室、阅览室、画室、多功能活动室等。室内活动需要在一个明亮的空间进行，尤其是老年人。为了保证老年人阅读、绘画等活动的质量，有必要对室内光线进行合理的设计，可采用智能照明系统，即根据周围环境和用户的具体要求，智能调节亮度。主要的户外养老活动包括健身、舞蹈、观光等。户外运动需要通过便携式心率检测器对老年人的心率和呼吸进行实时监测，并将数据传输到数据中心，以防止老人因剧烈运动引发事故。一旦发生事故，便立即采取紧急措施进行救助。通过各种智能设备，让老人的晚年生活丰富多彩。

2.重视顶层设计，加强政府的宏观把控与支持

（1）要健全监督机制，明晰政府的监督责任。智能居家养老模式的出现，为解决我国养老问题提供了全新的思路与方法，但是一个新事物的产生必然需要相应的监督，因此，建立健全的监督机制迫在眉睫。国家制定法律法规保证智能居家养老模式建立的目标与通用性、科学性的评估标准，地方政府应该要结合当地的实际情况，以法律法规为出发点，颁布具体的、适应的管理意见与措施，同时在一定程度上建立起完善的服务质量监管标准，以期能够实现监督与管理统一的养老服务质量标准与服务质量评估方式。还要线上线下两手抓，健全养老服务平台线上监督系统。

（2）要增强立法力度，健全养老法律体系。针对养老问题建立完善的法律法规是政府部门所面临的长期任务，该任务的完成需要来自各部门、各机关单位的摸索和探究，才可以形成可行的、健全的养老法律体系。要建立衔接得当的养老法律体系，形成一套强有力的法律制度提高公民和公务人员的法律意识，在智能居家养老模式的发展过程中，做到有相关法律法规可以参考，违法行为必受到追究，利用法律的手段为国内智能居家养老模式的稳定发展与升级养老方式建立高效可靠的桥梁。

（3）要加强相关研究，正确的认识在实践中起着指导作用。大力发展老年服务终端和信息技术的研究与开发。加强对智能居家养老模式的研究，我们可以发现在“互联网+”智能居家养老模式的构建上政府需要做什么和怎么去做，以促进健全的法律体系的形成，加快智能居家养老模式的发展。不断扩大我国专家学者科研的广度和深度，加大对智能居家养老模式研究项目的投入，提高相关人员的积极性。

（4）应建立沟通机制，确保养老信息的流动。智能居家养老模式是多种养老资源的结合，所以政府部门应当构建完善的信息共享平台，重视部门与部门之间的合作意识，建立健全的合作体系，以有序的方式保障部门间的合作，建立起一个良好的社会保障体系。建立良好的合作机制，促进部门间信息的共享和流通。

总而言之，在社会不断发展变化的今天，“老有所养”只是老年人低级需求的目标，“老有所为”实现自我价值则是老年人需求的高级目标。要充分利用互联网的大时代，结合国情，关注老年人的健康生活。希望本文有助于推动中国居家智能养老，为老年人的优质生活做出贡献，为老年人提供更舒适和更便利的生活环境。

（指导老师：孙士玲）

智慧居家养老服务模式的发展背景和路径探析

吕哲臻

随着老龄化趋势的加快，各种养老服务形式都获得了较快速度的发展，并在实践中不断创新。居家养老是其中最适合老年人心理特点的一种养老模式。近几年随着智慧社区和互联网技术的应用于社区居家养老服务实践中，智慧居家养老服务模式已经初具雏形并日趋发展、日臻完善。在社区管理和服务中推行智慧居家养老的服务模式是解决我国日趋严重的人口老龄化问题比较行之有效的措施之一。

一、智慧居家养老服务模式的内涵

（一）居家养老

居家养老指的是这样一种模式，由社会或者社工机构来提供养老服务和产品，老年人只需在家中便可以接受专业的服务。其基本内容包含：社会服务主要承担提供劳务性养老服务的层面，精神生活层面的养老内容主要由老人的家庭来负责、社会服务辅助，而在物质方面的养老由国家、社区集体和家庭个人一起来承担。由此可见，居家养老是我国社会现行两种养老模式（机构养老和传统的家庭自然养老）的有机结合。养老家庭是居家养老服务模式的基本平台，在具体实施过程中依靠社区自身资源，由专业的养老服务人员为老年人提供日常生活照料所需的物质和精神层面的关怀等服务。老年人对家庭和自己长期所生活的环境有着深深的依恋和依赖，老年人在精神上最需要家人的陪伴和家庭给予的温暖，这恰恰是养老机构难以实现的。因此，这种养老服务形式因符合老年人的心理特点和我国的文化传统而受到老年人的普遍欢迎。

（二）智慧养老

据近年来国家数据统计分析，随着中国现代化水平和人民生活水平的日益提高，人口老龄化所带来的问题，如身心健康问题和生活照顾的全面性问题日益突出，传统社区居家养老自身的局限性限制了这些问题的解决。社会养老现实中出现的种种矛盾呼唤并促使智慧居家养老模式这种新型养老服务模式的产生。基于“互联网+”技术的智慧社区的不断发展与完善也为智慧养老奠定了技术基础。智慧养老服务模式的技术基础涵盖物联网技术、移动互联互通技术、大数据及云计算等信息技术，并以这些技术为根基，发展出不同于以往的养老模式。基于互联网技术和智能、智慧的先进养老服务模式，智慧养老服务的特点更突出表现在具体服务和管理方式的信息化及商业模式的现代化，以及所能提供的生活服务更为健康、便捷、安全、高效等特点上。

（三）智慧居家养老服务模式

从上述智慧养老和居家养老的概念和特点分析，在二者有机契合发展的基础上，形成智慧居家养老服务模式。从概念阐述的服务内容来看，智慧居家养老服务模式包含了智慧养老技术和居家养老模式两层概念。从其提出的过程上来看，智慧居家养老是智慧社区、智慧养老、居家养老的有机结合，能够为社区或居家颐养的老年人提供更加快捷、高效、便利和专业的服务。其高效便捷，在于能够对老年人的需求和风险信号做出快速反应，将老年人可能面临的各种风险按程度进行预警并降危害性降至最低。其专业的服务，在于运用互联网等先进的科学技术以及专业的团队，再加之社会工作者的介入，为老年人提供从生理到心理全方位的保障服务。

综上所述，我们可以将智慧居家养老服务模式定义为：运用智慧养老技术及其平台，将产品和服务在居家养老服务领域展开并具体运用，该模式是由政府、智能养老产品和服务的提供者、相关医疗服务机构以及服务对象家庭等多种主体构建而成，并通过对物联网、“互联网+”等现代信息网络通信技术的综合运用，针对社区居家养老的老年人进行数据采集、分析、处置，并集安全监控、健康医疗和生活便利服务为一体的综合新型养老服务科技和方式，从而使其具有较大的发展优势和广阔的发展前景。

二、智慧居家养老服务模式的发展背景

（一）人口老龄化形势日益严峻

由于在实行“二胎”政策之前，我国普遍实行计划生育政策，大量独生子女家庭在此期间产生。进入21世纪以来，中国的人口年龄结构迅速变化并成老龄化趋势，国家统计预计至2050年，我国60岁以上的老年人口比例将达至30%～40%，而且从年龄结构上看，中国目前正成为世界上老龄化最为严重的国家之一。“四二一”家庭结构模式下家庭养老功能退化，国家所面临的养老压力逐渐增大，一方面给传统的机构养老和居家养老带来巨大的压力，出现了机构养老中床位紧张、资源紧张以及居家养老中效率低下等问题，另一方面也催化了以“互联网+”科学技术为主要特点的智慧居家养老服务模式的产生，弥补机构和单一居家养老的空缺。

（二）智慧居家养老服务的需求日益增大

根据马斯洛需求层次理论分析，老年人需要满足从生理到自我实现的五个层次的需要，低层次需要的满足有利于使老年人适应生活，高层次需要的满足有利于使老年人享受生活。由于老年人从现存的社会分工体系中撤退出来并扮演新的社会角色，就其养老需求来说，既有生理性的，也有精神性的。智慧居家养老服务模式便有利于比较有效地协调和解决养老资源的有限性与养老需求的急剧增长之间的矛盾，此模式一方面有利于老年人生活质量的提升，另一方面利用现代科学信息技术和专业人才的结合，使老人过得更幸福、更有尊严和更有价值，智慧居家养老服务模式适应了老年人不同层次的需求，得到了迅速发展。

（三）"互联网+"的发展为智慧居家养老提供技术支撑

近几年互联网技术在我国迅速成长并蓬勃发展，渗透到社会生活的方方面面，"互联网+"已经全方位、立体式地改变并影响着多个行业，为公共服务尤其是养老服务业的发展也带来了机遇。"互联网＋"技术与居家养老的结合将老年人的信息进行集中化和智能化管理，提高了现行养老服务模式的便捷性与灵活性等。"互联网 ＋ 居家养老"的核心理念在于以老年人服务为核心，通过并运用互联网信息技术，探索更多和更有价值的养老服务技术、产品和方式，更多更好地为老年人提供各种服务，进而促进我国现有养老模式和社区居家养老服务有效和持续健康地发展。智慧居家养老需要运用智慧和技术手段建立服务协调机制和信息管理机制，而"互联网＋居家养老"技术的发展为智慧居家养老提供了实践经验和技术支撑，因此智慧居家养老服务模式是互联网技术在养老服务领域的进步和又一创新。

三、智慧居家养老服务面临的挑战

（一）政府规章制度措施不完善

政府科学系统的规章制度是保证智慧居家养老良性运行的坚强后盾，由于居家养老与"互联网+"相结合的实践在我国起步较晚，所以政府针对这一领域的规章制度措施不完善，导致各个地方各自为营，无法实现不同地区之间的信息交流共享。另外，行业缺乏制度的规范和政府的监督，难以形成统一的管理标准和评估体系，使市场上各机构提供的智慧居家养老服务质量参差不齐，更有甚者以智慧居家养老服务为宣传，但实际提供的服务与其并无关联，种种问题都导致了现有养老资源的浪费。

（二）参与主体与资源高效运行网络的单一化

在我国，公共服务领域大多数是以政府为主体，其他公共服务供给主体面临发展缓慢不成熟和经营组织困难等问题。受传统由政府主导进行公共服务的影响，智慧居家养老服务主要通过政府部门的组织支持来进行运作，服务的种类、传输效率、灵活性等都大打折扣，并使智慧居家养老服务严重依赖政府部门。参与主体单一，首先，最容易暴露的问题是在智慧居家养老服务领域缺乏竞争主体，不利于服务质量的提升。其次，在社区内只有政府一个主体提供服务，社区内居民没有足够的选择余地，无法做到“货比三家”。最后，仅有政府主体掌控人力和物力资源，难以聚集充分的力量调动所有的服务资源使之形成资源高效运行网络，造成部分服务资源限制化。

（三）智慧居家养老实践中所面临的技术制约

首先，由于西方发达国家进入老龄化社会的时间较早，因而在应对老龄化这个问题以及满足老年人的养老需求方面有着相对丰富的经验。以英国为例，在大部分英国社区中已经推广应用了智慧社区养老服务体系。而目前来看，我国对于老年信息技术的研发处于起步阶段，一些技术的信息化和智能化水平与西方发达国家相比仍具有较大差距，再加之由于地区发展水平的制约，造成了智慧居家养老技术上区域发展的不平衡，尚未形成产业规模和产业链。其次，技术制约的另外一个表现就是技术产品单一，由于经济条件的提升和社会生活的丰富，老年人的需求也日趋多样化，但就目前所提供的产品来看，大部分的智慧居家养老技术集中于信息处理和日常照顾领域，然而老年人居家养老的高层次的需求还远远没有得到满足。在居家养老中，可跟踪老人行踪的触摸式无线传感器还没有得到广泛应用，使用随时采集人体各项生理参数如测量血压或心电等设备的普及还不高。最后，就是老年人的信息安全受到威胁。老年人由于自身的心理特点，对于一些电信诈骗事件防范能力较低，所以老年人的信息一旦泄露，其生活会受到难以想象的安全威胁。老年人的信息需要实时传送到系统电脑，如何在这个过程中对老年人的信息进行保密处理，加强网络安全和监管，对个人信息进行信息敏感防范的技术问题也亟须解决。

（四）“银色数字鸿沟”的制约

众多影响因素中，老年人对居家服务的接受度也是影响智慧居家养老服务模式的重要因素之一。老年人和年轻人在文化水平和价值观念方面存在的差异，使其在接受新科技时表现出不同的态度，这种现象被称之为“银色数字鸿沟”。此现象指的是由于老年人的年龄原因而缺少对信息技术的认知，从而形成的一种数字认知的障碍，这是由于老年人疏离网络而造成的信息缺失与失衡现象。在老年人群中，现代信息通信设备的普及率较低，且老年人自身的身体和心理状态使这个群体不愿意学习使用新设备，对技术运用存在着一定的排斥。“银色数字鸿沟”的存在使智慧居家养老服务模式在老年人群体中推广时面临较大的困难。

（五）从事智慧居家养老服务的人员专业性的制约

从服务体系整体分类来看，服务人员、技术人员、管理人员构成了从事居家养老服务的三类主要专业人员。服务人员指的是主要负责具体的服务工作，包括家政服务、医疗陪护、心理咨询的工作。技术人员主要是指负责科技产品的研发和主要信息系统的维护。管理人员主要负责资源调配、信息管理、数据分析等工作内容。这三类专业人员是目前构成智慧居家养老服务体系的主要服务人员。

服务人员的组成以失业、下岗、家庭经济困难人员为主，一方面缺乏必要的心理健康知识和特殊的专业服务技巧，只能进行一些比较常规的简单的日常护理和家政工作，难以提供专业的服务满足老年人高层次的心理需求。另一方面，服务岗位人员的流动性较大，不利于形成稳定的服务队伍和组织定期性的专业培训，难以对现存工作人员的工作素质进行提升。在技术人员岗位领域，专门从事老年科技产品研发的人员较少，产品研发的进程缓慢。管理岗位上的人员工作经验缺乏，社会工作的专业知识缺乏，并且由于薪酬等问题，热情和干劲低。因此如何建立一支更高素质的、相对稳定的，又能提供优质高效服务的智慧居家养老专业服务人才队伍成为当前该模式建设在人员组织上面临的一个主要问题。

四、智慧居家养老服务模式的发展路径

（一）建立统一的规章制度和服务评估体系

政府部门的干预和宏观调控对智慧居家养老服务模式推广有着重要的作

用，要重视智慧养老制度体系建设，制定智慧养老行业标准，并建立与之相配套的法律保障机制和加强服务监督机制。首先，政府应该对智慧居家养老进行总体规划，针对目标人群、服务内容、机构发展、所需资源等进行前瞻性的设计，制定发展蓝图。其次，政府应该制定统一的规章制度，如对于智慧居家养老服务系统内服务人员的招聘标准制定统一的要求，以及对于社会资本进入社区智慧居家养老服务的审查体系等进行明确规定，以确保服务提供者的资质得到认可。最后，政府应该对市场上现有的居家养老服务进行调研后，根据实际情况制定统一的服务评估体系，实现各个地区的信息共享和服务提供的公开化。正如李梓源在《我国养老服务产业化现状及政府作为》一文所阐释的，需要制定养老服务产业细分领域的准入机制以及考核与监管机制、养老服务质量的评估分级机制，积极鼓励行业协会发挥行业自律作用。

（二）促进智慧居家养老服务领域参与主体的多元化

福利治理本质上是对国家政府与社会关系的一种重新调整。自20世纪末以来，西方国家伴随“社会管理”向“社会治理”的转型，政府职能的重心也更多地转向服务，政府角色也自然而然地由之前的控制转变为议程安排，为各主体共同协商解决问题提供支持。随着我国改革开放的推进以及政府职责的转变，政府不再是服务的唯一提供者和垄断者，而在市场化的今天扮演服务型政府的角色，为了提高智慧居家养老模式的运行效率和服务质量，就必然要促进参与主体向多元化发展。要坚持市场在资源配置中的决定性作用，积极培育与养老产业发展相关的社会组织，增强其独立性和自主性。此外，还应协调好不同主体之间的关系，通过协调社区、社会组织、社会工作专业人员之间的关系，进行综合治理。

（三）发展积极老龄化下的老年人技术素养

技术的发展与老年人接受程度应该呈正态分布，技术在发展的同时，使老年人能够在家中适应和积极运用“互联网+”技术，致力于缩小养老概念体系里所谓的老年人“银色数字鸿沟”现象。一方面，应该加强对老年技术产品和智慧社区建设的宣传力度和广度，同时积极动员老年人子女参与到智慧社区养老服务体系的建设过程中来，推行子女对父母的“技术反哺”机制，从而顺势提高老年人的技术素养。另一方面，可以通过安排专人入户讲解等措施，使老年人亲身体会智慧居家养老服务。

（四）着力发展适老性技术和推进科技养老产业化

智慧居家养老服务与互联网技术的发展密不可分，“适老技术”涉及行业很广，包括护理、康复和金融等20多个行业，主要提供衣、食、住、行、娱乐，以及医疗保健、休闲旅游等满足新时代老年人需求的产品及服务。适老性技术的发展作为技术支撑是智慧居家养老服务模式建立基础之一，有利于提升智慧居家养老服务模式的技术水平。应考虑到我国适老性技术的发展存在着后发优势，同时应在政府的调控下，逐渐缩小区域间的技术差异，促进区域平衡。在着力发展适老性技术的同时，还应大力推进科技养老产业化。国务院在《关于印发中国老龄事业发展“十二五”规划的通知》中已经明确指出，要“促进老年产品和老年特色服务的研制和开发。重视康复辅具、电子呼救等老年特需产品的研究开发，拓展适合老年人多样化需求的特色护理、家庭服务、健身休养、文化娱乐、金融理财等服务项目。培养一大批生产老年用品、用具和提供老年服务的龙头企业，打造一批老龄产业知名品牌”。

（五）促进智慧居家养老服务团队专业化

完善的养老服务人员构成有利于提供更加专业的服务，在团队的人员组成方面，应该形成明确分工、职责具体、专人负责的服务体系。为了形成这种专业服务体系，第一是进行专业的培训。1996年起，美国杜克大学设立了有关老年人护理的专业。服务人员在经过专业培训后持证上岗，并在在职期间通过讲座和外出学习等方式，不断提高专业技能。第二是进行专业化管理。以专业化管理促进养老服务专业化。比如早在2001年，德国政府就颁布了《护理质量保证法》，1990年，瑞典就成立了老年健康管理委员会，澳大利亚也把发展社区老年人家庭护理作为一项基本卫生保健政策，几乎与此同时，日本开始在养老护理方面建立长效机制，不同国家所采取的措施都促进了社会养老管理的专业化发展。

五、小结

与传统养老产业模式相比，借助互联网科技的信息平台优势，整合资源，促进养老产业便捷智能化、集约人性化发展，成为居家养老产业开展的必由之路。智慧居家养老服务模式作为居家养老服务领域新兴的一个分支，在其发展初期及完善过程中必然存在着许多问题，这就需要政府、市场以及社会组织的密切配合与协调。任何事物的发展都不会是一帆风顺的，特别是新生事物的成长。但就其发展趋势来看，发展潜力大、广度宽、维度多。鉴于我国养老产业的发展带有明显的社会特色和历史特点，所以在推进智慧居家养老服务发展的过程中，应借鉴西方经验，注重文化的适切性，创建具有中国特色的智慧居家养老服务模式，真正地造福老年群体。

（指导老师：刘长飞）

第七章 城市社区养老模式

城市社区养老服务研究——以临沂市L社区为例

李小宁

一、引言

（一）研究背景和意义

目前，我国的人口老龄化趋势日益严重，老年人也愈发成为一个不可忽视的群体，老年人的养老服务也成为一个备受关注的话题。但是，我国养老服务的发展在满足老年人的养老需求方面仍存在着问题。老龄化问题日益严重，社区养老服务的需求也呈增长趋势。社区养老服务在大城市的部分社区已有明显效果，但二三线城市中小社区的养老服务仍存在很多不足，如各地养老服务发展不均衡，养老服务人才缺乏，基础设施使用率不足，养老服务在老年人的精神慰藉、临终关怀、心理辅导等方面未做到有效的干预。因此，对于临沂市L社区养老服务需求方面的研究，有利于社区更好地满足老年人在生活中的实际需求，提高老年人的生活幸福感。

（二）研究理论基础

1.福利多元理论

福利多元主义是指福利的规则、筹资和提供由不同的部门共同负责、共同完成，而不局限于单一的政府部门。福利多元主义主张福利来源的多元化，公共部门、营利组织、非营利组织、家庭和社区都是社会福利的提供者，政府在社会福利中的作用有规范福利服务、购买福利服务、仲裁管理物品和推动其他部门从事服务供给。在社区养老服务方面，不仅可以依靠政府，社会其他福利机构、非营利组织、志愿者等都可以贡献力量，促进社区养老服务的发展。

2.社区照顾理论

社区照顾是指在整合全部社会资源，采取正规照顾和非正规照顾的方式，为在社区中或家庭中需要照顾的人提供全面的照顾服务，促成其过正常人的生活。一般而言，我们可以从四个方面来界定照顾，包括行动照顾、物质支援、心理支持、整体关怀。同时，从照顾提供者的角度，可以将照顾分为正规照顾和非正规照顾。正规照顾通常指由政府承担及提供的照顾性服务，这些正规服务多由政府人员及专门工作人员提供。非正规照顾则是指由家人、亲友或者邻居基于情感和人伦上的因素及动力而提供的无偿照顾。因此，发展涉及行动、物质、心理和环境等各个层面的社区照顾，可满足需要照顾人士多方面的服务需求。

（三）调查方法

1.深度访谈法

深度访谈是指调查员同调查对象接触，围绕某个主题或范围展开较为自由开放的访谈方法，是一种收集材料的重要手段，在定性研究当中的使用非常普遍。通过与L社区六十岁及以上老人一对一的访谈，了解他们自身及家庭基本情况、心理状态、面临的困难和急需解决的问题等。

2.观察法

观察法是指研究者根据一定的研究目的、研究提纲或观察表，用自己的感官和辅助工具去直接观察被研究对象，从而获得资料的一种方法。科学的观察具有目的性、计划性、系统性和可重复性。在科学实验和调查研究中，观察法具有如下几个方面的作用：扩大人们的感性认识；启发人们的思维，导致新的发现。通过对L社区的基本情况观察以及老人在社区享受到的服务观察，从而获得资料。

3.文献分析法

通过以养老服务、社区养老为关键词，搜索社区养老服务相关文献并进行系统梳理，明确研究对象及研究范围，通过归纳社区养老服务研究现状，总结当前研究的成果及存在的不足。搜索文献资料，结合L社区基本情况，进行归纳总结。

二、L社区养老服务的基本情况分析

L社区位于临沂市罗庄区盛庄街道，包括五个商业小区，作为一个新兴发展的城市社区，社区内已入住多户人家，目前六十岁及以上人口有二百多人。社区目前的整体发展水平不是很高，社区的养老服务水平偏低，基础设施较完善，基本每个小区都有供老人健身娱乐的小广场，社区外交通便利，小型商店、小商家聚集，但是缺乏大型的购物广场。同时，社区里也有属于自己的社区卫生室、保安室。社区的养老服务有很多方面，我们从日常生活服务、医疗保健服务、精神文化服务方面分析社区为老年人提供的服务。

(一)日常生活服务

城市社区的老年人在养老方面不仅仅依赖家庭，而是逐渐向依赖社区的方向发展。但在实际调查中，老年人的现实养老需求与社区实际能够提供的服务之间还存在着一定差距。L社区内老年人的经济水平大部分处于中等，大多数老年人能够满足自己的日常所需。社区内建有家政服务中心，有服务人员会为老人进行家政服务。社区外有多家餐馆，大部分有配送服务。

(二)医疗保健服务

L社区内现居住的老年人大部分是生活能够自理的人，少部分是不能自理，需要全面照顾。在社区老年人身体状况方面，大部分老人都患有慢性疾病，其中患高血压、糖尿病者居多。社区内建有社区卫生室，同时会不定期地开展一些健康讲座和义诊活动，大部分老人都有属于自己的健康档案。同时，社区内有按摩中心，老人身体酸痛不适时，可以到按摩中心进行按摩、针灸等康复保健服务。

（三）精神文化服务

通过与L社区老人的访谈交流及与社区负责人的交流，笔者了解到社区内会经常不定期地在小广场或公园空地举办社区活动。有时也会和其他社区的老年人举办联谊活动，促进社区老年人的交流。同时社区内建设有社区文化活动中心，有棋牌室、图书阅览室等可供老年人娱乐。

三、L社区养老服务问题分析

针对L社区目前在日常生活服务、医疗保健服务、精神文化服务方面已经提供的服务，我认为主要有四个方面问题：服务内容狭窄，养老服务资金不足，养老服务的专业性不足，社区养老服务组织体系不完善。

（一）社区养老服务内容狭窄，项目单一

社区养老服务就是为社区老年人提供必要的生活服务，满足其物质生活和精神生活需要。目前，我国城市社区养老和服务主要体现在三个大方面，分别是日常生活服务、医疗保健服务、精神文化服务。但是，在对L社区的调查研究中发现，老年人的需求与社区服务供给存在着不平衡现象，社区服务的供给无法满足老年人日益多样的养老需求，主要体现在服务内容狭窄，项目单一。

老年人的需求具有多样性和差异性，需要多方面的服务。调查中发现，社区提供的养老服务所占比例偏小。社区提供的养老服务项目少，为失能老人提供的服务不足，社区活动虽有开展，但活动频率不高，参与活动的人员有些不足。针对想要多读书，增长知识的老人，社区内没有设立单独的图书阅览室。社区养老服务的服务对象大多是失能老人、患病老人及需要社会救助的老年群体，身体健康的老人能参与的服务项目偏少。同时，在医疗保健

服务方面，服务内容大多是日常身体检查、测血压等，对于患病老人的诊疗护理方面缺乏服务，同时针对老人的中医康复保健护理不到位，健康讲座、心理咨询等心理方面的服务也有待加强。定期看望、谈心交流、电话问候等精神慰藉方面的服务也需要多努力。

（二）社区养老服务资金不足

L社区老年人的收入水平大多数能自给自足，但对于社区服务，社区老年人还是希望政府能够承担购买社区养老服务的责任。政府对于社区养老服务的发展，加大了支持力度，但我国社区数量众多，政府下发到地方社区的资金不充足，无法更好地支撑社区养老服务的发展，使得社区养老服务的发展有一定局限性。

L社区提供养老服务的资金渠道过于单一，仅靠政府提供资金支持是不够的，无法满足社区养老服务的需求。为老人建设更多的休闲设施，提高医疗设施水平，招聘专业人才为社区提供服务，这些都需要资金支持。资金不到位，社区养老服务就无法真正地落实到每一个需要服务的老人身上。

（三）社区养老服务队伍专业性不足

目前，社区养老服务处于发展的阶段，L社区内的工作人员普遍存在着学历较低、年龄偏大、专业知识不足等问题，部分工作人员未能掌握相关护理知识，以及医疗保健知识，正规照顾没有发挥作用，没有达到应有的水平。面对突发情况束手无策，无法提供让老人满意的照料服务。同时，社区内的服务人员多为招聘的社会人员，缺乏系统的专业服务培训，在复杂而烦琐的工作中缺乏专业和细致的工作态度。以往社区提供的培训缺乏系统性，各个培训内容之间也缺乏连贯性，没有树立专业的社会工作理念，也没有为不同岗位提供不同培训，这样的培训无法适应社区各项工作发展的需求，社区养老服务需要有专业知识技能的人才，才能更好地为老年人提供服务，提高社区整体养老服务水平。

（四）社区养老服务组织体系不完善

社区养老服务的工作由政府进行组织管理，比较容易引起组织体系行政化严重，加重政府的负担，社区养老不利于向专业化的方向迈进。同时，政府的过度干预不利于其他的民间组织介入社区的养老服务发展，社区养老服务创新不足，缺乏竞争力。目前，社区养老服务实行政府领导、民政主管、社会参与的管理体制，但在实际的运行过程中，社区各部分相对独立。社区养老服务的工作涉及民政、劳动、卫生等很多部门，但这些部门没有相应的协调机制，不利于社区养老服务的顺利开展实施。社区养老服务的发展缺乏整体性。

四、完善城市社区养老服务的对策建议

L社区养老服务存在问题，那么就要有相关的对策来缓解这些问题。针对L社区的不足，主要从完善社区养老服务项目，发挥政府作用，提供多方面支持，完善L社区养老服务的人才队伍建设，整合养老服务资源，完善养老服务组织体系这些方面来入手，提高L社区的养老服务水平。

（一）完善社区养老服务的项目、内容和服务设施

社区养老服务水平的重要评判标准就是一个社区是否拥有全面的服务项目及完整的配套设施，能否开展积极有效的社区养老服务。

加大服务设施的建设投入，让老年人能够享受到就近的系统全面的养老服务。政府应出台相关政策，明确规定社区养老服务设施在居住环境中所占比重应，与老年人口的居住规模相配套的社区养老服务设施建设应得到重视。比如，目前L社区内医疗服务资源缺口过大，应加大社区医疗服务站、社区医院的建设，加强养老医疗设施建设。在老年人获得的非正规照顾不如意的情况下，如老人的儿女忙于工作而很少照顾老人，要加强正规照顾，聘请一些刚刚退休的、具有正规医师资格的医生护士等专业人员和专业照顾人员提供照护服务，这样一方面确保了医疗质量，另一方面缓解了专业医护人员不足的状况。社区应鼓励老年人就近医疗，针对社区所有的老年人开展定

期体检，及时了解他们的身心状况，为他们提供针对性的治疗。

增加精神文化建设。开设老年人学习交流的场所，组织志愿者或者有特长的离退休老人教授老年人感兴趣的内容，培养他们的爱好，定期组织专业人士到社区教授专业知识，进行指导，同时应提供相应的场所和设施。要鼓励老年人积极参与活动，让每一位老年人都能丰富自己的精神文化生活。

（二）发挥政府的作用，提供多方面支持

坚持履行职责，切实发挥宏观统筹的主导作用是政府在完善城市社区养老的重要作用。

切实发挥主导作用，下放部分权力，完善和坚持总体布局领导。我国政府正经历着由管理型政府向服务型政府的转变过程，随之改变的还有在处理相关民生问题中的位置，但不能改变的依然是发挥主导核心的领导作用。我国可以借鉴其他国家政府的相关经验，由包揽一切转变为适当下放权力，将具体的社区建设交给社区负责，可以更好地适应各地具体情况。发挥主导作用要不断调整宏观指导政策，根据出现的具体情况，如养老需求的改变、养老服务中出现的误区等进行改进。财政方面应通过提高财政补贴，减免土地租金等方式推动相关设施的完善。针对社区人员不足、志愿者制度欠完善的情况，可以由政府雇员的形式，提供人员支持，缓解工作人员的不足，保证人力物力供应。

领导社会力量的参与，建立全国性的监督机制。建设社区养老服务体系离不开各部门和社会力量的广泛参与，政府应发挥带头作用，领导社会力量的广泛参与。为了提高养老服务的水平质量，还需要建立全国性的、规范统一的服务质量监督机制。我国城市社区养老服务的进一步发展离不开社会力量的支持参与，政府应倡导社会、社区、个人的紧密联合，定期组织社会上热心人士、专家、学者实地考察、指导交流，参与到社区养老服务工作中。定期举行社区养老服务学术座谈会，参考社会舆论的观点组织大家建言献策。面向全社会，开通意见平台，建立服务热线，积极与社会进行交流互动，吸引社会力量参与到养老服务的具体建设中。鼓励社会力量参与可以有

效缓解目前的人员不足、力量薄弱的状况。同时建立全国性的质量监督机制确保服务水平，成立相关监督单位进行监督。

（三）完善社区养老服务人员队伍建设

政府应加强引导，吸引专业人才加入。可以通过在学校定期开展有关社区养老服务人员招聘的宣讲会，在社会上扩大招聘的宣传，积极引导毕业生及城市求职人员参与到发展L社区养老服务中。通过提高服务人员的待遇水平，完善相关福利制度，给予适当的优惠政策，调动求职者的应聘热情。比如可以给予服务人员在该社区购房的优惠，制定合理的公休假制度，完善养老金的缴纳。同时，吸收在校大学生、社会热心人士的参与，实行积分制，给予鼓励。不但可以缓解人员不足的状况，而且能进一步向社会推广社区养老服务。社区应利用有能力发挥余热的离退休人员资源，协助管理相关事务。

加强L社区周围相关产业发展，努力将社区养老服务工作发展为一种职业。组织从业人员进行专业技能培训，可以实施服务技能等级考核制度，组织服务技能考试，对符合社区养老服务工作要求的工作者颁发考试合格证，持证上岗。针对已经参与社区服务的养老工作者，在工作之余应加强服务思想作风和国家政策精神的学习，聘请相关领域的学者或资深人士，组织专业领域的知识及技能培训，目的是实现服务水平的跨越式发展。制定奖惩制度，形成定期考核机制，对业绩出众的服务人员进行相应的表扬奖励，对服务效果不佳的服务人员给予批评。

（四）整合社区养老服务资源，建立全面的社区养老服务体系

体系的建成不是只开发和完善某一方面的服务功能，而是要建立一个可以覆盖陪伴护理、医疗保健、服务监督为一体的综合保障体系。L社区在发展社区养老服务的过程中，可以充分利用其他社会组织或社会福利机构的资源，同时，志愿者队伍也是发展社区养老服务的推动者。社区养老的最终目的是要达到内容丰富、满足社会大众养老需求的目标。在社区、家庭的协作

下，满足老人的日常生活服务、医疗保健服务和精神文化服务，共同发展社区养老服务。

五、结论

L社区作为我国城市社区中的一个代表，在发展方面难免会存在不足，在依靠政府的政策支持、资金支持的前提下，社区自身也应该要整合社区其他养老服务的资源，拓宽服务内容，确保社区养老服务的发展有足够的资金支持，增强社区养老服务队伍的专业性，鼓励专业人才投入社区养老服务中，建立一个全面的社区养老服务体系。

（指导老师：杨克）

社会工作介入老年友好型社区建设研究——以L市C社区为例

庞迪

一、引言

建设老年友好型社区对于促进积极老龄化、解决养老问题具有重要意义。一方面不仅能为社区老年人创造更加适合生存、满足老年人基本需求的基础环境，另一方面更有利于增加社会对老年人群体的广泛尊重和认可，以更加符合老年人需要的方式对待老年人，减轻他们的孤独感和失落感，使他们在物质生活得到保障的同时，获得精神上的满足，进而提高社会归属感和幸福感。建设老年友好型社区有助于为老年人社区参与提供更多机会和参与途径，发挥老年人的自我价值和社会价值，最大限度地发掘老年人自身潜能，使他们体会到回归社会所带来的满足感和成就感。

二、绪论

（一）研究背景

中国已经步入老龄化社会，预计2050年老年人口将达到全国人口的三分之一。随着社会经济的发展，老年人对于养老环境、服务方面的需求有了新的标准。但是，中国现有居家养老和社会养老模式已经不能满足养老需求。通过老年友好型社区的构建，创造舒适的居住和生活环境，能够弥补社会养老不足，满足中国老龄化社会的不同需求。专业社会工作作为社会福利制度的重要组成部分，在介入老年友好型社区的建设中，可以为其提供专业的理论和实践的支持，更好地为社区老年人及其他居民服务。

（二）研究意义

1.理论意义

我国对社区养老模式的研究开始较晚，仅有少部分学者对其进行研究，并且对社区养老模式的认识尚浅。尤其是基于社会工作专业角度来对老年友好型社区建设进行实践研究的学者更是少之又少，相关理论还比较欠缺。本研究从社会工作专业的角度出发，着力于研究老年友好型社区建设，这有利于弥补目前社会工作理论方面的不足，对于老年友好型社区建设实务的科学开展，也会起到一定程度上的理论指导作用。

2.实践意义

进行老年友好型社区建设研究，一方面有助于充实我国现有的实践研究，弥补现有实践研究的不足，另一方面有助于推动我国老龄事业的发展，促进和谐社会的构建，还能够更加积极地应对我国人口老龄化所带来的问题，这既是友好型社区养老方式的内在需求，又是时代发展的要求。同时，此研究在一定程度上也利于服务老年人、帮助老年人，特别是对处于困境中的老年人提高生活质量，改善其社会功能，增强社区适应和社会适应能力有着独特的意义。

（三）研究内容与思路方法

1.研究内容

首先，在社区经济生活方面，随着社会的飞速发展和信息化时代的到来，在给部分人带来便利的同时，也给社会中处于弱势地位的老年人造成了困扰和麻烦。比如线上支付和网络购物的普及使得绝大多数的购物商店都采用二维码付款等线上支付方式，而老年人由于不会使用支付宝、微信等软件，导致其生活上存在较大的困扰。其次，在社会公共生活方面，社区基础设施的完善程度不够。如老年公共活动场所数量较少，针对残障人士所设立的便利设施被任意占用，即便是已经建立的设施也因为未进行定期检查和维护而不能再继续使用。再次，在医疗卫生服务方面，社区的医疗服务不能满足老年人的特殊需求，并且缺乏针对老年人的医疗保障政策和服务内容。在老年人权益的保障与维护方面，信息化的普及给老年人日常经济生活上带来不便的同时，也使得他们的权益处于一定的风险之中。很多老年人凭借自己以往的生活经历和经验已经难以辨别骗子的欺骗手段，因而成为电信诈骗的主要受害者。最后，在社区的主流价值观方面，当今社会有些人对老年人的态度和看法存在偏见，甚至歧视。这样违背传统的价值观不利于为老年人创造良好的文化环境，因此亟须改变。

2.研究思路与方法

在建设老年友好型社区时，我们可以具体运用社会工作实务研究方法来进行需求评估、问题分析、方案制定、计划实施和结果评估。并通过实地调查以及入户走访等方式进行资料的收集，结合社会调查与研究的知识与实践对资料进行整理和分析，为服务的开展提供专业的支持和协助。

（四）创新点与不足

本文具体从L市C社区出发来探讨社会工作介入老年友好型社区建设的基本思路，能够为其他相关文献提供更具针对性的借鉴和经验。但本文仍然存在一些不足，例如未从更宏观的角度对老年友好型社区建设进行分析，更多地关注于社区日常生活方面，日后笔者会汲取经验拓宽研究视角。

三、概念界定及基本理论

（一）概念界定

1.老年友好型社区

为建立安全、便利、舒适的老年宜居环境体系，使“住、行、医、养”等环境更加优化，敬老养老助老社会风尚更加浓厚，我国越来越重视老年友好型社区的建设。相关政策还谋划了适老居住环境、适老出行环境、适老健康支持环境、适老生活服务环境、敬老社会文化环境等五大老年宜居环境建设板块，以利于普遍树立老年宜居环境理念，使老年群体的特性和需求得到充分考虑，人人关注、全民参与老年宜居环境建设的良好社会氛围。本文中所提到的老年友好型社区建设是老年宜居环境建设必要和关键的一步，具体是指将社区建设为邻里和睦、设施齐全、健康安全、尊老爱老、紧跟时代发展潮流的新时代老年宜居型社区。

2.社会工作介入

社会工作本身是一门综合运用现代科学，尤其是社会科学所提供的知识与技巧而形成的以实务为主的专业工作。社会工作者作为行动者，依照专业价值观去设计、开展助人活动，并积极促进服务对象主动参与到这一行动中，相互配合，最终实现目标。在本文中，社会工作介入老年友好型社区建设是指为顺应新时代要求，社会工作者以社区为工作场所，以利他主义为指导，以科学知识为基础，运用专业技巧和科学方法帮助社区老年人解决具体问题，改善生活环境，提升生活质量，力图创建老年宜居型社区的助人服务活动。

（二）基本理论

本文主要依据的理论是伯吉斯、哈维格斯特等人的活动理论和社会支持网络理论。每个人都是生活在社会中，与社会进行不同程度的互动。如果老年人失去了工作和社交活动，又不能在其他地方找到替代角色或建立新的角色，那么老年人就会成为“没有角色的角色”。因此，社会工作者应该帮助他们在精神和心理上与社会保持接触，有自己的社交生活才能保持乐观的心境，从而获得快乐和健康。社会支持网络理论则是强调服务对象周围正式资源与非正式资源的运用。社区老年人想要拥有一个友好的生活环境，不仅可以向家人、邻里、朋友这些亲密群体寻求帮助和支持，还可以主动寻找像社会服务机构等这类正式服务资源获得更加专业和正式的协助。

四、C社区老年友好型社区建设的现状

（一）社区生活环境

C社区总面积1.5平方公里，自1999年实施旧居改造以来，经过十余年

的滚动发展，目前已是一个总占地600亩、多层及高层楼宇80余座、总入住人口20000余人的大型社区，建设了同心广场、文化长廊、棋牌室等居民活动空间。社区目前部分公寓正在施工，道路部分被堵塞、破坏。此外，社区交通系统容易出现故障，不方便社区居民的出行。C社区是一个回迁型社区，老年人口占比较重，在回迁过程中，有些老人并不愿意搬离自己的住房，因此到现在一直住在自己原来的旧房子里，家庭设施等简陋、陈旧。

（二）社区医疗水平

目前C社区内有两所小型社区诊所，主要负责诊治社区内居民日常的轻微病症。在流感多发期，诊所内常常挤满了病人，有些居民被迫到其他地方看病。诊所规模小，只配备了一名医生，摆放了三个床位，来看病的居民一般都是坐着输液。在社区周边还有一家较大型的社区医院，为社区居民提供大病和重病治疗。

（三）社区网络环境

在二十世纪末期，互联网络的出现与应用成为人类历史上重大的事件，更是人类社会发展史上一场深刻的革命，推动了世界每一个角落的沟通和交流。毫无疑问，这次革命同样也给中国的居民和社区带来了影响和改变。以C社区为例，网络购物逐渐成为备受社区居民喜爱的购物方式，人们只需要在家轻轻点击鼠标，选购你想要的商品，然后网上结账或者选择货到付款，就可以等待物流送货上门了。线上支付也随之成为最受社区居民欢迎的支付方式之一。用支付宝或者微信扫描二维码就可快速轻松地进行支付，不必再为忘记带现金或没有零钱而发愁了。另外，当今互联网已经成为信息传播的主要渠道，尤其是社交媒体已经成为信息发布和传播的重要聚散地和舆论场，使得网络成为社区居民获得信息来源的主要渠道。

（四）社区生活风险

互联网的飞速发展在给我们带来便利的同时，也带来了风险和挑战，信息泄露、电信诈骗等一系列无形的灾难向我们袭来。近年来针对老年人的高科技诈骗,特别是电信诈骗越发频繁，老年人成电信诈骗的目标人群。在C社区中同样存在一部分老年人受到过电信诈骗。

(五)社区文化环境

中华传统文化自古以来讲求尊老爱幼，但随着社会经济等各方面的发展，在社会中会产生一些与尊老敬老等主流传统价值观念相违背的现象，即对老年人的歧视和偏见。C社区属于回迁型社区，除去原有居民，还有一部分外来住户，社区中的青年人以外出打工或工作者居多。有些青年人当有空闲时间回家时，也不愿多和老人说一句话，只顾忙自己的事情。因此，社区老人非常希望有机会和别人交流，希望减少孤独感和失落感。

五、C社区老年友好型社区建设存在的问题

(一)社区环境欠佳，老人无法正常参与公共生活

在社区户外空间环境建设方面，社区老年人娱乐活动场所匮乏。大多活动场所被闲置或被社区内工作人员占用为办公场所，并没有充分发挥应有的功能为社区居民服务。由于社区老年人较多，并且社区老年公共娱乐资源较为稀缺，导致社区老年人经常会聚集到小广场上聊天，或在小广场周边的树荫底下下棋、打扑克，造成在广场上打球的年轻人经常向社区反映老年人侵占了他们的娱乐活动空间。

存在阻碍老年人参与社区的设施。首先，C社区部分施工的地方留下了一些坑坑洼洼，社区老年人外出时，如果没有人对其进行提醒，很容易摔倒甚至产生更严重的后果。其次，社区中的警告牌、提示语较少，通知公告张贴过高、字号偏小，颜色不醒目等，导致老年人不容易看清和辨识。再次，社区中的人行盲道和一些坡道都被随意占用，即便是已经建立的设施也因未进行定期检查和维护而不能继续使用。最后，社区部分楼梯台阶过高，阻碍了老年人的出行。这些都不同程度地违背了为社区老年人营造无障碍环境的初衷。

在社区整体交通环境建设方面，社区主要存在三个问题。第一，公共交

通设施存在漏洞。C社区规划的公交车数量较少，公交车站点不足而且距离较远，站点位置不恰当。第二，老年人群体乘车或者上下车时不方便，很容易受伤。第三，对于老年人来说，社区乘坐公共交通的车费较贵，老年人很可能为了节省几块钱而尽量减少外出。

在社区住房建设方面，社会工作者通过对C社区进行调查走访，发现社区老年人的家庭居住环境存在很多问题。第一，家庭设施陈旧。老年人的思想比较念旧，很多物品已经失去原有的功能，甚至存在安全隐患但仍然在被使用。像老旧的橱柜，抽屉不灵活就会给老年人带来麻烦。第二，家庭设施不适合。最典型的就是家庭中的浴室和卫生间，社区内大多数家庭使用淋浴，而老年人容易滑倒、摔伤。传统的马桶高度固定，没有护具，每次老人如厕都要费很大的力气，同时也存在摔伤、扭伤、碰伤擦伤的风险。第三，家庭辅具缺失，一些行动不便的老年人缺乏拐杖等辅助工具来帮助其更好地生活。第四，C社区的老年家庭主要有两种类型：老年人独居和老年人与子女同住，与子女同住的老人其子女经常忙于工作或长期外出打工从而造成留守老人问题，使得老年人难以得到及时的照顾和服务。

（二）社区医疗匮乏，健康生活无法保障

社区医疗服务单位数量少且规模小。社区诊所就只有两所，很难满足日常居民的健康需求，尤其是多病的老年人。由于社区诊所规模不大，经常会出现药品不齐全、缺药、断药的现象，这极大地影响了社区居民尤其是社区老年人的身体健康。

除此以外，社区已有医疗服务单位医疗水平有待提升。社区医院医疗服务水平不够完善主要体现在：医院基本医疗设备不齐全；医护人员多而不精，缺乏高水平的医护人才；居民医保等政策不健全；只针对居民生理上的病情进行治疗，不能达到预防、康复等全面的服务效果。

（三）网络经济发展，无法融入网络生活

当今互联网发展迅速，但对于老年人来讲，他们不习惯使用智能手机来

获取消息和资讯。当我们对社区进行调查时发现，网络生活快速发展的受益者，仅仅是社区内的年轻人群体，而社区内的中老年人群体因为年龄增加，学习能力减退，对于微信和支付宝等软件的应用和操作并不熟练甚至不会使用，这使得老年人购买商品时难免会不顺利。再者，网络经济快速发展，老年人群体很难迅速融入和适应网络生活，这所导致的直接后果是使得老年人逐渐失去了与社会交流和联络的媒介，无法及时获取社会信息，反过来又进一步加剧了老年人适应网络化生活方式的难度。

（四）社区风险增加，合法权益难以维护

社区老年人的自我保护意识不强。由于中老年人对电信科技、实事热点、银行、公职机关等了解相对较少，辨别真假能力低下，并且很容易轻信他人，使中老年人成为高科技诈骗的目标人群。老人不顾银行多次劝说，执意汇款，导致钱财损失的新闻已经屡见不鲜。大多数老年人在遭受电信诈骗导致财产损失后，很少有人会主动寻求法律援助，只是自认倒霉。这使得老年人的合法权益无法得以维护和保障。

相关法律政策不健全。近年来我国电信诈骗不断增加，部分原因是对于诈骗犯的惩治力度不够，针对老年人电信诈骗的法律法规不完善，导致不法分子钻法律的空子，变本加厉地骗取老年人群体的财产。电信诈骗不仅仅造成受害者的金钱损失，更会重创受害者的心理。若老年人心理承受力弱，则会危及老年人的生命安全。

（五）文化环境不良，无法拥有健康精神生活

社区一些群体的尊老敬老等传统观念逐渐丧失。老年人相对于青年人来说，其身体和劳动能力均逐渐减弱，由家庭中的劳动者转变为完全的消费者，在部分青年人看来，他们成了家庭负担，不再受到合理的对待。另外，社区内的青年人大部分时间在外打工，与家庭中的老年人缺乏适当的沟通和交流，不能很好地去接触和深入了解老年人的生活和文化状态，因此对其产生误解是不可避免的。

改革开放40多年以来，随着物质财富的迅速增加，社区老年人的物质生活日益得到改善，他们对精神文化也提出了更高的要求，不仅是数量上的增加，更是质量上的提高。但社区老年文化建设却滞后于社区的经济发展水平，不能很好地满足和适应老年人的精神文化需求。

六、社会工作介入老年友好型社区的对策与建议

（一）紧跟时代步伐，融入网络生活

1.进行相关内容宣传，激发社区老年人学习兴趣

C社区地理位置相对而言比较优越，网络经济发展较快，因此社区受互联网发展影响大，社区居民对互联网的认识有良好的基础，有利于在社区进行相关的活动宣传。社区主要出入口有四个，社会工作者可以优先选择这四个人流量大的位置进行宣传。社工可以向社区老年人发放宣传单页，由于存在一些文化程度较低或者不识字的老人，社工在设计宣传单页时应以图画为主，通过画面来传达信息。同时向来咨询的居民进行口头讲述式宣传，增加社区居民对宣传内容的了解。还可以与社区居委会取得联系，让他们安排在社区内的各个宣传栏内和大荧幕上展示相关活动内容。最后，赢得社区老年公寓领导和其他相关老年人活动的骨干领袖的信任，让他们带头进行宣传，可以发挥更好的宣传效果。

2.开展老年人学习小组，帮助其学习智能手机使用

社工通过宣传、招募，选择合适的社区老年人服务对象，在社工小组活动室开展老年人智能手机学习小组，通过社工的耐心讲解、小组成员的具体实践，让老年人掌握对微信、支付宝等主要应用软件的使用。同时，设计一次专门的小组聚会，让小组成员了解当今社会信息传播的多种途径和渠道，学习如何用智能手机搜索和查看时事新闻等，让老年人学会主动接触和了解信息、关注社会时事，从而建立并增强社会融入感。为了不断巩固学习成果，社工在每次小组活动开始之前都应带领小组成员对上次小组聚会所学的内容进行重温复习。也可以采用竞赛的方式来激发小组成员的学习热情，帮助他们熟记智能手机的操作和使用。

（二）优化生活环境，提高生活质量

1.社区户外空间环境建设

提供老年人娱乐活动场所。对于社区内已被闲置的公共活动领域，社工根据社区老年人当前最紧迫和最关键的需求对该领域进行规划，使其成为社区老年人的娱乐宝地。对于被占用的活动场所，社工与社区工作人员进行沟通，晓之以理，动之以情，让其归还属于社区居民的公共活动资源。除了取得闲置和被占用的资源外，社工还可以作为资源链接者争取新的资源，努力获得当地政府的场地支持，与社区居委会进行积极沟通，赢得社区成员的信任和支持，为社区老年人争取新的活动场地资源。在社区中，社会工作者可以组织社区老年人开展座谈会，了解老年人对社区内基础硬件设施的多样化需求，更有针对性地满足老年群体需要。

进行社区内适老化改造。第一，社会工作者应积极发现社区中存在的阻碍老年人参与社区活动的设施，及时和社区居委会、物业等相关单位进行沟通并做出处理，避免社区生活出现坡、沟、杂物等使老年人跌倒，危害其身体健康的危险因素。第二，社区内增加必要的标识牌和警示语，并做到色彩对比鲜明、字号大，通知公告张贴到老人可以看到的合适位置。第三，针对人行盲道和坡道被随意占用的问题，社工可以采用宣传海报、公益视频、文明传单等宣传手段来大力宣传空出人行盲道的重要性、占用人行盲道的危害性以及残疾人应有的权利。除此以外，社工可以利用C社区临近大学城的良好地理位置优势，组织大学生志愿者定期对无障碍设施进行检查和维护，以保证社区残障居民的日常出行活动。最后，社工可以向社区居委会提出建议，进行楼梯改造，或在老年人进出频繁的地方安装电梯，便利老年人的出行。

2.社区整体交通环境建设

进行尊老敬老观念宣传，形成良好社会风气。社工在社区内进行尊老爱老观念的宣传，提高社区居民的素质，使社区人人形成长者先行的观念。例如，在上车的时候遇到老人，让老人先上车；在同行车上若有老年人，应该主动让座、搀扶。社区是社会的分子，每个人都应该形成尊老敬老的观念，从而促使整个社会尊老意识的形成，为老年人提供一个良好的社区出行环境。

完善公共交通基础设施建设。首先，社工可以与社区公共交通总公司取得联系，增加公交车发行量和公交站点，调整公交站点位置，使其方便老年人乘坐。其次，社工扮演教育者角色，组织社区公交车司机进行培训，让他们在确保乘客安全乘车的情况下，多多注意高龄乘客的安全，在拐弯、让行时应避免急刹车等危险行为对老年乘客带来的风险。最后，C社区是由L集团所赞助建立的，为社区居民提供良好的生活空间的同时，还为居民提供各种福利。因此在老年人乘公交出行方面，社工也可以与L集团负责人进行最大限度的争取，把乘车优惠作为一项福利政策，根据不同情况还可以进行免费政策，从而便利社区老年人的出行。

3.社区住房建设

除了社区户外环境适老化以外，更需要在老年人经常活动的家中努力实现家庭无障碍化。家庭适老化改造主要是指根据老年人群体的生理特点及生活习惯等，对老年人的家庭住房进行适当的改造，并针对这一群体需求提供一系列服务，让老人能够在自己熟悉的环境中安全、舒适地安享晚年。

进行住房内部改造。社会工作者作为政策倡导者，为社区老年人申请家庭无障碍化改造，争取获得政府的物质、财力支持。在没有项目可以申请的情况下，社会工作者可以作为资源链接者，为有需要的老年人链接家庭改造公司，在充分调研老年人家庭需求、生活习惯等情况的前提下，与家装公司、老年人及其家人一起设计家庭无障碍化改造方案，比如：家具摆设要方便老人行走；对陈旧橱柜进行整修和加固；地砖地板要防滑防摔；老年人尽量使用盆浴，洗手间内安装牢固扶手、呼叫铃；配备必要的拐杖等辅具。在实施改造方案时，社工要尊重老人的生活习惯和起居时间，本着方便老人的原则开展工作。除了家庭设施的改造外，家庭软环境也可以进行适当改变，增加一些暖阳、爱意的元素，从硬环境和软环境两方面着手来真正实现以老人为主体的适老化改造。

为老年人提供服务。社会工作者在为了帮助那些行动不便的老年人增加与外界的联系，减少其生活上的不便，可以联合大学生组建志愿者团队，为老人提供上门服务。比如陪有需要的老年人聊天，为腿脚不便的老人购物，帮助打扫房间卫生等。

（三）完善医疗服务，提升生活水平

1.增加医疗服务单位数量，扩大医疗服务规模

首先，社工充分扮演倡导者的角色，鼓励政府向C社区拨款，建立社区卫生服务站，通过卫生服务站与社区诊所协调配合，服务好社区居民。并在社区卫生服务站内设立社会工作者的专业岗位，有效发挥社工的作用，帮助服务站建立社区居民的健康信息管理档案，分门别类，严格管理。其次，为保证对居民及时进行医疗救助，社工可与居委会取得联系，说服其增加诊所医护人员和床位数量，并保证医疗药品的有效供给。社工还应定期进行社区居民健康调查和分析，把握居民的健康状况趋势。最后，社工日常可以进行小组工作，组织开展针对老年人的医疗卫生宣传教育，教老年人如何正确养生以及健康管理等。为社区内行动不便的老年慢性病人提供出诊及家庭病床等上门服务和社区护理服务，为老年人提供一个安全舒适卫生的社区医疗环境。

2.提升健康医疗服务质量，改善医疗服务水平

社工作为倡导者可争取政府对社区的人、财、物力的支持，配备更齐全、先进的医疗设备和专业医护人员，并对老年人群体进行适当医疗补助和提供其他相关的医疗保障。社工还应向社区医院负责人提出建议，设立医院社工部，将医务社会工作积极地应用在急诊、门诊服务等特殊医疗就诊环节和疑难重病患者、纠纷患者、家庭困难患者等的诊治中，解决特殊环节、特殊病人在接受医疗服务中的问题，让专业医务社工来负责患者的生理、心理健康，通过与患者周围其他环境系统进行接触和沟通，帮助患者从根源解决困难，最终达到持续的治疗康复效果。

（四）化解社区风险，维护合法权益

社工可以采取社区教育模式从两个角度来提升老年人的自我保护意识。首先，从权益受害者角度，社工应组织社区老年人开展维护老年人合法权

益的法制教育和普法工作，让老年人能够了解和掌握最基本的法律知识，用法律武器来维护自己的合法权益。对于社区内高龄老年人，社工可以登门拜访，为其普及必要的法律常识。从社会责任角度，社工通过开设主题讲座等形式在社区广泛宣传如何预防和辨识电信诈骗，让整个社区提高警惕，不让诈骗犯有机可乘。其次，社会工作者作为政策倡导者，应倡导政府出台和完善相关的法律法规政策，努力做到预防和打击不法分子对社区老年人群体进行电信诈骗。协助社区工作人员设置社区防诈骗规章制度，努力向社区“零诈骗”的目标迈进。

（五）改善文化生活，满足精神需求

1.重拾社区尊老爱老良好传统观念

针对该社区的老年歧视问题，首先，社会工作者可以为已经受到歧视的老年人提供个案辅导干预，帮助他们梳理不良情绪，缓解心理压力，教授他们应对歧视的方法和技巧。其次，对社区受到歧视的老年人开展小组工作，建立互助小组，通过分享彼此的经历，获得情感上的安慰和支持。在此过程中，社工应对老年人进行赋权，帮助老年人提升自身能力，为身心健康的老年人寻找适合他们的工作岗位，努力到达老有所为的社会目标。最后，社工可采用社区照顾模式，对受歧视老年人进行干预，成立专门的社区受歧视老年人照顾中心，为他们提供物质和精神支持。社工还应改变受歧视老年人的家庭成员以及社区其他群体对其存在的不合理看法。与此同时，社工可以进行社会政策倡导，呼吁更多相关的法律法规为受歧视老年人提供法律保障。

2.满足老年人多样的精神文化生活

首先，社会工作者要积极引导老年人树立终身学习的理念，活到老，学到老。只有不断学习，才能让老年人的思想不僵化，紧跟时代步伐。其次，还可以倡导政府提供财政支持，在社区内开办老年大学。要根据老年人的兴趣爱好与需求开设老年大学班级，充分满足社区老年人学习娱乐和接受教育的需要。最后，社工可以组织社区老年人成立老年文体协会，将更多的老年人吸引到协会队伍中来，让他们在协会中学习知识、广泛交友。根据老年人

的特长、爱好和兴趣等，组织书法、戏曲、剑拳等活动或比赛，特别是通过老年文体活动的开展，让老年人走出家庭，走向社会。

（指导老师：李艳丽）

银色经济视角下社区"嵌入式"养老服务模式研究

王海静

21世纪，我国科技水平迅速发展，医疗卫生服务体系进一步完善，但随之而来的是我国人口结构发生了明显改变，人口数量激增，人口老龄化问题日益严重，给社会管理工作带来新的挑战。挑战也意味着发展机遇，许多社会学家针对中国不断凸显的养老问题、养老服务需求问题进行论证和研究，发现目前的人口老龄化现象有可能成为人口红利的一个重要组成部分，是社会的进步，认识到健康长寿是社会发展的主题，于是专家学者提出了银色经济这一概念。银色经济指的是国家在基于健康长寿和不断升级的消费需求的基础上，不断改善生产、消费等供求关系，专门开发设计、生产制造有关老年人的商品或服务，由此多种多样的养老服务模式应运而生，银色"危机"转化为银色"商机"，其中社区"嵌入式"养老服务模式越来越到社会的关注，在营造尊老、敬老、爱老的社会氛围的同时，为老年人提供更多的优质服务。社区"嵌入式"养老服务模式的推广离不开银色经济的发展。

一、中国人口老龄化

由于人口老龄化问题的出现，我们的社会正面临着一场无声的革命，它已经超越了人口统计的范围，对经济、政治、文化方面产生了重大的影响，这场革命将给发展中国家带来更大的影响，革命的号角就是发展银色经济。

（一）中国人口老龄化的现状

根据第七次人口普查结果，2020年中国60岁及以上人口为26402万人，占18.70%，其中，65岁及以上人口为19064万人，占13.50%。

（二）中国人口老龄化的特征

一是人口高龄化趋势明显。第七次人口普查结果显示，80岁及以上人口占总人口的比重为2.54%，比2010年提高了0.98个百分点；占60岁及以上老年人口的比重为13.56%，比2010年上升了1.74个百分点，高龄化趋势明显。

二是人口老龄化速度明显加快。2010—2020年，60岁及以上人口比重上升了5.44个百分点，65岁及以上人口上升了4.63个百分点。与上个十年相比，上升幅度分别提高了2.51和2.72个百分点。

三是人口老龄化城乡差异快速扩大。第七次人口普查结果显示，从全国看，乡村60岁、65岁及以上老人的比重分别为23.81%、17.72%，比城镇分别高出7.99、6.61个百分点。与2010年相比，60岁、65岁及以上老年人口比重的城乡差异分别扩大了4.99和4.35个百分点。

四是未富先老，经济发达国家是在人均GDP为1万美元时，进入老龄社会，但我国在1999年年末，进入老龄社会时的人均GDP仅有840美元。

五是实际赡养负担重。随着之前计划生育政策的实施，独生子女面临双亲衰老的问题，经济压力大。

（三）中国人口老龄化对经济和社会的影响

1.对劳动力市场的影响

劳动力供给数量减少，劳动年龄人口规模下降，中青年劳动力供给减少。另外，部分劳动者受教育年限少，提升劳动者教育程度难度加大。

2.对经济发展速度和结构的影响

资本积累和经济增长降速。有研究结果表明，2021—2025年是人口老龄化影响我国经济增长相对严重的时期，可能使年平均经济增长率下降约

2.2%。经济结构调整增加压力和难度，劳动力短缺将会提高人工成本，进而增加企业的经营成本，降低劳动密集型产业的优势，迫切需要从供给和需求方面进行资源配置与收入分配的结构调整。

挑战医疗保障制度的可持续性。人口老龄化可能导致疾病经济负担和医疗服务利用需求的急剧增加，基础设施和城市发展需要适老化，为了满足老年人在内的全体居民对居住环境的要求，我国既要对现有公共服务设施进行完善，还要新建一大批公共服务设施，所需要的投入巨大，养老服务设施建设能否适应将来老龄社会的需要是一个重大的战略性问题。

二、银色经济

（一）银色经济的内涵

银色经济是指以健康长寿和不断增加的消费需求和约束条件为基础，组织生产、分配、流通和消费的活动及其供求关系的总称。在银色经济时代，人的银发时期延长，有银发经济之称。银发经济主要指养老服务和老龄产业，银色经济更指经济时代的变迁，标志着人类正在进入第三大财富波，即健康经济。健康经济将解决生命的质量问题，人们要以“勤奋—竞争—合作”的3C精神追求人均GDP的福利相关性，人均寿命可能达到90—120岁，健康长寿成为社会发展的主题。

（二）银色经济的主要特征

1.技术进步与人文进步并重，健康产业促进健康长寿

健康产业包括生命科学研究、健康管理、医疗服务、医疗旅游、健康保险等，以及相关产品和辅助性服务产业，如医药器械制造业、软件和信息技术服务等。2013年，在完善医疗保障的基础上，国务院发布《关于促进健康服务业发展的若干意见》，提出建立覆盖全生命周期、内涵丰富、结构合理的健康服务体系。2016年，党中央提出“全方位、全周期保障人民健康”的发展战略。

2.经济速度与经济质量并重，以人为本，保持健康长寿

人类发展经济的目标在不断提高，解决温饱问题之后即追求速度，达到

一定速度之后就会追求质量，银色经济就是以质量换速度，实现质量和速度的均衡。

3.教育创新与技术创新并重，健康生活推动健康长寿

改变发展理念和知识结构依赖于教育改革。“教”和“育”是培育新生一代的全过程，是人类社会生产经验得以继承发扬的关键环节，包括学校对适龄儿童、少年、青年的全面发展进行教育的过程，也包括社会对成年和老年的继续教育过程，包括思想教育和知识教育的进步和改革。

4.就业开源与福利改善并重，终身自力更生，确保健康长寿

鼓励国民增加就业和财富积累，实现终生财务独立。按照个人精算平衡原理，建立早减晚增的法定全额养老金领取机制，激励国民逐渐推迟领取法定全额养老金的时点，自动增加就业。工资增长率应当高于养老金增长率，确保增加就业即增加养老财富。通过综合治理机制保持养老税费到一定水平即不再增加。

5.政府主导与社会参与并重，社会企业为健康长寿服务

银色经济时期的社会，面临成本增加，利润率下降是不可避免的事实，政府应采取的应对策略是找到资源配置的最优模式，即社会合作。

6.终生自立与家庭社会养老并重，幸福家庭实现健康长寿

个人财务终生自立（不排除贫困救助）、发展社会养老服务和完善家庭养老功能，构成银色经济的社会文化的内涵。一是鼓励国民积极参与就业，实现个人经济独立；二是基于现代生活方式，实现家庭养老；三是大力发展社会医养服务业，按照低龄老人以养带医、高龄老人以医带养的需求规律，补充家庭养老服务生产能力的不足，实现人们居家养老的愿望。

（三）银色经济发展指数

银色经济发展指数由人口健康老龄化、养老保障发展和老龄人口红利（含老龄人口红利和老龄产业）3个维度和5个一级指标及20个二级指标构成，基于国际标准和中国国情制定标准值，主要采用官方公布的数据计算，其结果反映老龄社会常态下的代际间的经济关系和社会关系。

表7-1 2020中国银色经济与健康财富发展指数0.6027

维度	权重	一级指标	权重	二级指标	权重	评估值	较上年
投资健康与社会发展	0.3200	经济发展	0.0400	人均 GDP	0.0200	0.0139	—
				基尼系数	0.0200	0.0177	—
		人口结构	0.0800	总和生育率	0.0400	0.0282	—
				平均预期寿命	0.0200	0.0200	—
				统计赡养比	0.0200	0.0186	↓ 0.0007
		卫生支出	0.0800	卫生费用占 GDP 比	0.0200	0.0200	↑ 0.0011
				卫生费用增长车	0.0200	0.0200	↑ 0.0001
				个人卫生支出占比	0.0200	0.0193	↑ 0.0002
				医护人力资源占比	0.0200	0.0134	↓ 0.0008
		健康促进	0.1200	健康水平	0.0400	0.0406	↑ 0.0012
				健康生活	0.0200	0.0140	↑ 0.0004
				健康服务	0.0200	0.0187	↑ 0.0001
				健康环境	0.0200	0.0183	↑ 0.0002
				健康产业	0.0200	0.0175	↑ 0.0015
社会参与和人口红利	0.3600	积极就业	0.0800	就业政策科学性	0.0300	0.0198	↑ 0.0005
				就业结构合理性	0.0100	0.0081	↑ 0.0003
				就业质里	0.0300	0.0224	↑ 0.0007
				劳动生产车	0.0100	0.0018	—
		社会参与	0.0800	大龄就业	0.0200	0.0160	—
				社工义工	0.0200	0.0020	—
				社会活动	0.0200	0.0020	—
				家庭照护	0.0200	0.0020	—
		养老资产	0.0800	养老金总管代率	0.0200	0.0087	↓ 0.0005
				医疗费用分担率	0.0200	0.0200	—
				长护费用分担率	0.0200	0.0040	↑ 0.0020
				住房产权自有率	0.0200	0.0200	—
		老龄人口贡献	0.1200	老年消费额占比	0.0200	0.0107	↑ 0.0002
				老年旅游人数占比	0.0200	0.0107	↓ 0.0014
				养老基金占 GDP 比	0.0400	0.0078	↑ 0.0020
				老年纳税人口占比	0.0200	0.0020	—
				老年纳税额占比	0.0200	0.0020	—
持续收入和养老保障	0.3200	养老金	0.0800	公平性	0.0240	0.0158	↑ 0.0015
				效率性	0.0240	0.0160	↓ 0.0004
				可持续性	0.0320	0.0185	↓ 0.0003
		医疗保障	0.0800	卫生筹资合理	0.0160	0.0158	↑ 0.0006
				医保政策科学	0.0256	0.0196	↑ 0.0004
				医疗服务治理	0.0384	0.0248	↓ 0.0004
		养老服务	0.0800	养老服务需求	0.0200	0.0060	—
				养老服务供给	0.0200	0.0060	—
				养老机构发展	0.0200	0.0080	—
				养老服务质量	0.0200	0.0080	—
		老年友好社会	0.0800	权益保护	0.0200	0.0060	—
				友好居住	0.0200	0.0060	—
				友好社区	0.0200	0.0060	—
				友好设施	0.0200	0.0060	—

通过分析银色经济与健康财富发展指数，有利于明确银色经济的发展方向和目标，通过数据反映老龄社会真实情况，有针对性地制定发展战略，以便直达目标，少走弯路。

三、中国现有养老服务模式分析

养老服务是一种嵌入老年人身心、家庭、社区、机构和城市的照料与护理，提高老年人健康生活机能和家庭养老功能的社会活动的总称。2005年，上海率先提出“9073”的养老服务格局，即居住在一些大城市的老人中90%是家庭养老，7%是享受社区养老服务，3%是享受机构养老服务。这组数据为养老服务行业提供了一个产业可行性分析的重要依据，从社会认可到逐渐普及，进一步促进了从业者对于养老服务格局的重新认知。在这一思路引导下，许多城市通过不断完善和提高养老金水平等保障措施，发挥家庭养老的基础性作用，巩固和提升社区养老的服务能力，这一措施得到广大市民的认可和支持，相继出现了三大养老服务模式：家庭养老服务模式、机构养老服务模式、社区养老服务模式，解决了因“未富先老”、快速老龄化出现的问题，但以上三种养老服务模式在运行工作过程中也出现了一些问题，因此探索我国养老服务的新模式成为当前社会发展的目标。

（一）家庭养老服务模式

家庭养老是我国传统的养老模式，受中国传统文化的深远影响，孝敬和赡养老人是每个子女应尽的责任和义务，因此家庭养老长期以来是由赡养者为老年人提供生理、心理和经济上的支持，由家庭负责老年人物质、精神及医疗等日常需求。家庭养老模式的优点在于老年人方便与家人和亲属沟通，促进代际沟通，并在情感上得到充分保护，同时，老年人付出更低的成本，拥有更高的活动自由度。但是随着经济的快速发展和计划生育政策的实施，家庭养老模式已经无法满足老年人的需求，老年人的需求越来越广泛，现如今不仅仅局限于基本的物质需求，还倾向于文化等各方面的需求，单靠家庭养老已经无法满足这些需求，并且易产生家庭伦理纠纷。

（二）社区养老服务模式

社区养老服务模式是指针对居住在自己家庭或长期生活在社区内的老年人的一种服务模式。它得到正规服务、社区志愿者和社区支持网络的支持，以帮助有需要的老人在熟悉的社区环境中维持生活。社区养老服务设施包括社区日间照料中心、社区老年人活动站和托老所。社区养老模式的优点在于成本低、效率高，服务的针对性强，服务的功能比较齐全，有效地满足老年人的心理需求，有助于建设关怀性的社区，是符合我国基本国情的一种必然选择。从另一个角度来看，目前存在一些职能部门和从业者没有意识到社区养老服务的重要性，缺少前瞻性规划，资金投入不足，区域经济发展不均衡导致社区养老服务的不均衡等问题。

（三）机构养老服务模式

机构养老服务模式是指由国家和社会为老年人提供居住场所和各种服务养老模式，如各种养老院、福利院和老年公寓等养老服务机构。养老机构为老人提供生活护理和精神慰藉等服务，老年人易获得精神归属感，提高老年人生活质量，有利于老年人的身心健康，减轻家庭养老压力。从运行情况来看，我们也发现了机构养老对老年人的自由程度难以保障，而且费用较高，普通家庭仍然担负不起，压力较大。

四、银色经济视角下的社区“嵌入式”养老服务模式

随着改革开放的深入，许多中老年人有了更广泛的对外交流渠道，通过访学、探亲或者旅游，亲眼看到了许多发达国家老年群体悠闲自在的生活方式，社区里有专门的老年用品商店，还有各种服务设施，包括医疗、休闲等，非常方便老年人的生活，这种模式称之为社区“嵌入式”养老服务模式。从中不难发现，这些国家从政府到社会，都普遍重视老年人的生活方式及生存需求，也就是重视银色经济产业的发展。这种服务模式是由老龄事业和老龄产业支持的，核心是尊重老年人的自理能力和身体健康。在银色经济发展的时代，必须重视社区“嵌入式”养老服务模式。

（一）社区“嵌入式”养老服务模式的概念

社区“嵌入式”养老服务模式是一种以社区内置物业资源等为载体，以资源嵌入、功能嵌入、管理嵌入为形式，服务对象为社区辐射范围内的普通老年群体，通过整合各方资源，以银色经济带动社会服务市场开展运作的养老模式。

（二）社区“嵌入式”养老服务模式的优势

社区“嵌入式”养老服务模式主要有规模小、地理位置优越、情感互动、专业化和整合资源优势等特点，集中了传统家庭养老、机构养老和社区居家养老三者的优势，实现了养老服务的多样化和专业化。

在规模小这一特点上，社区“嵌入式”养老服务模式对地理位置要求低，资金需求较小，风险性较低，易布点且对社区日常生活影响小，易管理、复制和推广。

在地理优势中，社区“嵌入式”养老服务模式利用传统家庭养老模式的优势，在社区内或社区附近建立，以方便子女探望陪伴老人，老人仍然生活在自己熟悉的环境中，与熟悉的人和事物联系，避免了老年人进入陌生环境所带来的困扰。

在情感优势方面，方便老年人“常回家看看”，与亲人团聚，共享天伦之乐。同时为了满足老年人对家庭的依恋，子女可以利用空闲时间探望父母，给老年人带来家庭的温暖和心理安慰，使老年人得到家庭的幸福感和归属感。另外，这种养老服务模式还满足了老年人之间发展共同的兴趣和爱好，使情感需求得到慰藉，有利于老年人的身心健康。马斯洛的需求层次理论提出了安全需求、爱与归属的需求、尊重和自我实现的需求，可以看出，社区“嵌入式”养老服务模式的目标追求与马斯洛的需求层次理论的描述相吻合，满足了老年人各方面的需求。

在专业优势方面，社区“嵌入式”养老模式由专业人员进行管理，措施到位、方法灵活、过程严格，由政府宏观调控、社区支持、养老公司负责具体的运营。一方面，这种养老服务模式由于运用企业化的管理模式，管理组织更加完善，内部管理系统更加全面。另一方面，“嵌入式”养老服务模式更加注重对工作人员技能的培训，专业人员在接受培训后提供专业化服务，能够熟练运用医疗资源，为整个社区的老年人提供基本医疗服务，为老年人提供专业的治疗、康复和精神慰藉等服务。

在资源整合优势方面，社区“嵌入式”养老服务模式可以充分利用社区内外资源，合理利用社区闲置房屋和活动室，社区的外部生活设施也可用于嵌入式养老，使养老服务更加便捷和集中，从而降低了养老费用。

目前，“嵌入式”养老服务模式下引入养老服务企业有两种主要方式：一是政府购买养老服务的模式，另一个是养老服务企业自主投资，他们负责自己的利润和损失或与其他机构组织合作。由此可见，社区“嵌入式”养老服务模式整合了政府、市场、社会、家庭四个方面的优势，实现了四者的良性互动和相互配合，是一种有效整合和发挥各种养老资源作用的完善联动的运营机制和模式，最终，它将形成一个“老年人受益、社区更加完善、政府创造业绩、企业受益”的多方共赢局面。

（三）社区“嵌入式”养老服务模式存在的问题

在我国银色经济发展的时代，社区“嵌入式”养老服务模式是一种新生事物，目前刚刚起步，在发展中还存在一些问题和制约因素。

1.养儿防老观念的阻碍

养儿防老是一种传统的养老观念，社区“嵌入式”养老模式虽然有着离家近的优势，但人们对这种新兴模式了解甚少，接受起来有一定的困难，在这双重因素的影响下，不少老年人在缺少子女养老照料的情况下，仍然勉强维持家庭养老的状况，而不愿意选择更为舒适的“嵌入式”养老服务模式。

2.服务模式需要加快积累经验的步伐

社区“嵌入式”养老服务模式是一种新型的养老模式，正处于萌芽时期，和居家养老、机构养老相比，影响力相对较小。目前，这种模式只在北京、上海等几个银色经济较为发达的城市社区开展实践，而经济较为落后的城市社区发展缓慢，缺乏实践经验。

3.地方政府规划理念和政策落实相对滞后

由于现在养老机构和养老产业存在政策难以落实到地方的问题，并且“嵌入式”养老服务模式缺乏成功经验，成熟度不够，真正制定并落实政策的地方相对较少。因此，如何加强地方政府支持力度，进一步完善社区“嵌入式”养老服务配套政策并确保支持政策落实，仍然面临一些挑战。

4.社区建设用地紧张

社区“嵌入式”养老服务模式下的健康养护中心用地有两个来源：一个是社区内居民的闲置房屋，另一个是由养老服务企业自行申请、自行建设，但是这两种办法都面对建设空间小、用地使用难的问题。因此，社区“嵌入式”养老服务中心想要拥有环境良好、适宜发展的土地，会面临一些困难。

（四）社区“嵌入式”养老服务模式的发展对策

在我国，社区建设相对滞后，社区内基础设施不完善，管理模式不健全，形成社区“嵌入式”养老服务模式的局面还需要经历比较漫长的时间，必须做好以下五个方面以期促进我国养老产业结构的优化升级。

1.政策引导，营造良好的环境整体氛围

赡养老人是每个家庭都要面对的问题，社区“嵌入式”养老服务模式必然需要社会力量的支持，提高医疗和保障水平，大力发展社区服务产业，建立赡养减免税制度，在住宅设计上引导子女与老人同住，为方便异地退休老人在子女家养老，还要着力解决老人异地看病医疗费用报销等问题。因此，国家要出台相关法律法规，大力宣传社区“嵌入式”养老服务模式的优势，在全社会营造良好的氛围，引起全社会的关注，调动老年人的情感共鸣。

2.注重细节，给予老年人更多的关怀

老年产业在我国是朝阳产业，银色服务产业的主体和服务对象是老年人。大力发展银色经济，不仅能够带来经济效益，还能够带来巨大的社会效益，真正使老人老有所养，老有所医，老有所乐。在老年娱乐休闲产业化方面，应利用市场竞争机制建立一些符合一定标准的，能够满足老年人不同层

次需求的老年娱乐场所，同时体现老年人娱乐休闲的方便化、舒适化，社区组织开展娱乐活动，如打太极拳、养鸟、下棋等。老年旅游业可以和老年公寓产业结合起来，满足老年人的旅游需要。在老年文化教育产业化方面，以社区为单位组织识字的老年人学习传统文化，开办老年人兴趣活动班，为老年人提供更多的平台来充实自己的晚年生活。在老年传媒产业化方面，大部分老年人有看电视的习惯，但真正属于老年人的节目很少。因此，设置专门的老龄频道很有必要，报纸和杂志也应该专门设置符合老年人兴趣的内容，网络传媒应该为老年人提供专业服务，如设置简单易学的软件，开发一些老年游戏，设置一些在线老年社区等。

3.拓宽渠道，引入社会力量

发展社区“嵌入式”养老服务模式，应支持社会力量兴办养老机构，鼓励和支持社会资本兴办养老服务产业，鼓励企事业单位用慈善捐赠等方式加强对这种养老服务模式的投入。同时，政府应积极为这种养老方式建立广泛的参与机制，让全社会都来关注这种养老服务模式。

4.加强专业人才培养，提升服务人员素质

目前，社区“嵌入式”养老服务人员数量少、水平低，要适应快速发展的养老事业，必须加强对专业管理人员和护理人员的培养。政府要与各类高校建立养老管理和护理人才的培养机制，开设养老护理的专业课，重视银色服务人才的专业化素质培养，严格护理人员的资格认证制度，加强养老服务人员的品德修养，建立养老服务人员的人事与支撑制度，完善服务人员的培训考核制度，不断优化养老服务人才的队伍结构，使为老年人服务的工作人员都成为掌握专业社会工作知识和服务技能的银色人才。另外要提高养老服务人员的政治地位和福利待遇，让他们有职业归属感。

我国人口老龄化步伐不断加快，老年人口数量逐年增加，社会问题不断出现，加快推广和完善社区“嵌入式”养老服务模式是政府和社会工作的重要任务。然而，这并不是一朝一夕就能完成的，需要社会各界力量的共同努力，是一项长期且艰巨的任务。

社区嵌入式养老模式是我国未来养老服务发展的方向，一定会带动加快发展多种多样的养老服务产业，并且为加快发展专业化、职业化的养老服务团队提供支持和帮助。

（指导老师：刘长飞）

社会工作介入城市空巢老人社区养老的对策研究——以L市M社区为例

张克田

随着经济、社会、文化的发展，城市人口老龄化的问题突出，越来越多的老年人主动或被动地成为空巢老人。城市空巢老人是指60岁及60岁以上的在城市社区中独自居住或只有夫妻二人共同居住的老人，他们与农村空巢老人以及城市非空巢老人拥有的社会资源不同。他们独自生活会面临很多的困难，例如：日常生活照料、经济供养、心理情感、疾病医护等。养老问题已成为我国社会保障体系所要解决的社会问题。在新时期解决养老问题，需要新的养老服务模式。社区养老是指以家庭为核心，以社区为依托，以老年人日间照料、生活护理、家政服务和精神慰藉为主要内容，以上门服务和社区日托为主要形式，并引入养老机构专业化服务方式的居家养老服务。

社区养老作为一种比较新颖的养老服务模式，区别于家庭养老和机构养老。社区养老更能满足空巢老人的养老需求，在满足其生活方式及心理需求方面具有极大的优势，是最经济、最现实的服务模式。社区养老服务模式在中国的发展时间并不长，依然存在着各种问题。通过对国内、国外养老服务模式的分析，发现国外养老服务模式主要以英国的“社区照顾”和美国的“邻里互助”为典型，而国内兴起的社区养老模式，符合国内养老的实际情况，能有效地协调空巢老人、社区和亲属，稳固地缘关系。但社区养老又存在服务人员供给不足、服务质量低、配套养老设施不完善等问题。社会工作的发展，正好融入社区养老服务中，能针对城市空巢老人对养老的新需求，提供更加专业和个性化的照顾，以不同的服务方法应对不同类型的空巢老人，进一步创新服务方式，优化社区养老模式。

一、L市M社区空巢老人社区养老存在的问题

城市社区养老模式作为新型的养老模式，其发展的时间并不长，并没有形成一套完整的社区养老服务体系，很多问题需要解决。在进入M社区时，笔者发现一些供老年人锻炼身体的器材老化、陈旧，不能继续使用。少数老年人在社区内散步、聊天，却没有一个专门供他们休息的场所。在社区工作人员的带领下，笔者随机抽取了几家接受社区养老服务的空巢老人家庭，在家访的过程中发现，社区除了为老年人提供生活方面的照料，像洗衣、做饭、陪同散步等基本的服务之外，对于精神方面的辅导和老年人社会参与方面的服务很难提供。还存在社区养老服务管理差，针对街道、服务实体以及社区运作缺乏监督体制，养老服务政策缺失，养老服务工作计划、方案没有严格的标准，养老服务经费匹配不到位等问题。主要表现为四个方面。

（一）社区养老服务专业化水平低

缺乏具有专业知识及服务技巧的社会工作者，是社区养老服务水平低的客观因素。社会工作者在助人服务领域的专业性强，他们有着自己的工作理念、方法技巧，是比较系统化的专业人才。在M社区中从事社区养老服务的人员基本是护工和社区管理人员，社会工作者只占少数一部分，取得专业服务资格证书的工作人员不到15%，这是导致社区养老服务水平低的主要原因。缺乏专业化服务人员，特别是受过专业培训、拥有方法技巧的社区养老服务人员，其原因是照顾老人工作强度大，待遇不高，职业吸引力不强，对社区工作观念认识低。社会工作者在老年生活护理、心理辅导、精神慰藉方面有丰富的理论知识，对老年人的生理需求、心理需求以及社会交往需求的认识更深，有利于针对性地开展服务，以提高社区养老服务质量。但该社区养老体系中专业的社会工作者并不是主体，服务人员的整体素质不高，专业化服务水平低。加上社区志愿服务的队伍参差不齐，志愿者空有一颗无私奉

献的心，但缺乏专业指导培训，领悟能力不强且流动性比较大，使社区养老质量没有保障，存在一定的养老隐患。

（二）社区养老服务内容单一

社区养老服务内容要切合空巢老人的需要，呈现多样化的服务内容，形成完备的服务体系，这样才能良性发展。但目前M社区养老服务供给项目严重不足，只提供基本的生活照料服务和医疗服务，没有能够促进老年人精神健康和社会参与的服务项目。社区为老年人做的只是单纯地在社区组织一些老年文体活动，开展一些诸如打太极、门球比赛和棋牌游戏类的活动，且参与的社区老年人往往只是固定的那几个人，其余老年人基本没有参与的愿望。对上门服务的需求基本没有能力满足，社区养老服务项目的内容有限，老年人接受社区服务时没有选择。

（三）社区养老管理缺乏规范

提供社区养老服务的机构多，需要多个部门的配合与协调，包括：民政局、老年人协会和社会保障局等。除了专门的养老机构为社区提供的服务外，还有像社区志愿者所组成的社区团体组织为社区提供的服务，这就会造成各类服务繁多且专业化程度不高。目前，我国针对老年人养老出台了相关的法律法规，但对社区养老机构、社区志愿者组织缺乏统一的管理。社区养老服务机构提供什么样的服务项目，服务效果的质量怎样，法律政策均没有做明确的界定。针对社区养老服务机构、志愿者组织缺乏评估部门和监管部门，政府相关部门没有形成相应的监督管理体系，造成社区养老机构提供的服务质量差、水平低。现阶段，我国社区养老模式的发展还存在很多问题，相关部门应该找出问题存在的原因，根据当地的具体情况，因地制宜，完善我国城市社区养老模式。

（四）社区养老建设资金缺乏，相应的配套设施不完善

社区养老建设的资金来源于政府的财政拨款、自筹资金、服务收入以及

社会捐赠等，财政拨款往往数额比较固定，其余资金又不能支撑社区养老的建设。资金的筹集渠道狭窄，社会参与力量薄弱，限制了社区养老服务的发展。一些养老服务项目无法开展，也让社区中的老年人无法享受。社区养老离不开一些硬性条件，包括相应的社区养老设施，如果社区中配套养老设施完善，老年人可以通过锻炼扩大自己的人际交往圈，提高自身的身体素质，并形成自己的社区支持网络。但M社区中一些供老年人休闲娱乐的场所关闭，无法让空巢老人进行日常休闲娱乐，一些健身锻炼的器材老化，存在安全隐患，但又缺乏资金，无法购买新的器材，严重影响了老年人在社区中进行休闲娱乐活动，降低了老年人对社区建设的好感。

二、社会工作介入城市空巢老人社区养老的必要性和可行性

社会工作介入城市社区养老服务是社会工作者将专业知识应用到社区养老服务的最优途径。当前从事养老服务中的人，大多数不具备专业价值理念和服务技巧，导致了社区养老服务中出现的各种问题无法得到有效的解决。因此，社会工作介入养老服务显得尤为必要。

（一）社会工作介入城市空巢老人社区养老的必要性

社会工作介入社区养老的必要性主要体现在两个方面：第一，社工介入社区，能够促进社区养老服务体系的完善。第二，社会工作者在社区内充当着多元化的角色，有利于协调社区资源，而且以专业的服务方法能有效利用服务资源，解决老年人所面临的养老服务问题。

1.社区养老服务体系不完善，亟须社会工作介入

《老年人权益保障法》中明确规定国家要建立和完善养老服务体系。社区养老模式顺应当前人口老龄化的趋势。传统的家庭养老和机构养老已不能适应新的养老需求，经济的发展、社会的变迁、家庭结构的转变让家庭养老模式寸步难行，机构养老又存在着对老年人服务不周易使老年人产生心理压抑等问题，老年人更需要精神的慰藉和子女的陪伴。对于子女而言，赡养能力和孝心一样重要，让父母晚年生活得更幸福始终是作为子女的心愿。但现今

社会上各种养老机构层出不穷，服务品质良莠不齐，好的服务照顾需要高额的费用，低廉的费用又不能让老年人享受到优质的服务。依托社区养老，执行政府养老政策，有助于弥补市场化养老存在的不足，服务主体更明确，服务方式更好，服务质量更高，而社会工作者所掌握的理念和方法可以在社区养老中充分发挥，给传统的社区养老增添新的服务模式，更符合空巢老人的养老需求，更加人性化，促进社区养老服务体系的完善。

2.社会工作具有科学的理念，完备的专业知识和服务方法

老年人社会工作理论有结构功能主义、冲突论、社会交换理论、撤离理论、活动理论等，分别从不同角度分析了老年人的生活和问题。如撤离理论认为老年人因各方面能力下降，导致社会制度会让老年人被动地脱离社会。活动理论则强调老年人应尽可能长久地保持积极的生活方式，把自身与社会的距离缩小到最低限度。这些理论为社会工作者在具体服务过程中提供指导，掌握空巢老人多样化的养老需求，有目的地制定服务方案，更好地提供服务。

社会工作提供服务是一个动态的实务过程，包括接案、预估、计划、介入、评估、结案和跟进等七个过程。每一个过程都需要社会工作者综合把握、总结和反思，以确保服务的有效性。运用社会工作三大专业方法，更能把握社区养老中多样化需求以及不同的问题：开展老年个案工作，以“怀旧”和“生命回顾”的方法技巧，帮助老年人解决问题；以小组工作的方法促进老年人参与活动，培养兴趣爱好，构建自己的社交网络；以社区工作的方法鼓励老年人积极参与社区建设，营造良好的社区氛围。

综合来看，社会工作介入社区养老服务，可以做到供需平衡，保证养老服务的质量。通过挖掘社区资源，促进老年人的社区参与，在优势视角下帮助老年人构建社区支持网络，让社区养老更显优势。

3.社会工作角色的多元化决定介入的必要性

社会工作者以专业的工作方法介入社区养老，以职业化的角色精确地寻找优势资源，以便服务资源可以得到有效的利用。在社区养老服务体系的构建上，社会工作介入社区起到了很大的推动作用。如若没有社会工作者的指导，容易忽视老年人的个性化需求和家庭的特殊需要。社会工作者在社区中特定的角色定位正是为了应对一般性社区养老服务中所忽视的问题，作为社区的服务提供者、资源链接者和倡导者，社会工作能更好地整合社区资源，对于社区养老服务体系的构建有着不可替代的作用。社会工作专业知识中涵盖了老年社会工作，有专门为老年人开展服务所要运用的方法和技巧。其中，“人在环境中”更是强调了问题都要结合其所处的环境中去考虑。社区养老服务也一样，要考虑到本社区内的大环境，有针对性地为不同情况的空巢老人提供服务。社会工作者在服务中尊重老年人，更注重老年人的个性化需求，有助于提高老年人晚年生活质量。

（二）社会工作介入城市空巢老人社区养老的可行性

社会工作介入城市社区养老的可行性体现在三个方面：第一，良好的政策环境让社会工作的发展更迅速，社区养老服务的开展也会逐渐由社会工作者主导。第二，社会工作者拥有专业的价值理念、方法与技巧，开展服务也是一个动态的过程，针对不同的服务对象和多样化的需求，社会工作者都有与之对应的工作方法去解决。第三，社会工作专业伦理。作为一名专业的社会工作从业者必须遵守道德操守，能进一步处理社区养老中存在的价值观争议，更有效地指导其他养老服务人员为空巢老人提供服务。

1.良好的政策环境

在中国，社会工作处于由专业到职业的发展过程中，对缓解和解决社会问题有突出作用，这股专业力量受到国家及政府的重视。政府作为中坚力量，在社会工作专业化与职业化体系建设中扮演着重要的角色。一方面，政府认同社会工作专业对于社会保障中的作用。另一方面，人口老龄化的趋势需要社会工作这样的专业。当前M社区也出台了相应的政策措施，鼓励社会工作介入社区服务，每年也会花费部分资金购买社会工作服务项目，用以补充社区养老中不能提供的服务。

2.社会工作专业伦理契合社区养老服务理念

社会工作专业伦理是社会工作者在进行服务时需要遵守的价值规范，它要求社会工作者发展这个专业的价值理念和方法技巧。在社区养老服务方面，应对不同类型老年人多样化的养老服务需求时，运用专业的方法介入其中。针对不同类型老年人的养老需求，提供个性化的服务，在这个过程中要将理论知识应用到实践上，体会每一种方法技巧的服务效果，保证每一次服务的顺利开展，提高社区养老服务的水平。

社会工作是以“助人自助”的价值观为指导，拥有一套完整的方法和技巧，它旨在帮助服务对象解决问题，同时开展社区服务，完善社会功能，促进社会的稳定。目前，社区养老还未成熟，需要加以完善，社会工作的介入，将科学的助人方法和专业的价值理念带进了社区。在养老领域中发展和使用知识，在具体的服务实践活动中运用专业方法与技巧帮助空巢老人解决在社区养老服务中存在的问题，改善社区服务。

社会工作作为一种鲜为人知的冷门专业，需要进入一些适合自身发展的领域中，让人们认识社会工作，了解社会工作。社区就是社会工作发展过程中很好的载体，城市化进程快速发展的同时，也带动了社区的发展，社区的发展则可以更好地推进社会工作职业化进程。

三、社会工作介入城市空巢老人社区养老的对策

社会工作介入城市空巢老人社区养老主要从政府层面、社区层面以及社会工作者层面展开。首先，政府层面，要加大支持力度，进一步扩大人们社会工作的知晓度和接受度，培养社会工作专业人才，提高服务质量。其次，社区层面，协调好社会工作者与社区工作人员的关系，社区工作人员要给予支持与配合，建立一支由社区内成员组成的长期的志愿服务队伍。最后，社会工作者自身要加强学习，不断累积实践经验，提高服务意识，掌握专业技巧和方法，切实开展服务。

（一）宏观层面——政府加大支持力度

政府要加大对社会工作的支持力度，出台相应的社会工作政策法规，引导社会工作在养老服务行业的发展。通过多渠道宣传，可借助新兴媒体、互

联网扩大人们对社会工作的认识，引导民众了解社会工作，接受社会工作，促进社会工作本土化进程，探索一条属于中国的社会工作专业发展道路。

1.政府加大支持力度

社会工作从西方传入，进入中国的专业发展时间不足40年，人们对它的认识不深，需要政府加大对社会工作的支持力度。加快经济体制和行政体制改革，把福利和服务转移到社会，促进专业社会工作的发展，实现社会工作的专业化。加快落实社会工作政策，政府要积极贯彻实施。政府可以公开向社会购买服务，让社会组织竞争，同时明确服务提供的主体，严格认证专业的社会工作者资格，增加社会工作者的薪酬待遇，促进社会工作专业发展。

2.培养社会工作专业人才

社会工作专业人才是促进社会工作学科发展、专业建设的基础。只有社会工作的专业技巧提升，专业才会散发生机与活力。因此，在社会工作介入社区养老服务方面，要培养社会工作专业人才。首先，政府应建立健全学科培养体系，社会工作专业人才的培养离不开相应的社会工作教育，社会工作教育是推动专业化发展的有效手段。其次，社会工作成为一门专业学科，出现在中国课堂上的时间较短，而从事社会工作的专业社会工作者目前人数很少，知识水平与实务能力都处在较低的水平，要培养多层次的社会工作专业人才。最后，社会工作的专业方法、理论基础都是基于国外总结形成的，更适应资本主义制度下的社会保障体系。中国本土社会工作要结合中国的实际情况，探索出符合中国社会主义经济体制下的能有效解决社会问题的社会工作模式。当前社会工作的实务性较弱，要加强社会工作专业人才的实践能力，形成一种符合中国的本土化的社会工作实践模式。

（二）中观层面——社会工作者联结社区人员以及志愿者

构建社区养老服务体系需要政府、社区工作人员与社会工作者共同努力，社区工作人员要支持、配合社会工作者，在开展服务或是制定项目时，能更好地为社区老年人提供服务，使服务质量更高。社会工作人员的数量远远不能满足社区养老服务的需求，需要通过培训的社区志愿者的参与，才能保证服务有效开展。

1.加强社区工作人员对社会工作者的配合意识

社区工作人员要支持与配合社会工作者进入社区开展工作，要让社区工作人员从思想上接受社会工作者，让他们认识到社会工作者进入社区不会影响社区办公，而是为社区解决问题，改变社区养老中不合适的方法，为社区提供新的助人服务模式，引导空巢老人适应社区，改善空巢老人晚年生活。社会工作者开展项目规划与活动时，社区工作人员也要积极参与，提出意见，使活动方案更符合社区养老实际，让空巢老人容易接受。

2.加强与社区工作人员的联系

加强与社区工作人员的联系，可利用海报、宣传单在社区进行宣传，帮助社区空巢老人和其他人员了解社会工作，告诉他们社会工作是什么，可以为社区做什么，能达到什么样的服务效果。当社区内存在一些问题，可以及时地与社区工作人员沟通。社会工作者采用新的服务方式、服务技巧也要与社区工作人员交流和沟通，以改善他们对于社区养老服务的认识，促进社区养老服务体系的完善。

3.社区志愿者队伍建设

社会工作者人数较少，可以通过招募社区志愿者来满足开展社区养老服务活动时的人员需求。因此，建立一支协助社会工作者开展服务的志愿者队伍显得尤为重要。大学生志愿者领悟力强、便于管理，能在社区养老服务中发挥作用。但是大学生志愿者群体往往只是一次两次地参与社区活动，缺乏稳定性，所以，组建一支由社区内部人员构成的，可以提供长期志愿服务的志愿者队伍是解决这方面问题的最优选择。社会工作进入社区进行宣传动员活动，鼓励那些想为社区养老建设提供服务的人员，积极参与志愿服务队伍，号召他们参与社区志愿者工作，并对他们进行专业的培训与指导，确保活动顺利开展，提高服务质量。

（三）微观层面——加深对社会工作三大方法的应用

社会工作者自身也要提高服务意识，加强理论与实践的结合，灵活地运用各种方法和技巧，为空巢老人提供服务。每开展完一次服务时，及时总结工作中高效的方法和提供服务时的不足之处，提高服务水平。

1.加强社会工作者对三大工作方法的灵活运用

在社区养老方面，社会工作者的服务意识与能力是社区养老服务体系建设中的关键因素。社会工作作为一门“助人自助”的学科，社会工作者所提供的专业服务要能经受空巢老人社区养老对其提出的质疑，要让空巢老人真切了解到社会工作的不同与创新之处——社会工作者可以为不同类型的空巢老人制定不同的服务方案。首先，以社区模式为主，为社区内空巢老人搭建社区资源，培养良好的社区意识，提高社区的福利水平。其次，对行动不便、内向的空巢老人，运用个案工作的方法，一对一进行服务，为心理上和行为上存在问题的老年人提供帮助。最后，对相同类型、外向的空巢老人，运用小组工作的方法，为老年人提供相互支持的资源，鼓励老年人积极参与活动，排解不良情绪。社会工作者无论运用哪一种方法都要不断地反思和总结，保证自己的理论知识更丰富，自身服务意识和服务能力更强。社会工作者要不间断地学习，与时俱进，针对每次服务出现的问题，及时寻找解决的路径。

2.社会工作督导及时跟进

社会工作者进入社区为老年人开展服务时可能会受到工作者自身主观方面因素的影响，如：工作方式不适合自己，或是受限于空巢老人自身的群体特点，或是一些客观因素使得工作无法继续开展，这时社会工作者就需要督导者进行工作督导，为社会工作者提供工作支持与心理疏导。

督导的工作是执行机构的方针，按照机构的处理方式，为机构的服务对象提供优质的服务，督导能在社会工作者工作遭受挫折时提供帮助、心理疏导等。通过督导，社会工作者的工作压力、负面情绪会减轻，有利于缓解职业倦怠，有助于社会工作者提供高质量的服务。在社会工作者开展服务后，针对此次服务开展的不足之处，督导都可以帮助社会工作者总结经验，掌握工作方法，针对社会工作者在工作中遇到的困难，督导员可以起到支持作用，鼓励社会工作者积极应对困难，并提供一些处理问题的建议，让社会工作者在工作的过程中汲取经验，丰富实务方面的知识。

四、结论

M社区中凸显的社区养老问题，也映射了目前大多数社区养老面临的问题。解决社区养老问题，很大程度上需要社会工作的介入。创新服务方式、增加多样化的服务内容，满足空巢老人的养老服务需求，在体制上和内容上形成一套完整的体系。当前社会工作介入空巢老人养老服务的效果尚未体现，缺乏经验，社会工作者没有成为提供社区养老服务的主体，没有形成一套完整的社工融入体系。社会工作的发展缓慢，需要国家、政府和社会的大力支持。作为一名专业的社会工作者，承担将理论知识和具体制度化实践相结合的重任，运用社会工作方法与理念，嵌入社区养老模式，完善社区养老服务体系是工作的重点与难点。

社区养老服务模式的完善需要一个长期的过程，要及时掌握空巢老人新的需求，构建可持续发展的服务模式，不断完善现有的服务管理体制。可以借鉴香港地区安老服务的成功经验，开展以社区为本的精神健康恢复计划，关注空巢老人抑郁孤独、生活照料和疾病预防等需求，重视社区空巢老人心理精神健康，结合地区养老制度发展特点，进一步探索具有本土特色的社区养老服务模式。

（指导老师：宋娟）

第八章　城市机构及其他养老模式

社会工作介入城市机构养老服务的路径研究——以××市为例

王惠

一、引言

随着城市化的不断发展及人口老龄化逐步加速，中国自步入老龄化社会以来，老年人养老问题越来越突出，尤其是近几年来，养老已成为又一个社会民生热点、社会舆论焦点、政府工作重点，让老年人老有所养、安享晚年，是关系到社会和谐及全面建成小康社会的重大社会问题。

在人口老龄化日益加重的背景之下，传统的居家养老模式已不能满足人们对养老服务的需求，养老模式必然向社会化、机构化转变。本文通过对社会工作的专业方法在机构养老服务中发挥的作用的研究，并结合我国养老机构的实际状况与老人的多样化需要，尝试探索出一套符合我国机构养老服务需求的社会工作方法。社会工作者在介入机构养老服务的过程中，要明确角色定位及应尽职责，利用社工的专业优势提高机构的养老服务质量及专业化水平。这不仅能够推动机构养老服务的良好发展，而且社会工作者从专业性角度出发，以专业化的工作方法解决老人与子女在日常生活中遇到的具体问题，提高老人在养老机构内的生活质量，维护老年人的切身利益，从而促进国家与社会的协调稳定发展。

通过对国外机构养老服务的借鉴创新，不仅有利于我国建设符合我国国情的养老服务机构，提高养老服务的质量，发挥养老机构在社会养老服务体系中的重要支撑作用，还能推动社会工作专业化的方法在机构养老中的应用，为老年人群体提供多层次、多方面、多样性的服务，促进机构养老服务的专业化发展，使机构养老服务能惠及广大老年群体。

二、绪论

（一）研究背景

新中国成立后，一直到1982年才将计划生育政策定为我国的一项基本国策，同年12月计划生育政策被写入宪法。在过去的40年间，计划生育政策虽然有效控制了我国的人口数量，但也带来了问题，老年群体数量迅速增长。传统家庭结构变为四二一结构，养老压力不断加大。目前，我国老龄化趋势越来越明显，老龄化程度不断加深，根据第七次人口普查结果，2020年中国60岁及以上人口为26402万人，占18.70%，其中，65岁及以上人口为19064万人，占13.50%。

虽然十八届五中全会决定全面放开二胎政策，鼓励独生子女家庭生育二胎，但由于近几十年社会压力的增大，人们的生活成本不断增加，在未来几年甚至几十年内家庭结构不会有太大变化。传统家庭养老模式已经无法满足老年人及其子女的需求，养老模式势必向多样化、多元化、社会化转变，机构养老将成为社会化养老的必然趋势。

（二）研究意义

通过论文研究，一方面能促进社会工作与实践更好地结合，为机构养老服务提供专业的指导参考，另一方面希望此次研究为社会工作领域的拓展研究提供一定的借鉴经验和参考价值。

（三）研究内容与思路方法

1.研究内容

本文以××市为主要研究对象，通过对F养老机构社工介入现状的分析，对××市社会工作的介入路径进行了分析，主要研究内容如下：一是对机构养老服务的发展现状进行分析；二是对××市F养老机构的社会工作介入情况及社工介入困境进行研究，三是从政府、机构、社会工作者个人三方面研究社会工作介入机构养老的最佳路径。

2.研究思路与方法

本研究以F养老机构为研究对象，以机构内社会工作的介入情况为研究切入点，运用文献研究法对机构养老服务中社会工作的介入情况进行归纳总结，运用实地调查法收集相关资料，通过整理、分析发现社会工作在机构养老服务中开展时遇到的困境并分析其产生原因，结合收集到的文献资料对问题提出解决建议。

本研究主要运用了两种方法。一是文献研究法，本文在写作前通过中国知网、万方数据库知识服务平台、图书馆等数据库，查阅了大量有关国内机构养老服务、社会工作介入的相关资料，结合对××市F养老机构的调查，对收集到的信息加以整理，从中发现存在的问题。二是实地调查法，通过对F养老机构的实地考察收集相关信息，了解该机构的养老服务现状，结合有关文献分析社会工作介入困境。

3.论文的技术路线

一是收集相关资料了解机构养老服务在我国的研究现状，确定选题方向，撰写开题报告；二是运用文献研究法，对收集到的资料进行整理、分析，拟定写作提纲；三是结合实地调查法，了解F养老机构的社工介入情况，将整理出的资料进行加工，对社工介入遇到的困境进行研究分析，从政府、机构、社工三方面探究社会工作介入机构养老服务的路径，结合老师的指导意见撰写初稿；四是根据老师的意见进一步明确论文主体，对存在的问题进行修改，最终完成定稿。

（四）创新点与不足

1.创新点

本文通过对社会工作介入机构养老服务的困境进行分析，在介入路径中提出通过政府购买服务的间接介入方式以及构建社工与志愿者的联动机制，拓宽社会工作介入机构养老服务的途径，使社会工作者能够通过多种方式为服务对象提供专业化的服务，提高机构的服务质量和专业性，解决机构专业人才不足的问题。

2.不足

本研究是以××市F养老机构为研究对象，由于全国各地的经济条件并不相同，造成社工介入的困境也不相同，因此本研究个案特征较明显，存在代表性不足的问题。笔者的研究能力有限，对社会工作介入路径的研究中仍需要改善。

三、相关概念

（一）机构养老服务

机构养老服务是指养老机构为入住的老年人提供的饮食起居、生活照顾、健康护理和休闲娱乐等综合性服务，目的在于满足老年人物质生活和精神生活的基本需求。

（二）社会工作介入

社会工作介入指的是社会工作者在与案主建立专业关系后，在社会工作价值观的指引下，坚持社会工作的原则，运用社会工作的专业知识和技能方法，帮助案主解决问题，增强能力的过程。

四、城市机构养老服务发展现状

随着我国老龄化程度的不断加深，人们对养老服务的需求日渐增加，机构养老模式逐渐替代传统的居家养老模式。自“十二五”规划以来，政府加大对养老服务业的扶持力度，鼓励、引导民间资本对养老服务市场的投资，促使我国养老机构得到了迅速发展。养老机构在政府的大力支持下日趋标准化发展，民办养老机构在近几年发展迅猛，基本可以满足老年人对养老服务的基本需要。据统计，截至2015年，我国已有672.7万张养老服务床位，但与日益增长的老年人口相比，仍难以满足老年人的需要。

养老机构在不断得到发展的同时，也暴露出一些问题。现有养老机构提供的服务类型主要集中在日常生活照护、医疗康复服务及休闲娱乐服务上，缺少针对个人发展上的服务。一些养老机构受场地限制，能够为老年人提供的活动空间较小。且养老机构的运行需要大量资金的支持，多数养老机构难以负担人才成本，机构内护理人员不足且大部分缺乏护理资质，致使服务质量被迫压缩，不能为老年人提供专业化的服务。护理人员收入低，但工作量大，因此人员流动频繁，难以形成相对稳定的人员结构。

五、社会工作介入城市机构养老服务的必要性和可行性

（一）社会工作介入城市机构养老服务的必要性

1.符合老龄政策发展的需求

社会工作是机构养老服务社会化发展不可缺少的部分，也符合我国老龄政策发展的需要。近几年，随着人们生活质量的提升，以家庭供养为主的养老模式已不能满足人们对养老服务的需求，多元化的养老模式必将成为养老服务体系建设的重要环节。在我国的老龄政策中，养老服务体系作为其中一环，需要有专业的理论和方法加以支持。社会工作的介入不仅为老龄政策提供了相关研究及专业理论，还为社会提供了大量专业人才，社会工作者在提供专业服务的同时，还可以促进老龄政策的发展和完善。

2.可以满足多层次、多样化的养老服务需求

随着社会的发展和老年人口数量的不断增多，老年群体对养老服务的需求开始出现多样性的差异，养老服务不再仅仅是日常照护服务，老年人心理和精神上的需求也要得到满足。社会工作的介入可以有效地解决机构养老服务在老年群体生活照护中在心理和精神方面有所欠缺的问题。

3.丰富社会工作理论体系，促进本土化进程

我国的社会化养老处于起步阶段，需要得到社会工作专业的支持。社会工作者在提供服务时，可以对遇到的问题加以研究，与当地情况相结合，探索出一条适合我国社会工作发展的道路，促进社会工作的本土化发展，丰富社会工作的理论体系。

（二）社会工作介入城市机构养老服务的可行性

1.具有专业优势

社会工作的专业价值观和理论知识能够为社会工作者提供理论上的支持，用社会工作的实务原则，规范社会工作者的工作行为。社会工作融合了多门学科，在实际运用中有较强的应用性，能从多种角度看待、分析问题，确保服务的质量。

2.社会工作方法可以保证介入的科学性

社会工作具有三大服务方法，可以根据老年人的不同需求提供解决问题的方法。三种方法科学搭配，可以为老年群体提供传统养老模式中缺少的非生理性服务，满足老年群体心理和精神的需求。

六、××市机构养老服务的社会工作介入分析

（一）F机构养老服务的社会工作介入现状

F养老机构内设有专门的护士、护理员及药剂师，但没有设立专门的社工岗位。机构内的工作人员对社会工作这门专业知之甚少，仅有一人系统地学习过社会工作的相关知识。但是这名工作人员所做的日常工作与普通护理员相似，并未从事与社会工作相关的工作，难以发挥社会工作在机构养老服务应有的作用。该工作人员在实际工作过程中较少运用社会工作的理论与方法去解决问题、提供服务，且对独自为机构内有需求的老人提供服务感到心力不足。机构内也未设置社会工作服务的相关场地，开展社会工作服务不仅要协调时间，还要协调场地。

机构入驻老人对社会工作和社会工作者存在错误认识，认为社会工作者

做的工作普通护理员也能做到，对社会工作者的能力持怀疑态度。很多老年人的子女认为养老机构照顾好老人的日常生活和基本健康即可，少部分在北上广深等大城市工作的子女支持机构内设立社工岗位，只是对招聘的社工的能力持保守态度。

机构负责人及政府相关部门对养老服务的认识，多停留在提供优质的照护服务及一定的活动场地、定期组织一些集体活动即可上，较少关注到老年人的真实需求和个性化需要。此外对社会工作的认识不足、认同度低、支持力度小，使得社会工作在机构养老服务中一直处于边缘位置，难以发挥应有的作用。

（二）城市机构养老服务的社会工作介入困境

1.社会认同度低

社会工作者在机构内的主要服务对象是入住的老年人，但老年人对社会工作者缺乏正确的认识，不清楚社工具体的服务内容，仅靠解释说明，不能使老年人完全理解，日常遇到问题老人们更倾向于寻求护理人员的帮助。大多数子女对社会工作者的了解不足，认为在机构内设置社工岗位可有可无，更关注设置社工岗位后费用是否会增加。××市经济发展较为落后，不止养老机构，人们对社会工作普遍缺乏必要的了解，不能完全认同社会工作者的工作，社会工作在××市的起步困难重重。

2.缺乏政府支持

“专业社会工作”虽然被多次写入国务院的《政府工作报告》中，但××市政府对社会工作的重视度远小于对其他工作，对社会工作专业的扶持力度小、投入资源少、购买力不足，使得社会工作在××市的发展受到限制。××市仅一所高校设有社会工作专业，且学校对这一专业投入少、培养力度小、师资力量远小于其他专业，致使社会工作专业的人才少。政府及机构提供的薪资待遇低，对外招募专业社会工作者的难度较大。

3.志愿服务链接难

社会工作者所扮演的资源提供者和协调者的角色能够整合各方资源，满足老年人的多元需求，提供个性化服务。社会工作者开展社会工作离不开志愿者的支持与帮助。由于我国志愿宣传工作不到位，参加志愿活动的渠道不畅通，志愿者在养老机构中开展的活动也难以达到理想结果，尤其是近几年一些志愿活动大搞形式主义，非但没有为老年人提供实际帮助，反而为老年人增加了负担。究其原因主要有：志愿者缺乏专业知识，不能提供专业性较强的服务；志愿服务缺乏持久性，使得志愿服务不连贯；志愿组织缺乏资金的支持，难以承担对志愿者进行培训的费用等。高质量的志愿服务不仅能满足老年人的一些需求，还能帮助社会工作者开展社会工作。

七、创新社会工作介入机构养老服务的路径

（一）积极推动政府层面支持，实现社会工作间接介入机构养老服务

1.政府加强普及推广力度和人才队伍建设

社会工作在我国尚处于起步阶段，整个社会对社会工作缺乏相关认识，需要政府加大对社会工作的宣传力度，充分利用报纸、电视、网络等传播手段向社会大众宣传社会工作的相关概念，普及社会工作的知识和理念，增加人们对社会工作的了解。通过多种手段使社会大众、机构负责人及工作人员正确认识社会工作及社会工作者的工作内容，从而接受社会工作者的服务。

政府要重视社会工作专业人才的教育，加大对专业人才的引进力度和培养力度，鼓励、引导高校毕业生积极从事养老服务工作。定期为社会工作在职人员开展技能培训，及时更新知识体系，提高自身职业素养，促进养老服务的专业化发展。

2.政府加大资金投入，落实补贴政策

政府把社会工作专业服务纳入养老服务购买清单。一是能使养老机构重视社会工作，通过政府购买行为认识到社会工作在养老服务中发挥的作用，促使在机构中建设社会工作专业人才队伍。二是政府可以为社会工作专业服务提供收费标准，使服务对象认识到社会工作是一项有合理收费标准的专业服务，从而更好地接受社会工作者提供的服务。

养老机构的运营成本巨大，政府应落实相关政策，减轻机构的运营压

力，有利于机构完善养老服务。此外还可以为机构内的社会工作者给予一定的补贴，一定程度上可以改善社工的薪资待遇，吸引专业人才的加入。

（二）社会工作机构直接介入机构养老服务

1.在养老机构中设置社会工作岗位，推动机构养老服务的专业化

机构在人员设置中加设社会工作岗位，积极引入社会工作专业人才，划分出社会工作者开展服务需要的场地，合理安排社会工作者的工作内容，使其能够快速、充分地了解机构内的相关信息。在服务过程中发挥社会工作的专业性，为服务对象提供有针对性的、高质量的服务，弥补之前养老服务的不足，促进机构养老服务的专业化水平的提升。

2.以社会工作项目政府购买的方式，实现社会工作对机构养老的直接参与

政府向社会工作组织购买相关服务，将组织中社会工作者合理分配到各养老机构中，使这些社会工作者以购买的形式介入机构的养老服务中。通过政府购买服务的方式，既帮助养老机构节省了部分开支，减轻机构的运营压力，使其能够专注于丰富养老服务内容，又为机构提供了具有专业理论知识和丰富实践经验的社会工作者，弥补社会工作服务上的缺失。

3.构建社工与志愿者的联动机制

机构可与市内高校及志愿组织建立长期合作关系，构建社工与志愿者的联动机制。从高校内选拔社会工作专业的师生与志愿者一起组成志愿队伍，经过相关技能培训后为机构内老年人或工作人员提供服务。志愿者的加入，既能为没有能力聘请社会工作者的机构提供专业的社会工作服务，又能为机构工作人员提供帮助，保障社会工作服务的顺利进行，促进机构更好地发展。

八、结论

随着我国老龄化趋势的加快，城市机构养老服务作为一种新的养老服务模式在满足老年人的养老需求、整合社会资源、缓解社会养老压力等方面发挥着重要作用。社会工作作为一门助人的学科，以专业的理论知识为基础，

运用专业的方法和技巧，提高机构养老服务的质量和水平，推动社会工作的本土化进程。

社会工作介入机构养老服务当中，不仅能解决老年人当前所面临的问题，还能从宏观、中观、微观三个层面上实现长久运行。宏观层面上看，政府应为社会工作的介入提供必不可少的支持，帮助形成科学规范的管理和监督机制，推进社会工作的参与程度。从中观层面上看，社会工作者充分发挥专业优势，弥补机构养老服务的不足，提高服务的专业化水平。微观层面上看，社会工作者通过亲身实践丰富阅历，完善知识体系，提升职业素养，帮助机构解决老年人的需求问题，推动社会工作参与到机构养老服务当中，既能体现社会工作的价值，又能完善社会工作在养老服务领域的研究，促进社会工作的发展。

本研究以F养老机构为例进行研究，对其他地区养老机构的借鉴意义有待进一步论证。本研究对社会工作介入城市机构养老服务的路径进行研究，并提出相关建议，但鉴于笔者能力有限，有些建议在具体应用中存在着不足，因此其科学性、可行性尚需更多的论证。

（指导老师：郭星）

我国医养结合养老模式的困境及对策研究

王祥丽

基于目前我国“未富先老”的国情及人口加速老龄化的挑战，中国的养老问题日趋严峻。目前我国面临着家庭结构日益核心化，养老观念增强，需要中长期专业护理服务的老年人数量增加，以及人们对美好生活的需要日益增强等问题，原来单纯的养老模式只能满足老年人的基本养老需求，并不能使老年人就医问题得到很好的解决。如何解决这部分有特殊需求老年人的医疗与护理问题，成为我国养老服务面临的新挑战。故我国亟须建立完善的医养结合的养老服务模式，来弥补原有养老模式的缺陷。

一、“医养结合”养老模式发展的必要性

“医养结合”就是指医疗资源与养老资源相结合，实现社会资源利用的最大化。其中，“医”包括医疗康复保健服务，具体有医疗服务、健康咨询服务、健康检查服务、疾病诊治和护理服务、大病康复服务以及临终关怀服务等。“养”包括生活照护服务、精神心理服务、文化活动服务。“医养一体化”发展模式，是集医疗、康复、养生、养老等为一体，把老年人健康医疗服务放在首要位置，将养老机构和医院的功能相结合，把生活照料和康复关怀融为一体的新型模式。

近年来我国机构养老观念逐渐被认可，老年人也渴望依靠完善的养老模式来提升晚年生活的幸福感。因此，我们必须切实推进医养结合养老模式的发展。

（一）人口老龄化形势严峻

根据第七次人口普查结果，2020年中国60岁及以上人口为26402万人，占18.70%，其中，65岁及以上人口为19064万人，占13.50%。65岁以上老龄人口预计2030年达到2.8亿人，占比为20.2%；2055年达到峰值4亿人，占比27.2%。其中，2040年以前是人口老龄化最快的时期，占比平均每年上升0.5个百分点。与此同时，我国近50%的老年人患有各种慢性病，医疗负担重，老年人消耗的医疗费是全部人口平均消耗卫生资源的1.9倍，其中65岁以上的老年人耗费了近30%的医疗总费。党的十九大报告中明确提出“积极应对人口老龄化，构建养老、敬老、孝老政策体系和社会环境，推进医养结合，加快老龄事业和产业发展”。2018年政府工作报告中也强调“积极应对人口老龄化，发展居家、社区和互助式养老模式，推进医养结合，提高养老机构服务的质量”。2019年政府工作报告中指出“加大基本养老、基本医疗等保障力度”，“深化医疗、医保、医药联动改革”，“完善社会保障制度，推进多层次养老保障体系建设”，坚持在发展中保障和改善民生。

因此，针对当下日趋严峻的老龄化形势，构建科学的社会养老服务模式，实现医养结合，已成为当下养老服务体系构建和医药卫生体制改革的重要议题。

（二）传统养老模式无法满足养老需求

目前我国基本养老模式主要是传统的居家养老、机构养老与社区养老，而这些单一的养老模式提供的服务已经不能满足老年人的养老需求。

1.传统养老模式单一

我国目前的养老模式大致为单一模式，如居家养老、机构养老等模式的医疗资源与养老资源互不衔接，只能提供单一的照护服务或者医疗服务，养老机构难以满足老年人的医护需求，老年人一旦患病就需要往返于医院、养老院与家庭之间，既耽误治疗，又增加负担。而且大多数养老机构只能提供简单的生活照料，提供的专业医疗服务相对困难，导致市面上一些养老机构拒绝失能、半失能老人，覆盖人群相对狭窄。传统的养老模式，如居家养老、机构养老以及社区养老等模式存在一系列问题，如医疗服务体系、养老服务体系与康复服务体系割裂，不能很好地满足老年人医疗健康养老的需求。养老机构服务设施差，缺乏专业康复人员指导，不利于老年人康复训练。医疗资源不能有效整合，三甲医院床位供不应求甚至出现“押床”现象，而中小型医疗机构资源闲置，导致供需矛盾。因此，在老年人医疗护理与康复问题日益突出的当下，整合医疗保健与养老资源，推动医养结合养老模式的高质量发展是未来养老服务的发展趋势，也是推进养老服务产业供给侧改革的关键。

2.传统的家庭照料功能难以满足老年人的需要

近年来我国基本家庭结构受计划生育、人口流动等因素的影响，呈现核心化趋势，独生子女增多，家庭照料的负担增加，同时大部分家庭出现子女与父母分开居住，老人居家养老是子女们力所不能及的。即使有老人和子女居住在一起，子女在工作与生活的压力下，也无暇顾及老年人的情感需求和生活照料。因此传统的家庭照料已经难以满足老年人的养老需求，亟须推行新的养老模式来保障老年人的晚年生活。

二、我国推进“医养结合”养老模式的现状

近几年我国在推行“医养结合”的试点探索中取得了显著成效，也有个别地区取得了突破性进展，如青岛、长沙、合肥等。

（一）基本情况

1.试点情况

2016年6月，国家卫生计生委联合民政部发布了《关于确定第一批国家级医养结合试点单位的通知》，文中确定了以北京市东城区等50个市（区）作为第一批国家级医养结合试点单位。9月发布了《关于确定第二批国家级医养结合试点单位的通知》，以北京市朝阳区等40个市（区）作为第二批国家级医养结合试点单位，并明确了试点单位应尽快建立相关机制，全面落实医养结合工作重点任务，确保试点取得积极进展，收到良好社会效果。

2018年11月28日，国务院常务会议部署进一步发展养老产业、推进医

养结合，提高老有所养质量，要求简化医养结合机构设立流程，实行“一个窗口”办理，由相关部门集体办公、并联审批，不能再让市场主体跑来跑去。强化支持政策落实，促进现有医疗卫生和养老机构合作，发挥互补优势。将符合条件的养老机构内设医疗机构纳入医保定点范围。促进农村和社区医养结合，建立村医参与健康养老服务的激励机制。鼓励医护人员到医养结合机构执业，并在职称评定等方面享受同等待遇。与此同时，我国其他地区也积极响应，在推进养老模式的试行过程中取得了突破性进展。

2.取得的成效

我国在推行“医养结合”的试点探索中，各地区有效利用医疗和养老资源，满足老年人的多样化需求，多主体积极参与，形成了多种形式的“医养结合”养老服务机构建设模式，服务成效显著：（1）基层医疗卫生机构内设立老年康复区。一些地区在具备相关条件的基层医疗卫生机构开设了老年康复养老区，为老年人设置康复器械，为失能、半失能老人提供专业医疗护理服务。（2）养老机构转型升级。有的养老机构也开展了医疗服务模式，在养老机构内设立相关医疗机构，或者链接社会资源，与民间资本共同合作兴办医疗机构，为老年人养老提供医疗保障。（3）医院与养老院达成合作。有些大型医院和养老院签订合作协议，养老机构负责提供养老服务，医院负责医疗卫生服务，即医院选派专业护理人员、康复人员和医生定期到养老机构为老年人提供医疗护理等，总体上来说，试点阶段小有成效。

（二）典型介绍

1.青岛市：试行医疗专护管理

青岛市针对需要长期护理的老人，建立了长期医疗护理保险制度，并将参保人的医疗费和护理费纳入了护理保险基金支付范围。护理保险费主要是通过调整个人账户基金比例和基本医疗保险统筹基金的方式筹集，用人单位和个人不需另行缴费，财政给予一定的补助。参保老人经过评估达到半失能或失能标准，需要医疗护理后即可享受护理保险待遇。目前主要有以下三种护理方式：一是居家接受医疗护理；二是入住定点护理机构，接受长期护理；三是入住二或三级定点医院，接受医疗专护。参保人选择的护理方式决定了护理保险基金支付额度。这种养老服务模式有助于优化资源配置，合理分配医疗卫生资源，减轻医疗保障基金的支付压力及家庭经济负担，使医院、社区、医保和患者各取所需，各尽其能。

2.长沙市：打造“居家养老式”环境

长沙T街道依托其区域人民医院的专业医疗人员、医疗技术、医疗设备的资源优势，建立了医疗护理、生活照料、康复服务以及临终关怀为一体的老年人关爱中心。老年人关爱中心设立了相关分组，如医疗组、生活护理组、日常管理办公室等，通过开展专业化养老服务，打造“居家式”的养老环境，为老年人提供温馨的养老模式。

3.合肥市：养老护理按需求划分类型

合肥B医院依托现有的医疗服务平台，开设了无陪护老年科。第一次将老年无陪护病房发展成为集医疗、康复、护理、健康教育、养老及临终关怀为一体的病房养老模式。老年人在疾病治疗期间进入住院状态，在病情稳定期或康复期转为休养状态。截至2011年，老年无陪护病区共180张床位，相关负责的责任小组分为资深护士、资浅护士、助理护士和医生，并针对入住老年人划分具体需求类型，如自理型、半自理型、全护理型或临终关怀型等。根据具体需求提供所需要的服务，实行整体护理制和护理包干制。

总的来看，我国“医养结合”养老模式的发展具有地域典型性，每个地区都针对当地老年人的实际需要发展适合本地的养老模式。

三、我国“医养结合”养老模式发展面临的困境

尽管目前国内很多地区已经试点推行“医养结合”养老模式并取得了突破性进展，如前文提到的青岛、长沙、合肥等地，但有些地区也面临重重困境，主要概括为以下方面：

（一）权责不清，优惠政策难以落地

一般的养老机构归民政部门审批管理，社区居家养老由老龄办负责组

织，社保部门负责医保报销，医疗卫生机构由卫生部门认定管理。针对“医养结合”养老模式的特殊性质，民政部门、老龄办、卫生部门及社保部门等都要介入，造成职责交叉，导致资源浪费的同时，也造成各部门职责不清、互相推诿，不利于模式的良好运行。

此外，尽管各地政府都积极响应号召对转型的养老机构给予一定的补贴，但有些地区也存在“多头管理”或“多头不管”的状况，使得补贴不能及时到位，也使各部门对各项扶持优惠政策的认识和落实难以协调。由于相关政策制度仍不健全，各地政府在基础设施建设、规划用地、运营补贴、税费优惠等方面的政策也难以落地实行。另外，医养结合模式发展中也存在收费标准和服务标准不统一，运行缺乏规范管理，纠纷处理没有相关依据等管理问题。

（二）人才短缺，服务质量难以保障

当今我国医疗和养老面临的主要问题就是专业护理人员、专业医生等专业人才短缺，供需矛盾突出。而医养结合养老模式不同于其他传统养老模式，需要医疗和养老两方面的专业医生和专业护理人员，这无疑是个难题。目前护理中心或养老机构中的工作人员大多没有经过专业培训，也不具备相关职业证书，不具备专业的医疗或护理技术，使得服务质量难以保障。此外，由于目前的护理人员年龄偏大、服务技能偏低、素质不高，一些专业的医疗护理、康复保健等项目难以完成，这也成为医养结合养老模式发展的阻碍因素。

（三）资金不足，体制机制难以转型

目前仍有很多养老机构面临转型升级，其中相关设备设施、人才培训、人力物力投入等方方面面都需要资金。一方面，我国传统的养老模式基本已经有了稳定的资金来源，而医养结合养老模式同时具备医疗与养老功能，处于中间地带，其筹资模式是靠医疗保险还是养老保险，又或者新开辟险种来保障还是一个有待商榷的问题。另一方面，缺乏长效的筹资机制也不利于机

构后期的稳定运行，如相关设施设备的维护升级或更新换代等都需要长期稳定的资金来源。

（四）机制紊乱，管理制度难以运行

我国目前的医养结合模式处于初级探索阶段，各地区都“摸着石头过河”，试图建立符合地区需要的模式，但目前看来缺乏相关的监督、评价系统，亟须建立相关的监管、评估部门和机构，一方面需要对现有机构评估和监督，另一方面也需要制定相应的服务标准、收费定价标准、安全保障标准等，促进医养结合养老模式的良性发展。

四、建立和完善我国“医养结合”养老模式的对策

通过对国内试点探索的成功经验的借鉴和反思，我们整合出了以下几方面的对策，来解决目前养老模式推行过程中遇到的困难。

（一）政府规范管理，落实优惠政策

政府应明确各部门相关职责，确立权责清晰的管理制度体系，避免部门之间互相推诿，提高办事效率，落实好相关优惠政策，如面对供需矛盾时政府应给予政策倾斜，面对结构性短缺时应给予信息沟通方面的支持，从而防止资源浪费。一方面，政府应建立健全制度保障体系，进一步完善基础设施、土地供应、运营补贴、融资信贷、床位补助、专业培训等相关政策。另一方面，政府也要构建标准完善的规范体系。针对机构的审批、监督、日常监管等要从法律政策层面明确其权责，避免相关主体责任不清。

（二）整合人才力量，对接资源平台

专业人才是推进医养结合模式发展的重要力量，各机构可以尝试从培养和管理人才入手，整合人才队伍，提升服务质量。针对培养人才可以从以下几方面入手：一是医养机构可在政府引导帮助下与高校建立合作关系，鼓励设立老年或医疗相关专业的高校向机构输送专业的高质量人才，形成合理的

人才培养与输送机制，这样一方面解决了医养结合机构人才短缺问题，另一方面也为高校人才提供了就业岗位，缓解就业压力。二是机构定期提供专业培训，不仅进行医疗专业知识的培训，其他如心理学、礼仪等方面的内容也要涉及，从而使专业人员全面发展，为老年人提供更高质量的养老服务。三是机构可引入专家讲解医疗或养老专业知识，分享临床学习实践经验，提升专业人员的服务技能等。

针对医养资源不足，机构也可以采取相应措施对接资源平台，整合家庭、机构、社区力量，实现医疗资源与养老服务资源的衔接，为老年人提供全过程服务，整体解决老年人的医疗和养老需求。此外，机构还可以探索“互联网+”的医养结合养老模式，建立养老服务平台，对接远程医疗，通过互联网信息系统搭建“养老+医疗+社保”的信息共享服务平台，将养老机构体系中的老年人基本信息、检测记录、健康状况、费用支付等相关数据集中整合到信息云共享平台，提高信息查找利用效率，提升相关资源配置效率，满足老年人健康养老的需求。

（三）筹集资金支持，建立长效机制

医养结合养老模式的发展需要动员全社会的力量，建立起多渠道、多元化的筹资机制。一是政府可采取与养老机构合作模式或政府购买服务，由入住的老年人付费或政府承担部分费用，实现公共利益最大化的同时，政府也可以有效监管机构的良性运行。二是政府推出新险种或者将医养结合养老纳入社保范围，以及政府出台相应补贴或优惠政策，也可缓解机构资金紧张问题。三是社会保险可根据社会养老需求推出多样化养老保险，发挥商业保险的责任分担作用，与养老机构建立合作机制。四是养老机构可通过面向社会建立养老基金等筹资方式来缓解老年人的养老压力及机构的资金压力。

（四）完善管理机制，科学监督评估

目前市面上的养老服务机构良莠不齐，让人眼花缭乱，不知如何选择，给广大老年人带来难题。因此我国很有必要建立起完善的监督、评估机制或

相关机构部门来统一管理，制定相关条例和市场规范，对养老机构的准入资质严格把关，让老年人放心养老。首先，可以利用市场为主、政府引导的方式进行管理，使社会各界人士广泛参与，积极推动医养结合养老模式的有序发展。设立专门的部门对机构进行不定期检查，使监督常态化，防止机构出现“面子工程”。其次，服务机构内部也应设立相关监督和评估，如机构自身对内部工作人员进行评估、监督以及设立相关奖惩机制，提高内部工作人员的服务积极性，也可以设立符合本机构老年人需求的监督反馈或质量评估机制，从而促使机构提升服务质量。最后，老人及其家属也可定期向服务机构反映相关服务情况，提出建议，机构可设立匿名信箱或网络平台来收集反馈信息，也可组织个别访谈来了解老年人的真实需求和感受，老年人可根据实际提供相关信息，促进养老机构进一步提升服务质量。

面对我国日益严峻的养老形势，发展“医养结合”养老模式有利于破解传统的医疗和养老相互分离的供给困境，也有利于推进养老供给侧改革。我国目前的“医养结合”养老模式暂时处于探索的初级阶段，其深入发展仍面临着权责不清、人才短缺、机制紊乱以及资金不足等问题。因此，政府应明确自身职责，调动社会各界人士积极参与，群策群力，加大统合力度，整合社会的养老、康复及医疗资源，满足老年人多层次的服务需求，实现老有所养，为老年人晚年的幸福生活保驾护航。

（指导老师：孙士玲）

参考文献

［1］中国农村养老方式现状［EB/OL］.http://www.xuexia.com/zhichang/zhengce/286521.html

［2］陈杏铁,张正义.老年社会工作［M］.北京:中国人民大学出版社,2003:45.

［3］山东发布20件“坑老”典型案例 临沂老太状告子女不赡养［EB/OL］.http://linyi.dzwww.com/news/201704/t20170407_15737332.htm

［4］张和清,杨锡聪,古学斌.优势视角下的农村社会工作:以能力建设和资产建立为核心的农村社会工作实践模式［J］.社会学研究,2008,(06).

［5］张和清,许怡,徐岩.行动·反思·成长:中山大学社会工作优秀论文选集［C］.北京:社会科学文献出版社,2015.

［6］宋丽玉,施教裕.优势观点:社会工作理论与实务［M］.北京:社会科学文献出版社,2010.

［7］宋丽玉,施教裕,曾华源,等.社会工作理论:处遇模式与案例分析［M］.台北:洪业文化事业有限公司,2010.

［8］何雪松.社会工作理论［M］.上海:上海人民出版社,2015.

［9］潘泽泉,黄业茂.残疾人家庭个案社会工作:基于优势视角的干预策略与本土化实践［J］.湖南社会科学,2013(1).

［10］谢立黎.优势视角下的“老有所为”实践途径探索［J］.老龄科学研究,2013(7).

[11] 梅陈玉婵，齐铱，徐玲.老年学理论与实践［M］.北京:社会科学文献出版社,2004.

[12] 许莉娅.个案工作［M］.北京:高等教育出版社,2015.

[13] 吴华，张韧韧.老年社会工作［M］.北京:北京大学出版社,2011.

[14] 罗观翠，李昺伟.中国城市老人社区照顾综合服务模式的探索［M］.北京:社会科学文献出版社,2011.

[15] 邬沧萍.社会老年学［M］.北京:中国人民大学出版社,2016.

[16] 张会莹.积极老龄化视角下社会工作介入社区养老探究［J］.科学社会主义,2014（3）.

[17] 王璇."空巢"老人问题以及社会工作介入［J］.商品与质量,2012.

[18] 初智巍.社会工作介入城市空巢老人养老困境分析［J］.边疆经济与文化,2015.

[19] 代爱英，顾湲，曹杰.空巢老人健康状况和社区卫生服务需求调查分析［J］.中华全科医师杂志,2004（5）.

[20] 李德明，陈天勇，李贵芸.空巢老人心理健康状况研究［J］.中国老年学杂志,2003（7）.

[21] 王全胜.农村留守老人问题初探［J］.学习论坛,2007（1）.

[22] 贾长宽，廖春花，罗森亮.空巢老人抑郁症状调查及相关因素分析［J］.护理学杂志,2007（6）.

[23] 谢丽琴，张静平，焦娜娜.农村空巢老人抑郁状况与社会支持、应对方式关系的研究［J］.中国老年学杂志,2009（19）.

[24] 张瑞芹，肖健.老年人健康行为与心理健康关系的调查［J］.中国老年学杂志,2007（8）.

[25] 宋洁，石作荣，崔宁.空巢老人生活自理能力及其心理、社会相关因素［J］.中国老年学杂志,2010（12）.

[26] 李娟，吴振云，许淑莲.北京城区老年人心理健康状况及其相关因素分析［J］.中国老年学杂志,2002（5）.

[27] 傅素芬，陈树林，骆宏.社区老年人心理健康及相关因素分析［J］.中国

心理卫生杂志,2002（3）.

［28］张骑,王玲凤.城市空巢老人心理健康状况的影响因素［J］.中国老年学杂志,2010（16）.

［29］郭爱妹,石盈.积极老龄化:一种社会建构论观点［J].江海学刊,2006,(5).

［30］郭本禹.当代心理学的新进展［M］.济南:山东教育出版社,2003.

［31］韩振燕,郑娜娜.空巢老人心理需求与老年社会服务发展探析:基于南京市鼓楼区的调查研究［J］.西北人口,2011（7）.

［32］张睿,杨苹,王玲,等.老年痴呆患者照顾者照顾感受的质性研究［J］.中华护理杂志,2008（7）.

［33］赵唯辰.农村女性家庭照顾者照料老人负担研究［D］.河北大学,2019.

［34］张明月.回迁居民社区适应问题的社区工作介入研究［D］.青岛大学,2019.

［35］穆福骏.居家老年性痴呆患者家庭照顾者社会支持现状调查［J］.上海护理,2012.

［36］聂祝兵,刘伟.叙事治疗理论及其社会工作实践［J］.社会工作下半月:理论,2019（11）.

［37］罗永仕,付敏红,刘洪光,等.个案管理在养老机构痴呆老人社会工作中的应用:以广西社会福利院为例［J］.广西师范学院学报:哲学社会科学版,2015（6）.

［38］涂骁玲,唐世明.家庭照顾者喘息服务研究进展［J］.护理学报,2014（10）.

［39］THOMPSON C.WITHDRAW N:Support for careers of people with Alzheimer's type dementia［J］.Cochrane Database Syst Rev,2007,18（3）.

［40］B O'CONNELL B,HAWKINS M,OSTASZKIEWICZ J,et al.Carers'Perspectives of Respite Care in Australia: An Evaluative Study［J］.Contemp Nurse,2012,41（1）.

［41］陶裕春.失能老人长期照护研究［M］.江西人民出版社,2013.

［42］谭宁.中国痴呆老人的养老困境及对策［J］.中国老年学杂志,2017.

[43] 马丁 · 佩恩.叙事疗法[M].中国轻工业出版社,2012.
[44] 赵怀宇.失智老人家庭照顾者心理疏导的个案工作介入[D].长春工业大学,2016.
[45] 刘海燕.关于新疆农村留守老人生存状况调查与分析: 以鄯善县辟展乡为例[J].天津农业科学,2016,(06).
[46] 王全胜.农村留守老人问题初探[J].学习论坛,2007,(01).
[47] 胡正兰.农村养老现状与对策[J].科技创新导报,2008,(04).
[48] 谷玉良.农村人口外流与农村养老困境[J].华南农业大学学报:社会科学版,2018,(1).
[49] 李丽兰.农村留守老人生活状况调查分析: 以甘肃省M村为例[J].科技经济导刊,2019,(27).
[50] 熊慧琦.基于马斯洛需求层次理论的国家级贫困县留守老人的需求问题研究[J].当代经济,2019(09).
[51] 郑尚昆.社会工作介入农村留守老人居家养老的实务研究[D].吉安市:井冈山大学,2016.
[52] 陆秀梅.社会工作介入农村养老工作问题探讨[J].人才资源开发,2017.
[53] 李雪婷.社会工作介入社区居家养老的困境[J].太原城市职业技术学院学报,2019,(10).
[54] 胡亚光.论社会工作对农村养老问题的介入[J].领导科学论坛,2014(23).
[55] 林芳璐.老年社会工作在解决农村"留守老人"养老问题中的应用[J].社科纵横:新理论版,2010(02).
[56] 张梦迪.变动的农村之农村留守老人养老问题研究[J].劳动保障世界,2018(30).
[57] 段振鹏,张本效.农村留守老人养老问题新探索[J].村经济与科技,2017(09).
[58] 易富贤.大国空巢:反思中国计划生育政策[M].中国发展出版社,2012.
[59] 临沂市人民政府办公室关于做好计划生育特殊困难家庭救助工作的通

知［EB］.http://lywsjs.linyi.gov.cn/html/0768543857.html.

［60］全国社会工作者职业水平考试教材编写组.社会工作实务中级［D］.北京:中国社会出版社,2017.

［61］关信平.社会政策概论［M］.北京:高等教育出版社,2014.

［62］李迎生.社会工作概论［M］.北京:中国人民大学出版社,2010.

［63］周伟,米红.中国失独家庭规模估计及扶助标准探讨［J］.中国人口科学,2013,33（5）.

［64］宋强玲.失独家庭养老问题及对策研究［J］.人民论坛,2013（5）.

［65］王祥,王娟娟,李林英.社会工作介入失独者危机应对的探析［J］.学理论,2013（22）.

［66］李永兰,王秀银.重视独生子女死亡家庭的精神慰藉需求［J］.人口发展,2008（6）.

［67］王宁,刘珍.失去独生子女家庭的社会互动与组织参与:基于情感能量视角的分析［J］.华中师范大学研究生学报,2012.

［68］王璐,刘博.农村“邻里互助”恭老模式的思考与建议:以陕西省榆林市清涧县为例［J］.当代教育理论与实践.2012（7）.

［69］杜娜.失独群体社区养老现状研究与对策［J］.科技资讯,2013（19）.

［70］方曙光.断裂、社会支持与社区融合:失独老人社会生活的重建［J］.云南师范大学学报:哲学社会科学版,2013.

［71］董丽红.失独家庭养老问题的思考［J］.绥化学院学报,2012（6）.

［72］中华人民共和国2017年国民经济和社会发展统计公报［R］.中华人民共和国国家统计局,2017.

［73］高剑平.法律视角下农村家庭养老的困境及对策研究［D］.陕西师范大学,2016.

［74］秦爽.我国农村计划生育家庭养老问题及对策研究［J］.华中科技大学学报,2013.

［75］孟颖.我国农村家庭养老的现状、成因及对策［D］.陕西师范大学,2017.

［76］陈姗姗,王伟.农村传统家庭养老困境及解决途径［D］.青岛农业大

学,2017.
[77] 李雪英.家庭养老的困境与出路[J].知识经济,2012.
[78] 王章华.中国新型农村社会养老保险制度研究[M].中国社会科学出版社,2014.
[79] 高建新.外出务工对农村老年人家庭子女养老分工影响研究[D].西安交通大学学报,2012.
[80] 王利娜.农村家庭养老面临的困境及出路走向[D].青年与社会,2014.
[81] 王敏.我国农村社会养老保险面临的困境与出路[D].西南农业大学学报,2016.
[82] 黄薇.浅谈农村家庭养老存在的问题[D].北京:中国人民大学,2013(12).
[83] 陈元刚.我国社区养老研究文献[D].重庆理工学院,2009.
[84] 谢琼.中国养老模式的中庸之道[J].山东社会科学出版社,2008(1).
[85] 董建梅.我国农村家庭养老存在的问题与对策[J]河北科技师范学院学报,2011.
[86] 任真彪.老龄化社会背景下独生子女养老问题研究[J].北京电子科技学院学报,2008(3).
[87] 杨晓华.农村空巢家庭养老困境的成因及对策分析[M].中国社会科学出版社,2005(10).
[88] 郑尚昆.社会工作介入农村留守老人居家养老的实务研究[D].井冈山大学,2016.
[89] 殷苑.农村空巢老人居家养老的社会工作介入研究[D].西北农林科技大学,2016.
[90] 母潮航.居家养老的社工介入研究:以L社工机构老人日间照料为例[D].沈阳师范大学,2016.
[91] 刘汉斌.社区居家养老服务的小组工作实践探索[D].云南大学,2015.
[92] 王凯.农村老年人居家养老服务的社会工作介入研究[D].西北农林科技大学,2017.

[93] 王晓亚.农村社区居家养老服务体系建设研究[D].河北农业大学,2014.

[94] 陈伴.农村居家养老服务体系建设中政府购买模式研究[D].西安建筑科技大学,2015.

[95] 秦勃.我国居家养老服务体系建设的难点及其突破[J].中南林业科技大学学报:社会科学版,2012,(06).

[96] 王秀花.农村社区居家养老服务体系构建研究[D].重庆大学,2012.

[97] 倪语初.人口老龄化背景下城镇社区居家养老服务体系构建研究[D].南京中医药大学,2016.

[98] 崔炜.社会工作介入农村养老服务的路径探析[N].中国社会报,2017(03).

[99] 王春玲.推进临沂市养老服务体系建设研究[J].经贸实践,2016(24).

[100] 田二晓.居家养老服务的社会工作介入[D].安徽大学,2015.

[101] 张少霞.居家养老服务的社会工作介入研究[D].西北农林科技大学,2015

[102] 刘飞燕."居家养老"新型养老模式研究[J].江苏商论,2007,(12)

[103] 童星.发展社区居家养老服务以应对老龄化[J].探索与争鸣,2015(08).

[104] 李志宏.人口老龄化问题的本质和特征分析:兼论人口过度老龄化[J].老龄科学研究,2013(02).

[105] 刘芳.新型农村社区养老问题探析[J].天中学刊,2014(02).

[106] 白洁.浅谈中国社区养老服务[J].福建质量管理,2016(05).

[107] 罗元文,刘振学.社区老年服务的问题分析与政策建议[J].辽宁:辽宁大学,2007.

[108] 桑志鑫.农村资金外流研究[D].山东:山东大学,2011.

[109] 牛国晓.农村养老服务社会化的现状与策略分析[J].现代营销,2013(04).

[110] 白洁.浅谈中国社区养老服务[J].福建质量管理,2016(05).

[111] 闫堃.论城市社区老年保障的有效建立:以北京方庄的15个社区为例

[D].北京:首都经济贸易大学,2007.
[112] 杨莹莹.农村社区老年服务模式[D].北京:北京交通大学,2014.
[113] 申保南,崔明军.襄阳市樊城区“三个三”推进社区社会管理创新[J].中国民政,2013(09).
[114] 张化楠,方金.农村社区养老服务供需状况研究:以莱芜市农村养老社区为个例[J].山东农业大学学报:社会科学版,2015(02).
[115] 唐洪森.谈舟山“空巢孤寡老人”家庭的社会关爱[J].2007(4).
[116] 张莹.发展我国农村社区养老模式的对策研究[D].河北:河北大学,2012.
[117] 刘超,侯一边.论市场经济条件下资本侵占劳动的现象和危害[J].企业导报,2011(20).
[118] 王卫兵.大学生村官在新农村精神文明建设中的作用研究[D].河南:河南农业大学,2012.
[119] 国务院办公厅《关于推进养老服务发展的意见》.国办发〔2019〕5号.
[120] 民政部关于加快发展农村社区养老服务的提案答复的函.民函〔2019〕750号.
[121] 山东省人民政府办公厅《关于支持社区居家养老服务的若干意见》鲁政办字〔2018〕18号.
[122]《国务院关于加快发展养老服务业的若干意见》.国发〔2013〕35号.
[123] 任娜.我国农村养老服务发展现状、问题与对策[J].中国社会保障发展报告,2019(01).
[124] 殷文娟.我国农村养老服务发展现状、问题与对策[J].四川大学,2019,(03).
[125] 党维维,方金.农村社区卫生机构参与居家养老服务模式探讨[J].农村经济与科技,2018,(11).
[126] 李敏,李宝龙.北京郊区农村老年人意愿养老方式的影响因素[J].北京农学院学报,2018(02).
[127] 李鹏辉.我国农村留守老人的养老问题探析[J].西部财会,2018(07).

[128] 彭直云.浅析我国社区养老服务的现状、存在问题及对策研究[J].活力,2018(07).

[129] 王霞.浅析我国新农村社区治理模式[J].学理论:下,2018(07).

[130] 赵阿倩,郝一鸣,谢明君,等.农村老年人医疗需求与新农合保障调查研究:以杨凌地区为例[J].新西部.中旬刊,2018(08).

[131] 杜鹏,孙鹃娟,张文娟,等.中国老年人的养老需求和社会养老资源现状:基于2014年中国老年社会追踪调查的分析[J].人口研究,2016(06).

[132] 刘媛媛.中国当代农村老年人养老现状与需求分析:以大连市旅顺口区柏岚子村为例[J].人民论坛,2014(19).

[133] 鲁颖.农村社区养老服务发展研究[D].华东师范大学网络教育学院,2014.(01).

[134] 青连斌.补齐农村养老服务体系建设短板[J].中国党政干部论坛,2016(09).

[135] 张澜,张雨崎.我国农村养老模式研献综述[J].合作经济与科技,2015(09).

[136] 彭雪.农村社区养老服务现状、问题及对策研究:基于温江区的调研[D].四川农业大学,2013(04).

[137] 张海鹰.社会保障辞典[M].经济管理出版社,2003,01.

[138] 孙鹃娟."边富边老":现阶段我国人口老龄化特征[N].北京日报,2018(16).

[139] 郑功成.多层次社会保障体系建设:现状评估与政策思路[J].社会保障评论,2019(01).

[140] 曹艳春,吴蓓,戴建兵.我国需求导向型老年社会福利内容确定与提供机制分析[J].浙江社会科学,2015.

[141] 张瑞玲.农村老人生活满意度研究:基于河南省的实例[J].统计与信息论坛,2018(01).

[142] 张萌.空巢老人社会资本与社区福利的关系研究[D].南京大学,2013.

[143] 杜鹏,孙鹃娟,张文娟,等.中国老年人的养老需求及家庭和社会养老资

源现状：基于2014年中国老年社会追踪调查的分析［J］.人口研究,2016（06）.

［144］毛昱轲.个案社会工作介入城市独居老人精神慰藉问题的实务探索［D］.郑州大学,2016.

［145］曾凡群,张燕平.福利视角下我国“村改居”空巢老人生活质量改进研究［J］.劳动保障世界,2016（08）.

［146］季丹丹,张文英.村改居社区空巢老人社会适应问题研究：以L社区为例［J］.淮北职业技术学院学报,2019（01）.

［147］康越.“社区养老”面临哪些难题［N］.北京日报,2015（18）.

［148］何金苗.“村改居”社区养老服务需求与支持机制研究［D］.四川省社会科学院,2018.

［149］禹鹏斌.广西农村养老服务供需矛盾与对策研究［D］.广西大学,2015.

［150］冯民.社会支持理论视角下对城市社区空巢老人的养老问题研究［D］.新疆大学,2019.

［151］边露宇.社会工作介入“村改居”社区老年人居家养老服务问题研究［D］.中国青年政治学院,2018.

［152］顾永红,向德平,胡振光.“村改居”社区：治理困境、目标取向与对策［J］.社会主义研究,2014（03）.

［153］何金苗.“村改居”社区养老服务需求与支持机制研究［D］.四川省社会科学院,2018.

［154］周小钰.小组工作介入“村改居”新社区老年人社会适应问题研究［D］.沈阳化工大学,2019.

［155］宋洋.多元治理下的农民社会福利需求表达机制研究［J］.领导科学,2016（16）.

［156］刘萍,薛兴利.关于农村老年人机构养老服务问题的研究综述［J］.湖北：农村经济与科技,2017（09）.

［157］李鑫.社会工作专业本科生实践能力培养与提升的探讨［J］.吉林：才智,2013（13）.

[158] 龙海燕.增权视角下农村敬老院老年社会工作介入:以贵州省道真自治县L乡为例[J].北京:社会福利:理论版,2016(11).

[159] 唐惠敏,姚胜南.增能与赋权:农村弱势群体利益表达的路径[J].湖南:湖南工业大学学报:社会科学版,2014(04).

[160] 李凤琴."增权理论"视阈下的少数民族妇女发展研究:以云南少数民族妇女发展为例[J].宁夏:北方民族大学学报:哲学社会科学版,2011(4).

[161] 王丽群.增权理论视角下老年社会工作介入研究[J].云南:法制与社会,2016(04).

[162] 王思斌.社会工作概论[M].北京:高等教育出版社,2008(5).

[163] 崔征.关于《老年法》在落实"六个老有"方面的完善建议[J].云南:法制与社会,2015(13).

[164] 张陆,薛宏,高文钣,等.养老机构社会工作服务手册[M].江苏:苏州大学出版社,2010(09).

[165] 杨茗,罗理,蒋皎皎,等.老年失能评估量表的质量评价[J].北京:中国康复医学杂志,2014(05).

[166] 陈传波,路雪琴,黄霞,等.农村失能老年人生活质量及影响因素调查分析[J].北京:中华护理杂志,2013(8).

[167] 何楠.增权理论与老年社会工作实务[J].云南:法制与社会,2010(01).

[168] 许莉娅,童敏,张默,等.个案工作[M].2版.北京:高等教育出版社,2013.

[169] 吴华,张韧韧.老年社会工作[M].北京:北京大学出版社,2012(1).

[170] 梁莹.社会工作介入机构养老的政策探索[J].黑龙江:学习与探索,2017(05)

[171] 穆怀畅,任孝鹏,刘金霞.空巢老人幸福感研究进展[J].中国老年学杂志,2014().

[172] 李锋清.老龄化趋势下农村空巢老人的养老保障思考[J].沈阳大学学报,2009().

[173] 孟昉,黄佳豪.农村空巢老人生存状况亟待关注[J].中共南宁市委党校学报,2008().

[174] 孙唐水.社会工作介入农村留守老人问题的对策探讨[J].社会工作,2010().

[175] 廖楚晖,冯丽坤.促进农村养老服务机构发展的财政政策研究[J].当代农村财经,2015().

[176] 姜辉.我养老院经营模式探讨[D].北京交通大学,2012().

[177] 周湘莲,周勇.农村空巢老人精神养老问题研究[J].湖南科技大学学报,2014().

[178] 吴春宝,陈琴.农村空巢老人物质生活与精神状况调查:以湖北省26个县869名农民为分析样本[J].调研世界,2013().

[179] 刘昱君.对老年社会工作介入农村留守老人生活照料的分析[J].理论观察,2013().

[180] 蔡茜,向华丽.我国农村老龄化现状和发展趋势分析:基于第六次人口普查数据分析[J].湖北职业技术学院学报,2013().

[181] 马杨萌.我国农村空巢老人的照料问题研究[J].产业与科技论坛,2012.()

[182] 吴佩芬.人口老龄化趋势下我国农村“空巢老人”养老困境及化解[J].南方论丛,2012().

[183] 聂志平,温忠文.农村空巢老人问题研究综述[J].江西农业大学学报,2012().

[184] 廖春苗.农村空巢老人需求状况及社会工作介入研究[D].苏州大学,2013().

[185] 姜向群,丁志宏.影响我国养老机构发展的多因素分析[J].人口与经济,2011(04).

[186] 杨善华,谢立中主编.西方社会学理论[M].北京大学出版社,2005.

[187] 皮磊.2018(第二届)中国农村养老高峰论坛在西安举行[EB/OL].http://www.gongyishibao.com/html/gongyizixun/15537.html.公益时

报,2018.

[188] 刘庆.农村空巢老人养老问题探究[EB/OL].全国老龄工作委员会办公室. http://www.cncaprc.gov.cn/contents/16/183388.html.2017.

[189] 王伟进.互助养老的模式类型与现实困境[J].行政管理改革,2015( ).

[190] 赵志强,杨青.制度嵌入性视角下的农村互助养老模式[J].农村经济,2013(01).

[191] 赵志强,刘刚.农村互助养老模式推行的挑战与对策[J].农村经济与科技,2013( ).

[192] 赵志强,王凤芝.文化社会学视角下的农村互助养老模式[J].农村经济,2013( ).

[193] 申毛毛."积极老龄化"背景下陕西农村空巢老人养老困境及互助养老问题探析[J].中外企业家,2018( ).

[194] 牛博杰.农村空巢老人互助养老方式可行性研究: 以河北省N乡为例[D].首都经济贸易大学,2017.

[195] 陈莹.优势视角下"老年互助"居家养老模式探析[J].闽南师范大学学报:哲学社会科学版,2014( ).

[196] 彭代超,黄元全.新时代我国农村空巢老人养老困境及对策研究[J].西华师范大学马克思主义学院,2018(6).

[197] 张贤木,聂志平,肖玉盛,等.互助养老模式:解决农村空巢老人养老问题的理性选择: 以江西省宜春市某镇A、B村为例[J].江西农业大学人文与公共管理学院,2016(4).

[198] 郭丹阳.中国农村互助养老模式可行性研究[D].福建师范大学,2013.

[199] 王强.河北省农村互助养老模式研究[D].河北经贸大学,2013.

[200] 孟艳亭.河南农村空巢老人养老现状和互助养老研究[J].黄河科技学院医院,2017(17).

[201] 郑鹏.河北省农村互助养老模式优化研究[D].河北科技大学,2017.

[202] 孟令君,韩振秋,隗苗苗.中国农村互助养老实践与政策创新[J].社会福利:理论版,2014(12).

[203] 马斯洛.动机与人格[M].马良诚，等译.西安：陕西师范大学出版社,2010.

[204] 国务院人口普查办公室.中国2010年人口普查料[M].北京:中国统计出版社,2012（08）.

[205] 国务院.国务院关于加快发展养老服务业的若干意见（国发〔2013〕35号）[EB/OL].http://jnjd.mca.gov.cn/article/zyjd/zcwj/201310/20131000534003.shtml.2013.

[206] 全国人民代表大会常务委员会.中华人民共和国老年人权益保障法[EB/OL].http://www.66law.cn/laws/88742.aspx.2012.

[207] 国务院."十三五"国家老龄事业发展和养老体系建设规划[EB/OL].http://www.xuexila.com/fanwen/xize/2967165.html.2017.

[208] 迪特里克.老年社会工作：生理、心理及社会方面的评估与干预[M].2版.隋玉杰,译.北京：中国人民大学出版社,2008.

[209] CHAPPELL,N. L. Aging and Social Care[J].In Handbook of Aging and the Social Science（3rdEd.）Robert H. B. & Linda, K. G. New York: Academic Press,1990.

[210] KAPP MARSHALL. Protection of Human Participants in Long-term Care Research: the Role of State Law and Policy[J].Miami University,2002.

[211] ANNEP. GLASS,JANE SKINNER. Retirement Communities: We Know What They Are or Do We?[J]. Journal of Housing For the Elderly,2013.

[212] YUJIE WEI,NAVEEN DONTHU,KENNETH L. BERNHARDT. Volunteerism of older adults in the United States[J].International Review on Public and Nonprofit Mark,2012（1）.

[213] 刘鹏程.让所有老年人都有幸福美满的晚年[J].中国社会报,2019（01）.

[214] 张艳玲.2019年国务院政府工作报告[EB/OL].http://www.china.com.cn/lianghui/news/2019-03/05/content_74533644.shtml,2019.

[215] 王政淇.健康中国,新时代新起步[J].人民日报,2017（04）.

［216］国务院办公厅.国务院办公厅关于印发全国医疗卫生服务体系规划纲要（2015—2020年）的通知［EB/OL］.［2015］.http://www.gov.cn/zhengce/content/2015-03/30/content_9560.htm.

［217］杜照柳,刘延利,原萌.社工专业视角下的“医养结合”养老模式研究［J］.法治与社会,2018（02）.

［218］徐广浩,李传实,崔瑞兰.农村医养结合养老模式存在的问题及对策［J］.医学与社会,2018（09）.

［219］吉琨,周鹏飞.农村医养结合实施中的困境与对策［J］.农村经济与科技,2018（5）.

［220］童小琴.论乡村振兴战略实施中地方政府行为的优化［J］.大连海事大学学报:社会科学版,2018（01）.

［221］陈庆和,王文庆,张松岳.公共财政视角下“医养结合”养老服务模式探索与发展［J］.天津经济,2016（02）.

［222］国家统计局.农村经济持续发展乡村振兴迈出大步：新中国成立70周年经济社会发展成就系列报告之十三［EB/OL］.［2019］.http://www.stats.gov.cn/tjsj/zxfb/201908/t20190807_1689636.html.

［223］耿爱生,曹倩倩.农村医养结合适度发展:理论依据、现实困境及其消解［J］.山东行政学院学报,2017（03）.

［224］杜鹏.探索医养结合”村养老模式［N］.南方都市报,2017（09）.

［225］朱笑琪,吴吉惠.离退休老干部心理健康状况研究综述［J］.内江师范学院学报,2015（10）.

［226］王伏兰.聊城市离退休老年人心理健康状况调查分析［J］.齐鲁护理杂志,2015（1）.

［227］叶条凤.老年人体育研究中几个急需解决的问题［J］.体育学刊,2015（3）.

［228］陈金鳌,张林,冯伟等.社会学视域下老年体育参与影响因素研究［J］.南京体育学院学报,2015（7）.

［229］于春艳.中国老年人健身心理需求与运动依赖关系研究［J］.浙江体育

科学,2015（2）.

［230］中华人民共和国民政部.2013年社会服务发展统计公报［R］.2014.

［231］王占坤.老龄化背景下浙江老年人体育公共服务需求与供给的实证研究［J］.中国体育科技,2013（6）.

［232］刘艳艳.基于 Burchardt 福利轮的独居老人社区照料供给分析：以山东省滨州市为例［J］.南京工程学院学报:社会科学版,2012,9（15）.

［233］韩春娥.论增强健康意识［J］.新一代:理论版,2012（9）.

［234］孔祥.城市社区体育公共服务体系建设的供给主体及实现路径研究［J］.体育与科学,2011,6（4）.

［235］穆光宗,张团.我国人口老龄化的发展趋势及其战略应对［J］.华中师范大学学报:人文社会科学版,2011,50（5）.

［236］李鎏勋,潘泽泉.老龄化社会与医疗社会工作面临的挑战与应对［J］.湘潮:下半月,2011（2）.

［237］赵新娟.要健康,先要有健康意识［J］.解放军健康,2011（3）.

［238］丁可,张庆远,毛宗福,等.南阳市城区老年人健康促进生活方式现况调查［J］.现代预防医学,2010,37（6）.

［239］周海清.聊城市社区老年人体育锻炼现状的调查与分析［J］.聊城大学学报:自然科学版,2010,23（6）.

［240］景艳莉,叶静波.开展健康教育工作,提高公众健康意识［J］.中国保健营养:下半月,2010（8）.

［241］钟华.苏州狮山街道社区老年人健身现状调查与发展对策研究［J］.哈尔滨体育学院学报,2008,26（2）.

［242］中华人民共和国统计局.中国统计年鉴［M］.北京:中国统计出版社,2019.

［243］国务院.国务院办公厅关于推进养老服务发展的意见.［EB/OL］.http://www.gov.cn/zhengce/content/2019-04/16/content_5383270.htm，2019-04-16.

［244］WILMOTH J M. Living Arrangements Among Older Immigrants in the

United States［J］. The Gerontologist, 2001, 41（2）.
［245］龙书芹,风笑天.城市居民的养老意愿及其影响因素：对江苏四城市老年生活状况的调查分析［J］.南京社会科学,2007（01）.
［246］杨晓龙,李彦.城市老年人的养老意愿及影响因素：以烟台市的1273位老年人为例［J］.科学经济社会,2013,31（02）.
［247］陶涛,丛聪.老年人养老方式选择的影响因素分析：以北京市西城区为例［J］.人口与经济,2014（03）.
［248］肖云,随淑敏.城市社区居家养老服务质量研究：以重庆市6个社区为例［J］.重庆师范大学学报：社会科学版,2019（04）.
［249］张栋.北京市老年人养老方式意愿及影响因素分析［J］.调研世界,2016（08）.
［250］胡冬梅,冯晓敏.城市养老意愿与代际家庭结构：基于深圳市微观调查数据的研究［J］.江汉学术,2019,38（05）.
［251］穆光宗.中国传统养老方式的变革和展望［J］.中国人民大学学报,2000（05）.
［252］朱冬梅.代际支持关系在老人养老模式选择中的创新作用［J］.创新,2008（01）.
［253］王召青,闫雯鑫,孙欣然,等.城市低龄和中高龄老年人养老意愿及其影响因素［J］.中国老年学杂志,2019,39（20）.
［254］王德文.社区老年人口养老照护现状与发展对策［M］.厦门：厦门大学出版社，2013.
［255］张文娟,魏蒙.城市老年人的机构养老意愿及影响因素研究：以北京市西城区为例［J］.人口与经济,2014（06）.
［256］于凌云,廖楚晖.养老金待遇差别与机构养老意愿研究：基于城乡调查样本的实证分析［J］.财贸经济,2015（06）.
［257］聂爱霞,曹峰,邵东珂.老年人口养老居住意愿影响因素研究：基于2011年中国社会状况调查数据分析［J］.中国行政管理,2015（2）.
［258］杨良初.促进养老服务业发展的财政政策思考［J］.中国财政,2017

（03）.

［259］牛喜霞，秦克寅，成伟.城市居民社会化养老意愿的调查研究：以淄博张店区为例［J］.兰州学刊，2013（07）.

［260］徐友全，李首天，黄根.社区居家养老研究动态及热点分析［J］.合作经济与科技，2020（03）.

［261］XIANJING LIU,CUNZHEN LIANG,XIAOHUI LIU, et al. Occurrence and human health risk assessment of pharmaceuticals and personal care products in real agricultural systems with long-term reclaimed wastewater irrigation in Beijing, China［J］. Ecotoxicology and Environmental Safety,2020,190.

［262］KELESHIAN V,KASHANI K B,KOMPOTIATIS P,et al. Short, and long-term mortality among cardiac intensive care unit patients started on continuous renal replacement therapy.［J］. Journal of critical care,2020,55.

［263］郝晓宁，薄涛，郑研辉，等.居家医疗护理服务现状及发展路径分析［OL］.卫生经济研究，2020（02）.

［264］李月娥，明庭兴.长期护理保险筹资机制：实践、困境与对策：基于15个试点城市政策的分析［J］.金融理论与实践，2020（02）.

［265］张娟.我国失能老人家庭照护支持及其影响因素研究［D］.南京邮电大学，2019.

［266］孙鹃娟，吴海潮.我国老年人长期照护的供需特点及政策建议［J］.社会建设，2019,6（06）.

［267］丁雪萌，孙健.近二十年我国养老护理人员研究的现状与趋势［J］.江汉学术，2019,38（06）.

［268］张子薇，于保荣.长期照护保险中被保险人身体机能状况评估标准研究［J］.卫生经济研究，2019,36（10）.

［269］李伟，张小伟.老年社区护理服务项目指标体系构建研究［J］.中国卫生统计，2019,36（04）.

［270］成海军.我国居家和社区养老服务发展分析与未来展望［J］.新视野.2019（04）.

［271］王洪斌.德国养老服务体系的历史分析及经验研究［J］.社会福利:理论版,2020（01）.

［272］陈心怡,韩婧,沈悦媛,等.上海市社区嵌入式养老可行性研究［J］.劳动保障世界,2020（02）.

［273］陈佳梦.居家养老服务现状、需求与供给侧改革探究［J］.黑龙江科学,2019（15）.

［274］田勇.中国长期护理保险财政负担能力研究:兼论依托医保的长期护理保险制度的合理性［J/OL］.社会保障研究:1-15［2020-03-05］.

［275］关于完善老年服务和长期护理制度的思考与建议［J］.李珍.中国卫生政策研究.2018（08）.

［276］文太林,孔金平.中国长期照护筹资与公共财政转型［J/OL］.行政论坛,2020（01）.

［277］文太林,张晓亮.长期护理保险财政补贴研究:基于15个试点城市的比较分析［J］.地方财政研究,2020（01）.

［278］刘军,程毅.老龄化背景下失能老人长期照护社会政策设计［J］.云南民族大学学报:哲学社会科学版,2017,34（4）.

［279］杨团.中国长期照护的政策选择［J］.中国社会科学,2016（11）.

［280］陆杰华,沙迪.老龄化背景下失能老人照护政策的探索实践与改革方略［J］.中国特色社会主义研究,2018（2）.

［281］曹梅娟,陈凌玉.城市独居老年人居家养老服务需求调查［J］.护理研究,2013（16）.

［282］徐小霞.介入与嵌入:社会工作在养老中的现实困境和策略研究［J］.重庆工商大学学报,2015（6）.

［283］关立忠.独居老人健康状况的调查［J］.老年学杂志,2014（17）.

［284］张晓峰.关注空巢老人促进社会和谐［J］.社会福利,2007（3）.

［285］KINNEY J M.Home Care and Care Giving［M］.Birren J E. Encyclopedia of Gerontology.San Diego:Academic Press,2013.

[286] 陈树强.增权:社会工作理论与实践的新视角[J].社会学研究,2011(1).

[287] 崔思凝.城市养老机构老年人生活适应状况研究[D].中国青年政治学院社会工作学院,2012(2).

[288] 蒋小玲,龙水河.独居老人居家养老访视与思考[J].决策探索,2017(14).

[289] 熊茜,钱勤燕,王华丽.社区养老服务体系的构建:基于居家老人需求状况的分析[J].山东大学学报:哲学社会科学版,2016(5).

[290] 张洋洋.个案工作介入城市独居老人社区养老的实务探索[D].河南:郑州大学,2017.

[291] 刘光宇.个案工作介入城市独居老人生活照料问题研究:以沈阳市和睦亭社区王大爷为例[D].辽宁:辽宁大学,2016.

[292] 赏雄飞.个案工作介入城市独居老人照料问题研究[D].甘肃:西北师范大学,2016.

[293] 范明林.老年社会工作案例分析[M].上海:华东理工大学出版社,2010.

[294] DORFMAN.Clinical Social Work[M].Brunner/Mazel,Inc,1996.

[295] 许莉娅.个案工作[M].北京:高等教育出版社,2013.

[296] 文军.西方社会工作理论[M].北京:高等教育出版社,2013.

[297] 王思斌.社会工作本土化之路[M].北京大学出版社,2009.

[298] 徐恩勇.以乌海市海南区为例对社区工作者队伍建设问题的研究[D].呼和浩特:内蒙古大学硕士学位论文,2010().

[299] 凌小萍.我国老年社会工作的困境与选择[J].理论界,2008(7).

[300] 王琦.每月到手3000元社工收入太低干兼职[EB].(2016-05-13)[2017-4-30].http://jsnews2.jschina.com.cn/system/2016/05/13/028665162.shtml.

[301] 李凤琴,陈泉辛.城市社区居家养老模式探索:以南京市鼓楼区政府向贴心老年服务中心购买服务为例[J].西北人口,2010(1).

［302］陈为智.社区居家养老中的社会工作介入内容及方法［J］.全国商情,2010（5）.

［303］翟文,马凌.对南京社区养老服务产业发展的SWOT分析［J］.产业经济,2016,06.

［304］罗遐,陈武.我国社区居家养老发展存在的问题及对策［J］.长春大学学报,2013（3）.

［305］龙潇.中国城市养老资源需求与供给分析［D］.浙江:浙江大学,2012.

［306］吴秋霞."爱在家园"居家养老服务资源项目研究［D］.南京:南京农业大学硕士学位论文,2014.

［307］常海,霞魏莼,王强.居家养老服务体系供给主体角色定位探讨［J］.河北北方学院学报,2013,29（6）.

［308］贾已波.社会工作介入城市社区居家养老服务研究［D］.安徽:安徽大学,2015.

［309］陈钟林.社会工作者在社区居家养老中的作用［J］.经济师,2009,（3）.

［310］韦智新.社会工作介入城市"三无老人"居家养老服务资源研究:以郑州市J区为例［D］.郑州:郑州大学硕士学位论文,2015.

［311］廖鸿冰,李斌.社会工作介入社区居家养老服务资源研究［J］.湖南社会科学,2014（06）.

［312］应超凡.社会工作介入居家养老服务资源的国内外研究综述［J］.办公室业务,2014（09）.

［313］中共临沂市委组织部.临沂市2017年考试录用公务员简章［EB］.（2017-01-11）［2017-4-30］.http://www.njrsks.com/news/detials.aspx?uid=1295.

［314］王茹.互联网+居家养老服务:养老服务模式的创新［D］.吉林大学,2017.

［315］李艳.社会工作视角下智慧养老服务研究［D］.内蒙古师范大学,2017.

［316］陈爱国.基于"互联网+"背景的老年产业发展［J］.河南财政税务高等专科学校学报,2015（03）.

[317] 吴玉霞,沃宁璐.我国智慧养老的服务模式解析: 以长三角城市为例[J].宁波工程学院学报,2016(03).

[318] 张菀煜,睢党臣."互联网+"社区养老服务产业发展存在的问题及对策[J].陕西理工大学学报:社会科学版,2017(04).

[319] 叶冰青,胡亚捷,安雯琦,等.关于杭州市"互联网+养老"的调查报告[J].农村经济与科技,2017(07).

[320] 单忠献.智慧居家养老服务的实践模式与发展对策: 以青岛市为例[J].老龄科学研究,2016(08).

[321] 宋雅雯."互联网+"时代居家养老发展的困境及前景展望[J].商,2016(07).

[322] 万美君."互联网+"时代养老政策探究[J].中国市场,2016(33).

[323] 孙梦楚,高焕沙,薛群慧.国内外智慧养老研究进展[J].特区经济,2016(06).

[324] 陈莉,卢芹,乔菁菁.智慧社区养老服务体系构建研究[J].人口学刊,2016(03).

[325] 同春芬,汪连杰."互联网+"时代居家养老服务的转型难点及优化路径[J].广西社会科学,2016(02).

[326] 袁小良."互联网+"智慧养老的实践反思: 基于X市Z平台的调研分析[J].社会工作与管理,2016(02).

[327] 谢海峰.以科学发展观指导养老服务事业发展[J].中国国情国力,2010(07).

[328] 张泉,邢占军."互联网+养老"概念辨析[J].社会福利:理论版,2016(01).

[329] 王思斌.社会工作概论[M].北京:高等教育出版社,1999.

[330] 陈军.居家养老:城市养老模式的选择[J].社会,2001(09).

[331] 贾伟,王思慧,刘力然.我国智慧养老的运行困境与解决对策[J].中国信息界,2014(11).

[332] 单忠献.智慧居家养老服务的实践模式与发展对策: 以青岛市为例[J].

老年科学研究,2016,4（8）.
[333] 朱勇.智能养老［M］.北京:社会科学文献出版社,2014.
[334] 李光亚,张鹏翥,孙景乐.大数据技术与应用:智慧城市大数据［M］.上海:上海科学技术出版社,2015.
[335] 姜玉贞.社区居家养老服务多元供给主体治理困境及其应对［J］.东岳论丛,2017,38（10）.
[336] 孙艳玲,付际强.成都市智慧养老现状及发展建议［J］.社会保障研究,2016（7）.
[337] 李梓源.我国养老服务产业化现状及政府作为［J］.甘肃金融,2017（5）.
[338] 珍妮特·V.登哈特,罗伯特·B.登哈特.新公共服务:服务,而不是掌舵［M］.丁煌,译.北京:中国人民大学出版社,2010.
[339] 联合国经济和社会事务部发布的《世界人口展望:2015年修订版》.
[340] 国务院.中国老龄事业发展“十二五”规划［R/OL］.（2011-09-23）.
[341] 刘雪琴,李漪,Keela Herr.美国老年护理的发展经验对中国护理的启示［J］.中华护理杂志,2005,40（12）.
[342] 刘晓敏.德国的老年护理［J］.中华护理杂志,2001,36（7）.
[343] 张少芳.互联网养老产业发展现状、机遇及路径选择［J］.河北学刊,2016,36（4）.
[344] 赵迎旭.城市社区养老的需求与供给现状的调查：以北京西城区为例［J］.厦门大学,2007,30（2）.
[345] 王宁.城市社区养老需求与社区养老服务体系建设［J］.重庆科技学院学报，2011,26（1）.
[346] 陈树强.老年人日常生活照顾问题初探［J］.中国青年政治学院学报,2004,20（3）.
[347] 李姚迟子.西安市高新区社区养老服务需求研究［J］.2015,46（2）.
[348] 黄少宽.广州市社区老年人服务需求及现状的调查与思考［J］.南方人口,2005,36（2）.
[349] 罗晓蓉.城市社区：居家养老服务的探索与启示［J］.江西行政学院学

报,2008,42(1).

[350] 孙金明.城市社区老年人生活状况及养老服务需求研究:以廊坊市为例[J].廊坊师范学院学报,2015,46(2).

[351] 陈洁.关于构建我国城镇社区养老保险体系的研究和探索[J].山西经济管理干部学院学报,2009,35(4).

[352] 祝丽玲,玉树山.社区居家养老模式的现状及对策探析[J].佳木斯大学社会科学学报,2016,44(3).

[353] 蔡中华,安婷婷,侯翱宇.城市老年人社区养老服务需求特征与对策:基于吉林市的调查[J].社会保障研究,2013.(4).

[354] 艾丽娟,徐颖.城市中高龄独居老人的社区养老研究:大连市甘井子区为例[J].改革与开放,2015.(7).

[355] 张倩.浅析社区居家养老模式[J].赤子,2014.(001).

[356] 章晓懿.城市社区居家养老服务质量研究[D].江苏大学,2012.

[357] 于一凡,王沁沁.健康导向下的老年宜居环境建设:国际研究进展及其启示[J].城市建筑,2018(21).

[358] 杨舒.庄河市适老型社区建设问题与对策研究[D].大连理工大学,2018.

[359] 刘雅云,高理想.老年宜居社区建设推进路径研究[J].沈阳工程学院学报:社会科学版,2015,(4).

[360] 曹文明.城镇老年宜居环境研究初探[J].东方论坛,2010(2).

[361] 李小云.国外老年友好社区研究进展述评[J].城市发展研究,2019,26(07).

[362] 康志超.小组工作在老年友好型社区建设中的应用[D].扬州大学,2018.

[363] 荆晓梦.宜居生态社区构成系统与建设研究[D].北京交通大学,2018.

[364] 李闪闪.老年友好社区营造中社会工作者的角色和功能[D].安徽大学,2019.

[365] 桂世勋,徐永德,楼玮群,等.长者友善社区建设:一项来自上海的经验研

究［J］.人口学刊,2010,（4）.
［366］朱秀杰.人口老龄化与宜居社区建设研究［J］.社区工作,2012,（1）.
［367］ANDREW SCHARLACH. Creating aging-friendly communities in the United States［J］.Ageing international,2012（37）.
［368］KENNEDY C.The City of 2050: An age-friendly,vibrant, intergenerational community［J］.American society on aging,2010（34）.
［369］杨燕绥.银色经济与社会嵌入式养老服务［M］.北京:清华大学出版社,2017.
［370］杨燕绥.中国老龄社会与养老保障发展报告（2015）［M］.北京；清华大学出版社,2017.
［371］董克用,姚余栋.中国养老金融发展报告（2017）［M］.北京:社会科学文献出版社,2017.
［372］党俊武.中国城乡老年人生活状况调查报告［M］.北京:社会科学文献出版社,2018.
［373］国家发展改革委社会发展司等.走进养老服务业发展新时代［M］.北京:社会科学文献出版社,2018.
［374］谈华丽.新时期城市社区居家养老发展研究［M］.华南理工大学出版社,2017.
［375］丁国剑.银色经济:21世纪晚霞产业商机无限［M］.四川:西南财经大学出版社,2001.
［376］马越.“互联网+”环境下老年计算机教育课程设置研究［J］.现代信息科技,2018（5）.
［377］王溪勇.社区居家养老服务模式探索［J］.人物周刊,2017（35）.
［378］胡宏伟.“嵌入式”养老模式现状、评估与改进路径［J］.社会保障研究,2015（2）.
［379］黄少宽.我国城市社区养老服务模式创新研究综述［J］.城市观察,2018（4）.
［380］田杨.社区“嵌入式”养老模式刍议［J］.中国人口报,2016（3）.

[381] 章岚.社区“嵌入式”养老成养老产业新方向[J].杭州日报,2018(12).

[382] 朱勤皓.上海社区嵌入式养老服务发展研究[J].科学发展,2017(105).

[383] 王之桐,刘静林.嵌入式万科社区养老服务模式初步探究[J].环球市场信息导报,2017.

[384] 王思斌.社会工作概论[M].北京:高等教育出版社,2006.

[385] 朱明元.关于我国社区养老服务模式的探讨[J].法制与社会,2008(04).

[386] 赵丽宏,杜玮.构建社会工作视角下的社区养老服务模式[J].学术交流,2011(12).

[387] 屈勇,王旻.社会角色视角下社工介入城市居家养老服务研究:基于南京市社工的调查[J].社会工作与管理,2017,17(04).

[388] 马永方,陆航平.浅析城市空巢老人的社区养老现状与对策研究[J].学理论,2015(6).

[389] 苏春艳.社会工作介入城市空巢老人社会支持网络的研究[D].湖北:华中师范大学,2017.

[390] 丁辰.我国城市空巢老人的社区居家养老模式研究[D].北京:中国社科院,2012.

[391] 刘国萍.现阶段我国城市社区养老模式存在的问题与对策研究[D].浙江:浙江财经学院,2013.

[392] 王承慧.美国社区养老模式的探索与启示[J].现代城市研究,2012(08).

[393] 魏茹冰,宁波.嵌入性理论视域下的社区养老模式构建:以海南省三亚市为例[J].安徽农业科学,2015.

[394] 唐健,彭刚.论我国社区居家养老的发展[J].医学与法学,2016(12).

[395] 赵屹.我国城市社区养老模式存在的问题及对策研究[D].辽宁:辽宁师范大学,2015.

[396] 高丽静,高凯东.老龄化背景下社区养老状况调查及对策:以杭州市为样

本［J］.未来与发展,2015（07）.

［397］殷捷.社区养老模式发展现状探析［J］.中共乐山市委党校学报,2016（05）.

［398］国家统计局.www.stats.gov.cn.

［399］李龙山.社会工作在Y养老机构的服务研究［J］.长沙:湖南师范大学,2017.6.

［400］黄德杨.机构长照服务中社会工作的介入现状、困境及对策研究：以南昌市A养老机构为例［J］.南昌:江西财经大学,2019.6

［401］刘余强.民办养老机构社会工作者工作困境及对策研究：以成都市A养老机构为例［J］.成都:西华大学,2017.5.

［402］刘云.浅析专业社会工作如何介入机构养老［J］.学理论,2013（19）.

［403］吴风婷.社会工作介入机构养老研究［J］.安徽:安徽大学,2016.（3）.

［404］王晓婕.养老机构中老年人精神关爱的社会工作介入研究［D］.南京:南京农业大学,2013.

［405］乌兰.社会工作介入机构养老研究［J］.内蒙古:内蒙古师范大学,2017,6.（13）.

［406］殷实.社会工作视角下机构养老服务专业化问题研究［D］.吉林:吉林大学,2014.

［407］许莉娅.个案工作:2版［M］.北京:高等教育出版社,2013.

［408］隋玉杰,杨静.个案工作［M］.北京:高等教育出版社,2007.

［409］王思斌.社会工作导论:2版［M］.北京:高等教育出版社,2013.

［410］鲁恩·艾尔维克,英格丽·海尔格伊,戴格·阿恩·克里斯滕森.挪威和英国的积极养老观念与政策［J］.秦喜清译.国际社会科学杂志:中文版,2007（10）.

［411］乔兰塔·皮瑞克碧雅拉斯,安娜·茹姿科,路茜·维多维克娃.捷克和波兰的积极养老政策［J］.李存娜译.国际社会科学杂志:中文版,2007（12）.

［412］施晓露.中国养老现状及社工介入分析［J］.福建:福建师范大学,2013,

（06）.
［413］陈景亮.中国机构养老服务发展历程［J］.中国老年学杂志,2014（13）.
［414］WANG W,CHANG H,LIU A,et al.Research into care quality criteria for long-term care institution［J］.J Nursing Res,2007,15（4）.
［415］符美玲,陈登菊,张伟,等.从长期住院研究谈构建“医养结合”照护体系的必要性［J］.中国医院,2013,17（11）.
［416］黄佳豪,孟昉.“医养结合”养老模式的必要性、困境与对策［J］.中国卫生政策研究,2014,7（6）.
［417］王赟,曹勇,唐立岷,等.青岛市“医养结合”养老模式探索［J］.卫生软科学,2015,29（2）.
［418］纪娇,王高玲.协同理念下医养结合养老机构创新模式研究［J］.中国社会医学杂志,2014,31（6）.
［419］黄俊辉,李放.哪些老年人更倾向于入住养老院?：基于江苏农村地区的实证调查数据［J］.西北人口,2013,34（3）.
［420］袁晓航.“医养结合”机构养老模式创新研究［D］.浙江大学,2013.
［421］刘清发,孙瑞玲.嵌入性视角下的医养结合养老模式初探［J］.西北人口,2014,35（6）.
［422］周国明.宁波市医养结合养老服务发展政策路径研究［J］.中国农村卫生事业管理,2014,34（11）.
［423］朱婷婷,孙正成.需求视角下温州养老机构服务优化研究［J］.医学与社会2013,26（3）.
［424］倪语初,王长青,陈娜.老龄化背景下我国医养结合机构养老模式研究［J］.医学与社会,2016,29（05）.
［425］刘德春.医养结合养老模式面临的困境及对策探讨［J］.中国农村卫生事业管理,2018,38（11）.
［426］张伊,牟能冶,郝娟娟.基于“智慧养老”与“医养融合”的新型养老模式探究［J］.农村经济与科技,2018,29（07）.
［427］张梅燕,王涛,毕怀梅.老龄化背景下的“医养结合”养老模式研究进展

[J].中西医结合护理:中英文,2017,3(03).

附 录

1. 失独家庭养老困境及社会工作介入研究——以临沂市Y社区为例

访谈提纲

一、基本情况

1. 年龄、性别、文化水平、身体状况
2. 配偶的年龄、身体状况

二、目前遇到的困境

1. 您现在主要的生活收入来源是什么？
2. 您的收入是否能满足您的日常需求？
3. 您的日常生活是否需要他人照料，如果有，由谁照顾？
4. 您现在有医疗保险和社会养老保险吗？
5. 您是否经常会陷入沮丧、失望等消极情绪之中？
6. 您现在与谁联系比较密切？
7. 您是否需要护工服务？有这方面的意愿吗？

8. 您是否有意愿打算生育或者领养孩子？

9. 您现在经常参与一些活动吗？一起参加活动的人知道您的情况吗？

若知道，他们对您的态度有改变吗，对您提供了一些帮助吗？

若不知道，您是出于什么原因没有告诉他们呢？

10. 对社区内组织的活动满意吗？有什么建议呢？

2. 增权视角下老年社会工作介入农村敬老院研究——以郓城县L乡为例

关于L乡敬老院老人生活现状的调查问卷

尊敬的女士、先生：

首先感谢您积极接受我的调查采访！我是来自临沂大学法学院社会工作专业的一名学生，现就L乡敬老院老人生活现状进行相关的数据收集调查，请在以下问题中最符合您现状的一项打“√”。数据仅用于学术研究，我们将严格保护您的隐私，谢谢您的配合！（注：无法独立完成的老人可由工作人员协助完成。）

1. 您的性别是：

A. 男　　B. 女

2. 您的年龄是：

A. 60岁以下　　B. 60～70岁　　C. 70岁以上

3. 您是否单身：

A. 是　　B. 否

4. 您的文化程度是：

A. 不识字或识字很少　　B. 小学

C. 初中　　D. 高中或中专　　E. 大专及以上

5. 入住敬老院时间：

A. ≤1年　　B. > 1年

6. 您的经济来源：

A. 自己劳动所得　B. 退休工资　C. 子女供养　D. 社会救济

7. 您的月均收入大约是:

A. 100元以下　B. 100～300元　C. 300～500元　D. 500元以上

8. 是否患有慢性病：

A. 无　B. 有

9. 若患有慢性病，患有的慢性病有(可多选)：

A. 高血压　B. 糖尿病　C. 冠心病

D. 脑血管病　E. 慢性支气管病　F. 其他

10. 同时患有慢性病种类：

A. 一种　B. 两种　C. 三种及以上

11. 生活自理状况：

A. 完全自理　B. 部分自理　C. 完全不能自理

12. 自我健康评价：

A. 非常差　B. 比较差　C. 一般　D. 比较好　E. 非常好

13. 您平时的都有哪些娱乐活动(可多选)：

A. 打扑克、搓麻将等

B. 看电视、报纸、听广播

C. 从事兴趣爱好(如美术、舞蹈、唱歌等)

D. 参加体育锻炼(如散步、打太极等)

E. 其他

14. 院内社交活动：

A. 不主动参与　B. 主动参与

15. 参加机构活动频率：

A. <1次/周　B. 1～3次/周　C. >3次/周

16. 家人来看望您的频率：

A. <1次/月　B. 1～4次/月　C. >1次/周　D. 不确定时间

17. 以下哪些方面是您现在经历的(可多选)：

A. 了解敬老院中的所有相关事宜

B. 积极主动地向外界表达自己的建议或诉求

C. 平等地享有社会福利和社会资源

D. 拥有全面了解国家形势和社会政策的机会

18. 以下哪些方面是您现在需要的（可多选）：

A. 体育锻炼　　B. 文娱活动　　C. 人际交往

D. 社会保障　　E. 社会地位　　F. 其他

本次调查结束，感谢您的合作！

3. 社会工作介入农村机构养老研究——以双河村C养老院为例

关于对C养老院空巢老人及员工的访谈提纲

（一）对居住老人的访谈问题

1. 您对于住在养老院有什么看法？
2. 您是否患有慢性疾病等疾病？一个人能否照料自己的日常起居？
3. 子女多久回来一次？回来之后是否来看您？
4. 政府和养老院是否组织过慰问志愿活动？
5. 您觉得养老院目前存在什么问题？

（二）对养老院工作人员的访谈问题

1. 您觉得养老院目前最主要的问题是什么？是由什么原因造成的？
2. 您觉得有没有必要安排社会工作者入驻？
3. 您对于日常工作满意吗？有什么想法？
4. 养老院是否会关注老年人的心理需求？会经常做活动吗？

4. 城市社区老年人身心健康发展对策研究——基于Z社区老年人健身方式的调查

Z社区老年人健身与身心健康发展问卷调查

尊敬的各位:

您好!

我是L大学社会工作专业的调查员，为了更好地了解本社区老年人健身方式，促进老年人身心健康发展，特组织了此次调查。非常感谢您在百忙之中抽出时间帮助完成问卷，本次调查不记名，调查结果仅供研究使用，不会泄露您的隐私，请根据实际情况填写。

答题说明：题目包括单选题和多选题，请在相应的选项上划“√”或将答案填在题后的“(　　)”里。

1. 您的性别是?　A　男　B　女

2. 您的年龄是?　A　45—55　B　56—65　C　66—75　D　76以上

3. 您每月收入是多少?

A　500元以下　B　1000—3000元

C　3000—5000元　D　5000元以上

4. 您每年在保健方面的投入有多少?

A　500元以下　B　500—1000元

C　1000—3000元　D　3000元以上

5. 您的学历是?

A　小学　B　初中　C　高中　D　本科及以上

6. 您的健身方式是？

A 独自锻炼 B 集体锻炼

7. 您健身活动场所一般选在哪里？

A 家里 B 公园. 广场 C 运动场馆 D社区老年人活动中心

8. 您对健身项目的构成及了解程度？

A 非常了解 B 一般了解 C 不了解

9. 您所在社区有没有组织老年人身心健康知识讲座，如果没有，希望有组织吗？

A 有 B 没有，希望组织 C 没有，不希望组织

10. 您所在社区有没有体育设施器材？

A 没有 B 有

11. 您对自己所住社区提供的运动场馆的满意度？

A 不满意 B 满意

12. 社区有没有设立心理咨询室，如果没有，需要设立吗？

A 有 B 没有，需要设立 C 没有，不需要设立

13. 您在健身时有无指导人员，是否希望有专业人员给予指导？

A 有 B 没有，希望有 C 没有，不需要有

14. 您对社区开展多样化活动促进老年人身心发展方面有没有建议或要求，请详述。

问卷结束，谢谢您的合作！

5. 城市老年人养老方式选择的影响因素分析——以D社区为例

调查问卷		
个体因素	性别	男□　女□
	年龄	60-70岁□　70-80岁□　80岁以上□
	健康状况	健康□　一般□　不健康□
	受教育程度	小学及以下□　初中□　高中□　大专及以上□
	月收入	1000元以下□　1000-3000元□　3000元以上□
	养儿防老的观念	赞同□　一般□　不赞同□
	平时参加户外活动频率	经常□　偶尔□　基本不参加□
家庭状况	婚姻状况	有配偶□　单身□
	子女数量	1个□　2个□　3个及3个以上□
	家人对老人养老方式的倾向	居家养老□　家庭养老□　社区养老□　机构养老□
	子女收入情况	2000元以下□　3000-6000元□　6000元以上□
社会因素	社区服务的完善情况	完善□　一般□　不完善□
	社区是否有照料机构	有□　无□

6. 城市居家养老服务资源拓展的社工介入分析——以临沂市J社区为例

临沂市J社区居家养老需求状况调查问卷

尊敬的老人家：您好！

现在请允许我向您简单介绍什么是居家养老：居家养老是指老年人按照传统的生活习惯，选择居住在家庭中，而不是入住在养老机构，安度晚年生活的养老方式。居家养老的服务内容是上门进行个案服务。根据老年人年龄、自体和经济状况的不同，服务分为免费、低偿和有偿三类。

祝您健康长寿，万事如意！

本人及家庭状况

A1. 本次调查的对象您家里60周岁以上的老年人。请问您家年龄在60周岁和60周岁以上的成员有几人？

1. 1人→调查此人！

2. ______人→请选择生日最接近7月1日的老人进行访问

A2. [访问员观察] 被访者性别：1. 男　2. 女

A3. 请问您年龄多大？____岁。

A4. 您的受教育程度是：

1. 不识字　2. 小学　3. 初中　4. 高中/中专　5. 大专及以上

A5. 您现在居住的房子是:【单选】

1. 商品房　2. 房改房　3. 租私房　4. 廉租房　5. 其他

A6. 请问您现在有多少个子女?

现有子女____人；其中儿子____人；女儿____人。

A7. 与您一起同吃同住的家庭成员有:【可多选】

1. 父母　2. 配偶　3. 子女　4. 儿媳或女婿　5.(外)孙子孙女

6. 其他亲戚　7. 自己一个人居住

【访问员请注意：A7题若没有回答“2. 配偶”，请追问A8题】

A8. 请问您的配偶是:【单选】

1. 配偶与其他子女一起住　2. 我们已离婚　3. 配偶去世

4. 本人未婚　5. 其他

【访问员请注意：A7题若没有回答“子女”，请追问A9. A10题】

A9. 请问您的子女是:【可多选】

1. 在其他城市生活　2. 在本城市生活　3. 没有子女或已去世(跳问A11)

A10. 请问您的子女每月给您生活费吗?【单选】

1. 给一些，平均每月______元左右　2. 几乎不给　3. 完全不给

A11. 当您需要看病时，子女能陪您去吗?

1. 能　2. 不能　3. 还不需要

A12. 当您不方便自己去购买日常用品时，子女能帮助您购物吗?

1. 能　2. 不能

A13. 您觉得子女的经济状况属于哪一类?

1. 很宽裕　2. 比较宽裕　3. 大致够用　4. 有些困难　5. 很困难

A14. 请问您个人每月的总收入是多少?【单选】

1. 5000元以上　　2. 3000～4999元

3. 2500～2999元　　4. 2000～2499元

5. 1600～1999元　　6. 1200～1599元

7. 800～1199元　　8. 400～799元

9. 399元以下　　10. 无收入

A15. 您收入的来源有哪些?【可多选】

1. 离退休费　2. 基本养老保险金　3. 务工收入或自己创收

4. 子女赡养　5. 政府救助、集体救助　6. 企业养老军补贴　7. 其他(请注明)__________

A16. 请问您的子女在经济上是否需要您负担?

1. 需要　2. 不需要

A17. 您的子女需要您经济负担的原因是什么?

1. 子女下岗　2. 身体残障　3. 学生　4. 其他

A18. 您觉得您现在的身体健康状况是:【单选】

1. 很好　2. 好　3. 一般　4. 差　5. 很差

A19. 请问您现在的生活主要是谁来照料?【单选】

1. 子女或孙子女照料　2. 亲戚照料　3. 配偶照料

4. 政府. 社区. 集体照料　5. 请保姆或钟点工照料　6. 其他

A20. 请问您平均每月医疗费支出是多少?【单选】

1. 0～50元　2. 50～100元

3. 100～200元　4. 200～300元

5. 300～500元　6. 500元以上

A25. 请问您用什么方式支付这些医疗费?

1. 基本医疗保险(公费、合作医疗)支付　2. 商业医疗保险支付

3. 子女或亲属支付　4. 自己支付　5. 其他来源支付

A26. 您能承担这些医疗费吗?

1. 能　2. 基本能　3. 有一定的困难　4. 不能

A27. 您享受下列医疗保险吗?

1. 基本医疗保险　2. 公费医疗　3. 商业保险医疗

4. 合作医疗　5. 其他　6. 没有保障

居家养老服务要求

B1. 本社区内或附近有没有养老院. 福利院. 老年公寓等养老机构?

1. 有　2. 没有　3. 不知道

B2. 您了解养老院. 福利院. 老年公寓等养老机构吗?

1. 了解　2. 不了解　(跳问B3题)

B2-1. 您对养老院、福利院、老年公寓等养老机构的总体印象如何?

1. 印象较好　2. 一般　3. 印象较差

B3. 您希望在哪些地方养老?

1. 敬老院　2. 养老院　3. 老年公寓

4. 与子女一起，住在家里养老

5. 与子女分开，住在家里养老　6. 其他(请注明)________________

B4. 如果社区内为您提供以下的生活照料，根据您现在的状况，您觉得您最需要哪些服务呢?【可多选】

1. 送饭上门　2. 开办专供老年人吃饭的食堂　3. 陪同购物

4. 送货上门　5. 陪同到银行存钱、取钱

6. 有人帮洗澡　7. 其他(请注明)______________________________

B5. 如果社区内为您提供以下的家政服务，根据您现在的状况，您觉得您最需要哪些服务呢?【可多选】

1. 洗衣服　2. 买菜、做饭　3. 家居清洁　4. 家电家具修理

5. 为您代请保姆、钟点工或临时工　6. 管道疏通　7. 维修水电设施

8. 其他(请注明)____

B6. 如果社区为您提供以下的医疗护理服务，根据您现在的状况，您觉得您最需要哪些服务呢?【可多选】

1. 有人陪同去医院　2. 建社区卫生服务站，为老年人建立健康档案，提供医疗服务　3. 有医护人员上门看病　4. 开展健康知识讲座

5. 定期上门检查身体　6. 理疗、按摩　7. 上门打针、护理

8. 其他(请注明)____

B7. 如果社区内为您提供以下的日间照料服务，根据您现在的状况，您觉得您最需要哪些服务呢?【可多选】

1. 白天子女不在家，社区有专门给老年人休息的场所，同时给予必要的照顾

2. 设立社区老年人电话服务热线，有需要可随时得到社区上门或预约服务

3. 其他(请注明)____

B8. 您觉得您现在感觉日子过得怎么样?【可多选】

1. 大部分时候都心情愉快　2. 很充实，感觉每天都有很多事情干

3. 日子过得比较一般，还算过得去　4. 比较孤独、寂寞、没人陪

5. 无聊，无事可做(能做)　6. 时常感到绝望

B9. 如果有人经常陪您散步聊天，这对您来说:【单选】

1. 非常需要　2. 比较需要　3. 不太需要　4. 完全不需要　5. 难说

B10. 如果社区开设心理疏导室，由心理学等方面专业人士主持，老年人有心里烦恼或心事可以对他们讲，以寻求心理帮助、放松心情，您觉得未来您走进心理疏导室的可能性有多大?

1. 非常可能　2. 比较可能　3. 难说　4. 不太可能　5. 不可能

B11. 如果社区或政府给您提供以上服务，根据服务的多少收取一定的费用，您觉得您每次最多会出多少钱支付这些服务？______元

B12. 如果有保险公司或其他机构按照房子的总价值每月给您一定数额的金钱，作为您养老的经济来源，直到与房子的总价值相等为止，不过，作为交换，您过世以后这套房子的产权将属于保险公司或其他机构。请问，您赞同这种做法吗?

1. 完全赞同　2. 比较赞同　3. 不太赞同　4. 不赞同　5. 难说

B13. 如果社区内开展以下文体活动，您对哪些活动比较有兴趣呢?【可多选】

1. 下棋　2. 看书读报　3. 唱戏曲　4. 跳舞或保健操　5. 打麻将

6. 打扑克　7. 打气排球　8. 打太极拳　9. 打台球　10. 打门球

11. 其他（请注明）____________________12. 以上都不感兴趣

B14. 如果社区内开办业余爱好兴趣班，您可能参加哪些班级呢？【可多选】

1. 电脑兴趣班　2. 书法兴趣班　3. 绘画兴趣班　4. 舞蹈兴趣班

5. 戏曲、歌咏兴趣班　6. 服装兴趣班　7. 其他（请注明）____

8. 以上都不感觉兴趣